Inhalt

Wir in der Welt

Zwei gegen die Welt

...mit dir verloben in Ewigkeit
Gretchen Klotz und Rudi Dutschke

Die Frau ist nicht nur
für das Glück der Männer da

Sie heißt Gretchen und sieht auch so aus: klein, schmal, mädchenhaft. Langes Haar, erstaunte Augen im kindlichen Gesicht. Und sie hält es mit der Religion.

Gretchen ist Amerikanerin, Apothekerstochter aus Chicago. Die Vorfahren waren aus Deutschland gekommen. Land und Sprache ihrer Ahnen interessieren sie. Von Chicago über München gelangt sie nach Berlin. Eine aufregende Stadt. Sofort lernt man muntere Leute kennen. Gleich am ersten Tag bei Aschinger zum Beispiel, Studententreff, wo es für fünfzig Pfennig Erbsensuppe gibt mit Brötchen dazu, so viele man will, und wo unternehmungslustige Leute zusammensitzen, die flugs den Vorschlag machen, im Pulk weiterzuziehen. Bummel durch Berlin. Ein milder Abend. Heiterkeit. Am Steinplatz in einem Café wieder neue Zeitgenossen. Plötzlich sitzt Gretchen neben einem seltsamen Gesellen, der einen Stapel polnischer Bücher bei sich hat, weil er Polnisch lernen wolle, um für seine Doktorarbeit Rosa Luxemburg, die Kommunistin, und polnische Philosophen im Original lesen zu können, wie er ihr erzählt. Und sie erzählt ihm, daß sie Theologie studieren möchte. Das findet er gut. So reden sie angeregt weiter, verspeisen Eis, trinken Kakao. Der Fremde mit seinen polnischen Büchern gefällt ihr, sein offenes Wesen, seine sprühenden Augen, sein Temperament, überhaupt... er hat etwas Bezwingendes, mitreißend, charmant, vierundzwanzig Jahre jung.

Die Café-Runde beschließt, noch ins Kino zu gehen. Die beiden gehen mit und sehen *High noon*, jene Westernstory vom aufrechten Mann (Gary Cooper), der es am Tag seiner Hochzeit mit ein paar fiesen Schurken zu tun bekommt.

Nach dem Happy-End zieht die Clique noch in eine Kneipe. Und da nun finden die anderen, »daß wir beide zusammengehören«, so Gretchen, weil sie gut zusammenpassen und deshalb auch zusammenbleiben sollen, sagen die anderen aus Jux, nicht ernstgemeint, aber ernsthaft angenommen, jedenfalls was Gretchen betrifft.

Das war im Frühsommer 1964. Der Jux aus Kneipenlaune fand seine Fortsetzung, wenn auch mit einigen Unterbrechungen. Gretchen Klotz aus Chicago und Rudi Dutschke aus Luckenwalde sollten zusammenbleiben – bis zum bitteren Ende.

So kann es geschehen, daß zwei einander finden, obwohl alles dagegen spricht. Wenn dann aus der ersten zufälligen, launigen Begegnung ein Bündnis auf Dauer wird, wundern sich oft die Betroffenen selbst. Dergleichen ereignet sich ja nicht eben selten, daß zwei sich einander aus Gründen versprechen und zusammenbleiben, die dem Rest der Menschheit ein Rätsel sind. Wie machen die beiden das? mag dann gefragt werden, neugierig oder neidisch, spöttisch oder entsetzt. Was bindet sie? Was läßt sie aneinander kleben wie die Kletten und trotzdem lebendig bleiben, wenn es klappt im langlebigen Duett, im monotonen Trott? Das möchte man manchmal schon wissen, zumal wenn es einem selbst trotz inständigen Begehrens mißlungen ist oder wenn man in der Morgenröte einer Zweisamkeit zum Dauerpakt wild entschlossen ist.

Jede Liebe knüpft sich ihre eigene Geschichte, einzigartig für die darin Verstrickten und oft komplizierter als erwünscht. Patentlösungen für Probleme sind nirgends zu haben. Aber es gibt Erfahrungen, Fallbeispiele aus Geschichte und Gegenwart, aus dem anonymen Alltag oder dem begafften spektakulären Beziehungstheater prominenter Paare. Abgeschlossene Erfahrungen, die Aufschluß vermitteln, die Hinweise geben können, vielleicht auch Antwort auf die Frage:

Was läßt Ehen (ob mit, ob ohne Trauschein) langfristig gelingen? Wobei stillschweigend die Binsenweisheit unterstellt wird, daß lang keineswegs immer gelungen heißt.

Die Frage stellt sich gerade in unsteter Zeit, da sich die Nachrichten über Trennungen, Scheidungen, Abbrüche häufen und den Eindruck hinterlassen, daß die Leute nur noch auseinanderlaufen (was ja nun auch wieder nicht stimmt). Immerhin hat es sich mittlerweile herumgesprochen, wie instabil Beziehungen sind, wie unwillig sich nicht wenige Jetztmenschen, sei es aus Vorsicht, sei es aus schlechter Erfahrung, überhaupt noch zusammentun. Viele lassen es lieber gleich bleiben. In den vergangenen siebzehn Jahren, so verrät uns das statistische Bundesamt, habe die Zahl der Haushalte von Alleinstehenden um achtundfünfzig Prozent zugenommen. Von den 26,2 Millionen Haushalten im Land der Bundesdeutschen sei jeder dritte eine Singelei (in Großstädten wie Hamburg bereits rund 50 Prozent). 62,8 Prozent der Alleinlebenden sind Frauen (darunter auch Witwen, gewiß). Die Zahl der männlichen Singles ist seit 1970 um 104 Prozent gestiegen. Ein Trend mit Zuwachsrate.

Doch Zahlen verraten nichts über die Beweggründe und noch weniger über jene Wünsche, die vor jeder Enttäuschung liegen. Davor nämlich möchte die weit überwiegende Mehrheit das Doppelglück beim Schopf zu packen bekommen und im Beständigen eingemeinden. Das Gewöhnliche macht sich gern am Spektakulären fest und nimmt das Beispielpaar als Aufforderung, das scheinbar Unzeitgemäße auch zu wagen. Die ganz und gar altmodische Geschichte nach der Urväternorm: *bis daß der Tod euch scheidet.*

Um so berechtigter mithin die Frage: Was läßt Beziehungen gelingen? Wie schafft es das Krisengeschöpf Mensch, vom siebten Himmel glückseliger Verliebtheit in den achten Himmel beständiger Zweisamkeit zu gelangen? Zumal in umtriebigen Tagen, wenn die Tatsachen ringsum warnen, wenn alles dagegen spricht. Oder in gärender Zeit wie damals während der umwälzenden sechziger Jahre, als Gretchen Klotz aus Chicago den charmanten Fremdling im Berliner Caféhaus traf.

Damals vor rund fünfundzwanzig Jahren sprach erst

recht alles dagegen für die junge Generation im Aufbruch, sich so spießbürgerlich wie altväterhaft an ein Einzelwesen zu hängen, ausdauernd, treu, abgekapselt gegen den Rest der Welt. Nein, beim Barte des Propheten Marx. Gemäß dem revolutionären Verhaltenskodex war die offene Existenz angesagt, das autonome Geschöpf, das sich in keine Abhängigkeit begibt, sich vielmehr aus derselben freischaufelt, alle Fesseln kappt. Die libertäre Utopie erheischte auch, die Privatsphäre zu entrümpeln, das Geschlechterverhältnis umzukrempeln, das familiäre Zwangssystem aufzubrechen. Verdammt die Ehe als lustlähmender Knast. Verdammt die Familie als neurotisierende Haßschmiede. Gefragt war *der neue Mensch*.

Daß der nicht vom Himmel fällt, war allen klar. Und Rudi Dutschke, der Soziologiestudent, einer der schärfsten Kritiker bestehender Verhältnisse, einer der klügsten Köpfe der sozialen Korrektur, meinte sich und seinesgleichen, wenn er forderte, daß die in einer autoritären Gesellschaft aufgewachsenen Menschen nur eine Chance haben, ihre autoritäre Charakterstruktur aufzubrechen: Sie müssen schöpferisch lernen und sich selbst erziehen in ständiger Auseinandersetzung mit der Gesellschaft, in neuen Formen menschlichen Zusammenlebens, in Gruppen oder solitär, aber nicht abgeschottet in splendid isolation, kleinfamiliär. *Was haben wir an Frigidität heute in der Gesellschaft! Das war nicht immer so. Das wird nicht immer so sein müssen*, hat er behauptet. Und er hat auch gesagt: *Verliebt zu sein heißt nicht unbedingt, sich auf der Höhe der Zeit zu befinden.*

Nein, gewiß nicht. Aber Gretchen Klotz, die Amerikanerin in Berlin, zwar nicht minder fasziniert von den Zeichen der neuen Zeit, auch engagiert im antiautoritären Prozeß, sie hatte schließlich bereits Herbert Marcuse (*Eros und Kultur*) gelesen, den maßgebenden Kulturphilosophen, aber Gretchen hatte den Jux aus Kneipenlaune ernst genommen, nur zu gern. Rudi dagegen entschied schnell, daß er wegen seines herausfordernden Engagements mit Frauen nichts zu tun haben dürfe. Rudi ein Nolimetangere-Mann?

Ausgehend von der These, »daß Lebensglück nicht aus immer schnellerer Produktion schlechter Güter und maßlosem Konsum besteht«, verstand er sich als Berufsrevolutionär. Solche Leute haben gemeinhin für private Tändeleien keine Zeit.

»Und da ich wild in ihn verliebt war«, meinte Gretchen, habe er zu drastischen Mitteln greifen müssen. »Er sagte mir, er sei mit der Revolution verheiratet und wünsche, daß ich weggehe.« Was sollte sie tun? Sie war traurig. Aber sie gab nach, reiste zurück nach Amerika und hat dort lange nachgedacht. Von Chicago aus konnte sie via Fernsehen und Zeitschriften andeutungsweise verfolgen, was sich in Berlin zusammenbraute unter der akademischen Avantgarde. Proteste, Demonstrationen, Provokationen. Die steinernen Verhältnisse zum Tanzen bringen. Den Staat entlarven, das Establishment, die smarten Profiteure, die in Lackschuhen über Leichen gehen. Rudi Dutschke begann sich zu profilieren als Provokateur. Der Denker wurde zum Akteur, der Literat zum Agitator und Aufklärer mit kritischen Analysen, Theorien zur Revolte, in subversiven Zirkeln, im SDS (Sozialistischer Deutscher Studentenbund). Sein Standort: *Unsere Generation bekam noch etwas Grauenhaftes vom Krieg zu spüren, hörte und sah Bomben fallen, Häuser und Menschen verbrennen. Erst recht machten wir noch viele Erfahrungen mit Hunger, Leid, mehr Tränen als mit Lachen für Jahre.*

Gebrannte Kinder. Eine wache Generation, skeptisch und engagiert, sich mit Leid und Tränen nicht abzufinden, eine bessere Welt gewaltlos zu begründen. Aber da machten sie dann wieder wüste Erfahrungen: »legal zu demonstrieren und illegal von der Polizei zusammengeschlagen zu werden war ein bitterer Lernprozeß«.

Nachdem Gretchen lange genug gründlich nachgedacht hatte und immer noch traurig war und immer noch wild verliebt, schreibt sie ihm einen Brief, ob sie nicht zurückkommen könne. Er läßt sich Zeit mit der Antwort. Er hat keine Zeit, ständig unterwegs, ständig in Bewegung, verheiratet mit der Revolution. Nach acht Monaten endlich be-

kommt Gretchen seine Antwort, sie könne kommen...
Adieu, Tristesse.

So flog die Theologiestudentin zum zweitenmal ins Land ihrer Ahnen. Da sie aber nicht die Klette sein und den Sturmvogel der Protestbewegung nicht verschrecken wollte, ließ sie sich vorerst in Hamburg nieder. Diskret auf Distanz. Ergebnis: »Jedes zweite Wochenende«, so Gretchen, »besuchten wir uns abwechselnd, wir redeten über die Zukunft, darüber, wie eine bessere Welt aussehen konnte und wie sie zu schaffen wäre. Die Ausbeutung der Arbeiter, besonders der Arbeiter in der dritten Welt, sollte abgeschafft werden. Wir träumten davon, dorthin zu reisen und an der Revolution teilzunehmen.«

Immerhin, sie haben nicht nur geredet. Nahezu zehn Jahre später gestand Rudi einem Freund, daß er damals mit vierundzwanzig Jahren zum erstenmal mit einer Frau geschlafen habe – mit dem Mädchen aus Amerika.

Doch Rudi war kein Romeo, auch kein Rowdy, sondern eher spröde, sehr zurückhaltend. Den Genossen gegenüber gab er Gretchen nicht als Bettschatz aus, dann schon lieber als Gefährtin in Sachen Revolution, auch in Aufbruchslaune, verrückt und hoffnungsfroh wie jener Film *Viva Maria* (mit Jeanne Moreau und Brigitte Bardot) über Mexikos Rebellen, der damals große Begeisterung weckte.

Als den beiden die vielen Flüge zwischen Hamburg und Berlin zu beschwerlich wurden, auf Dauer wohl auch zu teuer, wechselte Gretchen 1966 an die Freie Universität der alten Reichshauptstadt, wo sie ihr Theologiestudium bei Helmut Gollwitzer fortsetzte. Hier entschied sie, die Amerikanerin, sich ganz für Rudis radikalen Kurs »zur Schaffung einer freieren, besseren, menschenfreundlicheren Gesellschaft«. Hier beteiligte sie sich an seinen Aktionen gegen Amerikas dreckigen Krieg in Vietnam, gegen Amerikas Völkermord. Flugblätter verteilen, nächtens Plakate kleben, Sitzstreik (Sit-in) vor dem Amerika-Haus, Sprechchöre, Demonstrationen. Friedliche Aktionen, gewaltfrei, aber gefährlich. Und wenn Gretchen mit den Genossen in Ketten untergehakt auf den Straßen mitmarschierte angesichts drohender Polizei-Bastionen, angesichts der Staatsgewalt, die nicht mit sich spaßen ließ, dann sah sie mit ihrer gestrickten Kapuzenmütze auf dem Kopf wie ein Kind aus, das sich verlaufen hat im Rudel der Revolte.

Aber das täuschte. Sie lief nicht nur aus Liebe mit und ihrem Sturmvogel hinterher. Auch sie empörte sich über das Unrecht der reichen Nationen an den *Verdammten dieser Erde*, dem geknechteten Proletariat in der dritten Welt. Auch sie begeisterte sich für die Utopie einer freien Gesellschaft freier Individuen. Auch sie hoffte, sich von den bürgerlichen Hemmungen ihrer Herkunft zu befreien, hatte sich bereits Erfahrungsberichte amerikanischer Kommunen besorgt, dachte daran, mit einigen Freunden ein ähnliches Experiment zu wagen, und zwar nach antiautoritärem Konzept, wie sie es einmal erklärte: »Die Befriedigung der sexuellen Bedürfnisse sollte anders und ungehemmt möglich sein, Hand in Hand gehen mit der Befreiung der Gesellschaft…« Es wurden bereits Pläne entworfen für ein Kommunehaus, in dem rund hundert Menschen gemeinsam hätten leben können, wo sie sich ohne Druck von Sexualmoral und Arbeitszwängen frei hätten entfalten können. Auch an Kinder war gedacht. »Neue Formen des Zusammenlebens mußten entstehen, wo die Kernfamilie aufgelöst sein würde und die Kinder von der Wohngruppe erzogen werden sollten.« Das wollte Gretchen durchaus probieren.

Ähnliches planten zur gleichen Zeit in Berlin, in München auch andere Gruppen, die Dutschke aufforderten, sich ihnen anzuschließen, und die wenig später als Politclowns, Sexkommunarden, Haschrebellen viel beklatscht und viel geschmäht Karriere machten. Apo-Parole: Fuck for peace. Erotisches Motto: Wer zweimal mit derselben pennt, gehört schon zum Establishment.

Gretchen und Rudi gründeten keine Kommune. Sie hielten Hochzeit. Nicht gerade in Weiß, aber mit Musik und Bibelspruch. Und das ausgerechnet zur Hoch-Zeit der sogenannten sexuellen Revolution im März 1966. Den Bibeltext hatte Gretchen aus einem Psalm des Propheten Hosea gewählt: ...*ich will mich dir verloben in Ewigkeit; ich will mich mit dir vertrauen in Gerechtigkeit*... Ein Freund, Thomas Ehleiter, zitierte den Propheten, zitierte Karl Marx mit seinem Kredo von der kreativen Liebe, zitierte ein ungarisches Gedicht:

> *Freiheit und Liebe,*
> *dieser beiden bedarf ich.*
> *Für die Liebe geb' ich mein Leben,*
> *für die Freiheit meine Liebe.*

Seine Hochzeitsrede mußte Freund Thomas in fünf Sprachen halten. Die Festgäste waren international und allesamt in *Viva-Maria*-Übermut.

Danach in Dutschkes Tagebuch eine Notiz: »Nun sind wir verheiratet. Mal sehen, wohin das führt. Die Genossinnen und Genossen haben ihre Bedenken lustig angemeldet« (März 1966). Deutlicher bekannte Gretchen, die Heirat habe bei Rudis Freunden großen Mißmut geweckt. Eine beschauliche Ehe wurde das nicht, weder Herd-, noch Herden-Glück und Rudi kein Pantoffelgespons. Für Außenstehende ein suspektes Unterfangen. Was für eine Schnapsidee. Was für ein Wahnsinn. Rudi, der Rädelsführer, das Maul der Revolution, läßt sich an die Leine legen. Rudi, der Radikalinsky, der Apo-Häuptling, als altmodischer Ehemann und Familienvater, das war ja richtig pervers. Skepsis, Spott, Schadenfreude. Auch von bourgeoisen Spießern mußte er sich fragen lassen, wie er's denn nun halte mit der Revolution, da er sich doch stinknormal vermähle.

Ja, gewiß, ideologisch sei das falsch, räumte Rudi ein, aber finanziell zum Beispiel praktisch (bis 1967 bekam er ein Stipendium von monatlich 290 DMark, danach gelegentlich Honorare für Publikationen). Weil er als Kriegsdienstverweigerer in der DDR nicht studieren durfte, war Alfred Willi Rudolf Dutschke 1961 von Luckenwalde in der Mark Brandenburg nach West-Berlin gegangen. Die Mitgift seiner sehr gottesfürchtigen Mutter hat er, der jüngste von vier Söhnen, zu keiner Zeit verleugnet: An Gott zu glauben und an den Sozialismus, das war für ihn kein Widerspruch. Im

Gegenteil. Ein junger christlicher Sozialist, so verstand er sich und notierte seine Vision, den Entwurf einer *Menschenrepublik mit allgemeiner Gewissensfreiheit*. Eine Welt ohne Krieg und Hunger. Die Befreiung aller Menschen von Ausbeutung und Angst. In diesem Entwurf war gemeinschaftliches Kommuneleben theoretisch durchaus vorgesehen. Aber die Kommune in der Praxis konnte er weder sich geschweige Gretchen zumuten (auch, aber nicht nur aus Rücksicht auf seine wie ihre puritanisch frommen Eltern). Der praktizierte Frauentausch, so Rudi, degradiere doch die Frau erst recht zum Sex-Objekt. Eine Art von Gegenkommune zu gründen fiel flach, weil er zu viel Ablenkung von der politischen Arbeit fürchtete. Und das legale Zusammenleben mit Gretchen ganz nach verpönter Kleinfamilienmanier?

Gewiß, die bürgerlichen Ehen seien gegenwärtig nichts als »einzig Verdrängungs- und Angstmechanismen«. Hans und Grete, wie die sich verbinden, die stünden eben unter gesellschaftlichem Druck. Aber die Studenten, so dozierte Dutschke: *Wir haben die Chance, ein bißchen zu begreifen von dieser Gesellschaft. Da ist der Liebeszusammenhang schon eingebettet in den Kampfzusammenhang, gegen diese Gesellschaft zu kämpfen. Und das ist die Grundlage für eine Ehe, die sich prinzipiell von der Hans-und-Grete-Ehe unterscheidet.*

Von der revolutionären Romanze zur legalen Kampfgemeinschaft. Und das Bekenntnis inbegriffen: Ich meine diese eine Person und keine sonst, sie will ich nicht tauschen. Und die Frage inbegriffen: Wie wollen wir uns entfalten, gemeinsam entfalten? Eine wichtige Frage für das junge Paar, die beide weder vereinzelt existieren noch einander als Besitz betrachten wollten. Das lehnten sie ab, dieses: Das ist mein, das ist dein, diese Frau, dieser Mann gehört mir. Nein, die Frau ist nicht nur für das Glück der Männer da. Nein, nach Dutschke kann sie sich für einen Mann entscheiden, sie kann sich aber auch für zwei Männer entscheiden, und Männer können das zum Beispiel aushalten, meinte Rudi.

Gretchen freilich entschied sich ausschließlich für diesen einen charismatischen Zauberer und kokettierte mit keinem anderen Kerl, gönnte sich an seiner Seite keine Seitensprünge, ohne deshalb ihren eigenen Kurs zu verlieren, ihren eigenen Weg aufzugeben. Nach der Hochzeit zogen sie zur Untermiete in eine Zweizimmer-Hinterhauswohnung am Nollendorfplatz. Eine Behausung der dürftigsten Sorte, düster, kalt und mies möbliert. Eine Behausung nicht für zwei allein. Gretchen: »Es kamen ständig Männer zu Besuch. Sie waren rücksichtslos in ihrem Verhalten, ließen überall auf dem Fußboden Zigarettenkippen zurück, brannten Löcher in unsere Plastikteller und machten die Luft unerträglich.« Derlei Unbill schmälerte aber mitnichten der Jungehefrau Gefühl für den Häuptling, ohne daß sie sich ihm unterworfen hätte.

In dieser Ehe wurde stets auch um den je eigenen Standort gerungen. Gretchen hatte sehr bald begriffen, daß die Genossen, die gern vom neuen Menschen schwafelten, ihre Frauen, ihre Freundinnen nach ziemlich üblicher Männermanier behandelten. Die Frau als Nebenwiderspruch, zu Kongressen, Konferenzen mitgebracht und abgestellt wie die abgewetzten Aktentaschen. Spätestens seit '67 gab es die erste Frauengruppe, den ersten Kern des Protestes gegen die Männerherrschaft im SDS, lauter Frauen, Freundinnen von Genossen. Gretchen hatte sich mit einigen dieser Frauen angefreundet. Sie versuchte, Rudi zu überzeugen, daß die Frauenfrage im SDS zur Sprache gebracht werden müsse. Er hatte das selbst schon erkannt, »wie Genossen miserabel mit Genossinnen umgingen«. Aber: »Ich bin nicht bereit, daraus einen grundlegenden Konflikt zu machen.« Denn benahm er sich etwa wie ein popeliger Patriarch? Das tat er nicht. Er mühte sich redlich, seinen Beitrag zum Haushalt zu leisten, lernte kochen, mehr schlecht als recht, aber immerhin, falls er nicht draußen herumwetzte, kochte er sogar. Als Gretchen schwanger wurde, sah er sich mit ihr einen Film über eine Geburt an, weil er sichergehen wollte, daß er Gretchen bei der Geburt würde beistehen können, ohne in Ohnmacht zu fallen. Was nicht passierte, als Sohn

Hosea-Ché im Beisein des Vaters am 12. Januar '68 geboren wurde.

Nein, ein Patriarch war er nicht, wickelte und pflegte und versorgte das Kind, gelegentlich. Bei ihm und Gretchen gedieh die Ehe nicht zum Paschapark nach Herren-Magd-Manier, auch nicht zur sexuellen Zwangswirtschaft, wo Eros zum Kaufpreis für ökonomische Versorgung, also zur Ware wird. Die *Kampfgemeinschaft* meint den Klassen-, nicht den Geschlechterkampf, hat das Größere im Sinn. Den größten aller Menschheitsträume auf den Campus getragen, durch die Straßen geschrien und noch nächtens in den Schlaf mitgenommen. Und dieser Traum will, auch zu zweit, mehr als einen flüchtigen Augenblick der Bezauberung, will wirklich geloben in Ewigkeit.

Auf der Straße begann es zu brodeln. Das Volk, das umworbene, wollte von Utopie nichts wissen, wollte mehrheitlich weder Krawall noch Klamauk. Das Volk reagierte zunehmend verhetzt. Die Staatsgewalt nahm den ›roten Rädelsführer Rudi‹ aufs Korn. Mehrmals geriet er in brenzlige Situationen, Gretchen auch. Sie wurden festgenommen, abgeführt, verhört. Die Obrigkeit hatte Staatsfeinde im Visier. »Wo Rudi auftaucht, riecht es nach Rabatz«, las das Volk im Morgenblatt. Spätestens nach dem Mord an Benno Ohnesorg, ein harmloser Student, von einem Polizisten (Karl-Heinz Kurras) hinterrücks erschossen, spätestens am 2. Juni 1967 war die Eskalation der Gewalt in Gang gebracht, die Hetzkampagne hysterisch entfacht. Auf Transparenten, an Häuserwänden, in Boulevardblättern konnte man lesen: Dutschke, Volksfeind Nummer eins. – Vergast Dutschke. – Lyncht die Sau. – Tod dem Kommunisten Dutschke und der Atheisten-Nutte. – Dutschke muß stündlich mit offener Lynchjustiz durch die obrigkeitlich angefeuerten und gedeckten Faschisten rechnen. (Extradienst, 24. Februar 1968)

Gretchen, die Gefährtin, hatte eine harte Zeit. Dem Sohn zuliebe waren sie umgezogen, lebten mit anderen in einer lockeren Wohngemeinschaft. Ständiges Kommen und Gehen rund um die Uhr. Ständig Störungen, Unruhe, Lärm.

Sie zogen wieder um, wurden aber schnell entdeckt. Gretchen geriet in Bedrängnis: »Das Telefon klingelte ununterbrochen. Unsere Wohnung wurde mit Scheiße, mit Hakenkreuzen beschmiert, mit Rauchbomben beschmissen. Gegen uns schien eine nationale Psychose ausgebrochen zu sein. Wir zogen schließlich mit unserem Neugeborenen alle paar Wochen um.« Und immer der gleiche Alpdruck: den Hetztiraden direkt vor Ort ausgeliefert. Drohbriefe, Drohanrufe, Drohparolen in den Treppenhäusern, an den Türen der Wohnungen, die sie immer häufiger, immer schneller wechselten. Sie hatte mitanhören müssen, wie ein vermeintlicher Dutschke von der Volksmenge verfolgt worden war, knapp am Tod vorbei. Da war Rudi selbst in Amsterdam. Sie konnte ihn warnen. Am Heiligabend '67 konnte sie das nicht. Während der Mitternachtsmesse in der Gedächtniskirche, wo Rudi die Menschen auf das Leiden der Vietnamesen aufmerksam machen wollte, schlug ihm ein Rentner derart einen Krückstock auf den Kopf, daß am Schädel eine Wunde klaffte und im Krankenhaus genäht werden mußte. Gretchen bangte um sein Leben, hatte Angst um ihn, um sich, um das Kind.

Zwei gegen eine Welt voll Feindseligkeit, wie sollten sie da bestehen?

Gretchen Dutschke – ein deutsches Schicksal im Klima von Haß, Hysterie, Gewalt. Sie drängte ihn, Berlin zu verlassen. Zu spät. Am 11. April 1968, Gründonnerstag, Hosea-Ché drei Monate alt und erkältet, Rudi wollte Nasentropfen besorgen, Gretchen wartete auf ihn, wartete vergeblich. Vor der Apotheke am Kurfürstendamm hat der dreiundzwanzigjährige Hilfsarbeiter Josef Bachmann, vom Pogromfieber mitgerissen, von der Lynchkampagne aufgehetzt, »aus Wut auf das dreckige Kommunistenschwein« den Wortführer der antiautoritären Bewegung mit Revolverschüssen niedergestreckt. Drei Kugeln im Kopf. Lebensgefahr.

Die Nachricht vom Attentat zündete gleich einer Explosion in der ganzen Republik. Empörung schlug um in Verzweiflungstaten. Aufruhr überall. Die heftigsten Straßenkämpfe seit der Weimarer Republik. Rudi Dutschke, schon vorher zum Mythos geworden, erhielt legendäre Züge. Die Bewegung hatte ihren Märtyrer.

Er selbst merkte nichts davon. Er lag im Koma. Drei Operationen, stundenlang, bis die Kugeln entfernt waren. Gretchen, ständig zwischen Kind und Krankenhaus wechselnd, saß Stunden an seinem Bett. Erst am Karfreitag wachte er auf. »Er hat gar nichts gesagt. Er hat nur geguckt, er hat mich gesehen, und ich meine, er hat ein Zeichen gegeben, daß er mich erkannt hat.« Ihren Namen konnte er nicht sagen. Das Maul der Revolution hatte die Sprache verloren. Schwere Aphasie (Sprachstörung). Epileptische Anfälle werden chronisch bleiben. Die Gehirnverletzung hinterließ dauernde Schäden. Er mußte ganz von vorn beginnen. Ein mühsamer Prozeß, die Sprache wiederzugewinnen, langwierig, kompliziert. Hosea-Ché, der Sohn, versuchte zur gleichen Zeit, sprechen zu lernen. Sie lernten zusammen beim Spielen. »Eins trieb mich zweifellos am meisten«, so Rudi später, »die Lust zu leben und wieder arbeits- und kampffähig zu werden.«

Der Alltag blieb an Gretchen hängen. Nein, eine beschauliche Ehe wurde das nicht, aber stark im Bewähren. Solidarität. Rudi brauchte Ruhe. Er mußte weg aus Berlin. Zur Genesung in ein Schweizer Sanatorium. Inkognito unterwegs. Geheimaufenthalt in Italien. Überall von Neugierigen aufgespürt, eingekeilt, gejagt. Ein Leben auf der Flucht. Odyssee durch mehrer Länder. Meist wurden sie bald wieder ausgewiesen, oder man hat ihnen gleich ein Visum verweigert. Die Legende vom Bürgerschreck und Volksaufwiegler lief ihnen voraus.

Oft mußte Gretchen tagelang telefonieren, um irgendwo in einem anderen Land wieder irgendeine Bleibe aufzutreiben. Dazu Geldsorgen. Materiell ungesichert. Gelegentlich Publikationen, vorübergehend ein Stipendium, manchmal Spenden. Auf dem Arbeitsamt erhielt der Bürgerschreck den abschlägigen Bescheid, für ihn und seinesgleichen sei vorläufig kein Land in Sicht. Und vom BRD-Staat eine ›Ewigkeitsrente‹ zu fordern, das lehnte er gerade als

Sozialist prinzipiell ab. Am 10. November '69 wurde ihr zweites Kind in London geboren, Tochter Polly-Nicole. Das hinderte die britische Regierung nicht, die Familie unverzüglich auszuweisen. Unter solchen Umständen brauchten sie ihr Zusammengehörigkeitsgefühl auf Gegenseitigkeit. Zwei gegen die Welt. Und unter solchen Umständen arbeiteten beide dennoch wie besessen, Gretchen über *Das revolutionäre Zeitalter in Palästina*. Ihre Abschlußarbeit zum Urchristentum lag Anfang 1970 fertig vor. Anfang '71 erhielten Dutschkes ein Dauerdomizil in Dänemark, zusammen mit sieben Dänen und noch zwei Kindern in einer Landkommune, wo sie endlich ein Zuhause fanden und Rudi an der Universität von Aarhus einen Lehrauftrag bekam. Mitte '74 promovierte er zum Dr. phil., seine Dissertation erschien unter dem Titel *Versuch, Lenin auf die Füße zu stellen*.

Leicht war das Leben mit ihm gewiß nicht, schwankend zwischen Paranoia und Verfolgungswahn und unbändiger Daseinslust. Er wurde von Ängsten heimgesucht, fühlte sich überall bedroht, traute sich manchmal kaum aus der Wohnung, fühlte sich von allen Seiten angegriffen und war dann wieder rastlos unterwegs, engagiert in der grünen Bewegung, gönnte sich viel zu wenig Schlaf, schonte sich nicht und gab so dem Attentat im nachhinein noch die Chance. Ein epileptischer Anfall im Bad nachmittags am 24. Dezember 1979. Als Gretchen nach ihm sah, fand sie ihn tot in der Wanne, ertrunken. Knapp vier Monate später, am 16. April 1980 wird ihr drittes Kind Rudi Marek geboren.

Sechzehn Jahre Gemeinsamkeit in diffizilem Gleichgewicht. Denn das bergend Geschwisterliche im Miteinander ist ja nie und nirgends reine Harmonie, ist ja durchaus von Abneigung, Animosität und Ambivalenz zwischen Ich-bin-ich und Wir-sind-eins durchsetzt. Im Fall von Gretchen und Rudi Dutschke allerdings war eine Idee stärker als jeder Ich-Anspruch.

Sechzehn Jahre Gemeinsamkeit. Zusammengeschweißt im Widerstand gegen die Welt, in Not und für die Idee vom besseren Sein. Das ist der Stoff, aus dem die Dramen sind,

Dramen von hoher Glaubwürdigkeit. Einander geloben, bestätigen, Antwort sein. Und in solcher Antwort die Liebe beweisen, die dem Zerfall, dem Gift der Zeit, der Zerstörung trotzt.

Ein Königreich für eine Frau
Wallis Simpson und
Edward Herzog von Windsor

Das Leben
nur einem Ziel gewidmet:
Diese Ehe erfolgreich zu gestalten

Sein Vater wurde immer ungehaltener, seine Mutter gereizt. Der Sohn sollte heiraten. Bereits vierzig Jahre alt, hatte er noch immer nicht unter den Töchtern des Landes gewählt. Aber als er schließlich die einzig Richtige, wie er wähnte, gefunden hatte, da war es auch wieder nicht recht, da wurden Himmel und Hölle beschworen, um diese Heirat zu verhindern. Und damit begann, was ein Chronist *die größte Story seit Christi Himmelfahrt* nannte, die unvergessene Lovestory dieses Jahrhunderts.

Eine ganze Welt war dagegen. Eine ganze Welt verfolgte mit scheelem Blick und mit Gehässigkeit die skandalöse Liaison. Prince Charming und sein ältliches Aschenputtel. Edward Albert Christian Andrew Patrick David, geboren 1894, Großbritanniens vielumschwärmter Prince of Wales, dann König des Empire, Kaiser von Indien, vergafft sich ausgerechnet in diese mittellose Provinzamerikanerin Bessie Wallis Simpson, geborene Warfield, geschiedene Spencer, als Herzogin von Windsor in die Klatschgeschichte eingegangen.

Keine Liebesmär, keine Ehegeschichte hat je dermaßen Aufsehen erregt, ist je derart zum Eklat geraten. Denn für diese in den Augen anderer reizlose Frau, diese durch zwei Ehen abgetakelte Person, diese shocking Mistress, für sie verzichtete der begehrteste Junggeselle, Edward VIII., 1936 auf Thron, Königswürde, Weltreich und die Gunst der ganzen Welt, die ihm so überreich entgegenströmte. Das hat es nur einmal gegeben. Und niemand verstand den spleenigen Souverän.

Was war der Motor, der diese Romanze antrieb, diese

Liebe vierzig Jahre lang am Laufen und die Ehe in Gang hielt allen Widersachern und Widerwärtigkeiten einer mißgünstigen Mitmenschheit zum Trotz?

Bis zu seinem Tod 1972 ließ die sensationssüchtige Öffentlichkeit nicht ab, das herzogliche Verhältnis argwöhnisch zu beäugen, blitzlichternd zu umkreisen, spionierend zu belagern, um erste Anzeichen von Zwist, Zerwürfnis, Zwietracht hämisch zu vermelden, um schadenfroh das einschlägig vorhergesagte Scheitern dieser Mesalliance zu verkünden. Umsonst. Sie hielt auch dieser Heimsuchung stand.

Also Liebe auf den ersten und den letzten Blick?

Auf den ersten Blick schien er, der Thronerbe mit goldblondem Haar, aristokratischem Antlitz, melancholischen Augen, schmaler Statur und schüchternem Lächeln, als Superstar und Sehnsuchtsziel im Traumbuch aller Mädchenseelen und Frauenherzen seiner Zeit zu stehen. Schon äußerlich ein Märchenprinz, fürwahr, eine Art höheres Wesen. Auf den zweiten Blick indes, erst recht bei näherer Betrachtung, zeigten sich etliche Schwachstellen im königlichen Charakterbild. Ein ängstliches Kind, ein trauriger Junge, ein mittelmäßiger Student, ein gehemmter Mann, konnte David, wie man ihn familiär nannte, nie sein Minderwertigkeitsgefühl überwinden, das ihn ungeschickt agieren, dürftig parlieren, verklemmt libidinieren ließ. Insider wußten, daß er es verabscheute, berührt zu werden, daß er so hastig rauchte, wie er enorm trank, daß er sich die freie Zeit privat mit Stricken, Sticken, Puzzles vertrieb, sich vorzugsweise an Mickymaus-Filmen ergötzte und recht infantilen Spielereien frönte. In Windeln gewickelt, in Kinderkleider gesteckt, in Kinderwagen gelegt, als souveräner Säugling von einer männlichen Nurse gehegt, herumkutschiert, herumkommandiert, so beschrieb ihn Lord Louis Mountbatten, ein jüngerer Cousin, in seinen Tagebuchaufzeichnungen. Anzüglich nannten Bettgespielinnen den süßen David hinter seinem Rücken *the little man*, der leicht zu kränken war, reizbar, dickköpfig, »stur wie ein Maulesel«, pflegte seine Auserwählte Wallis zu sagen.

Eben dieser Wallis war der weiblose, weichliche Adels-sproß auf Anhieb verfallen. Und die entsetzte Welt rätselte: Warum? Was hat sie, das blaublütige Britinnen nicht haben? Was ist dran an dieser Mistress mit dem kantigen Gesicht, der breiten Stirn, enormen Nase, knochigen Figur gleich einer Gouvernante in klösterlichem Internat. So hübsch der effeminierte Herr des Commonwealth, so unweiblich wirkte Wallis, schon in jungen Jahren recht altjüngferlich, als die beiden 1931 erstmals aufeinandertrafen. Obwohl genau wie David (165 cm) von geringer Körpergröße (162 cm), hätte niemand sie je *little woman* genannt. Denn, wie Zeitzeugen bereits aus ihrer Schulzeit berichteten, Wallis Warfield war von Kopf bis Fuß auf Ehrgeiz eingestellt und ausgestattet mit kolossaler Willenskraft.

Geboren 1896 in Blue Ridge Summit, Pennsylvania, auf-gewachsen in Baltimore, zwar von angesehener Herkunft, aber verarmt, waren sie und ihre früh verwitwete Mutter auf die Gnade wohlhabender Verwandter angewiesen. Das verletzte ihren Stolz und härtete ihren Willen, herauszukommen aus dem Milieu braver Bourgeoisie und ihren Weg zu machen in die Upperclass. Bar jeder Schönheit, kultivierte Wallis statt dessen Stil, Witz und vor allem jene freizügige Lebensart, die auf Sittsamkeit pfeift und Moral für mangelnden Schneid erachtet. Übereinstimmend das Urteil in Wallis' früher Umgebung: Sie war vergnügungssüchtig, setzte immer ihren Willen durch, wollte überall im Mittelpunkt stehen und – konnte Leute zum Lachen bringen.

Mit solchen Talenten war sie genau das, was der traurige Kronprinz in seiner protokollarisch geregelten Daseinsleere brauchte. Sie brachte Leben in sein Leben der Langeweile und Tristesse, der tradierten Tabus und Sexualneurosen. Die feine englische Art war nicht ihre Art. Ihr beharrlich betriebener Aufstieg in die High-Society war begleitet von einigen Skandalen, etlichen Affären, amourösen Eskapaden in den besten Kreisen vor ihren und auch während ihrer zwei Ehen. Als Liebhaber wählte sie vorzugsweise illustre Vertreter der kosmopolitischen Szene. Eine erfahrene Frau, der nichts Männliches fremd war. Eine extrovertierte

Madame mit abenteuerreicher Vergangenheit, für die sich bald der britische und der amerikanische Geheimdienst zu interessieren begannen. Denn Diskretion gehörte nicht zu ihrem Repertoire. Kaum hatte sie den Thronfolger im Haus seiner heimlichen Buhlschaft kennengelernt, der Upper-class-Lady Thelma Furness, deren Vertrauen Wallis zu gewinnen gewußt hatte, schon posaunte die Noch-Ehefrau Simpson diese Neuigkeit beim Friseur unter der Trocken-haube aus, so daß jede(r) im Salon Anteil nehmen und die tolle Amerikanerin beneiden mochte.

Bald blühte der Klatsch. Und Wallis gab ihm kräftig Futter. Man sollte über sie reden. Eine heimliche Aventure im Verborgenen hätte ihren Ehrgeiz nicht gestillt. Hatte der Prinz sie eingeladen, zum Dinner besucht, von einer Geselligkeit heimgeleitet, prompt erfuhren anderntags Bekannte am Telefon davon. »Weißt du, wie lange er bei mir geblieben ist? – Bis heute morgen halb zwei!«

Nein, von Diskretion hielt die umtriebige US-Bürgerin gar nichts. Nach ihrer ersten Ehe (von 1916 bis 1927) mit dem schneidigen Marineoffizier Earl Winfield Spencer seit 1928 verheiratet mit dem sehr wohlhabenden Ernest Aldrich Simpson, Inhaber einer Schiffahrtslinie, war Wallis noch vermählt, als sie mit dem uneingeschränkt begehrtesten Junggesellen der westlichen Welt in See stach zu einer Art vorweggenommener Flitterwochen. Auf des Meeres und der Liebe Wellen führte die Fahrt das meistbeäugte und von Gerüchten umwitterte Pärchen nicht etwa in die Verschwiegenheit weißrussischer Wälder oder schottischer Highlands, in die Abgeschiedenheit hinterpommerscher Hochsitze oder isländischer Felsennester. Die Intimtour brachte sie nach Biarritz, Mallorca, entlang der spanischen Küste an die Riviera, wo sich in Nizza, Cannes und andernorts die noblere Society zum Dolcefarniente drängte, von Reportern rudelweise umlagert. Die perfekte Show. Publicity weltweit. Und Wallis in ihrem Element. Im Mittelpunkt globaler Aufregung, die das Britische Empire erschüttern sollte.

Warum ließ seine Hoheit das zu? Was konnte den Nachfahren von William the Conquerer und Heinrich VIII. derart fesseln, daß er darüber seine Stellung, Staatspflicht, Königstradition vergaß und sich selbst zum Gespött der Klatschdrosseln machte? Spekulationen sprossen unkrautgleich. Vermutungen und Erklärungen waren in sich widersprüchlich und vielleicht gerade deshalb aufschlußreich.

Sagten die einen, daß Wallis mit ihrer Energie des antriebsschwachen Prinzen Schwungrad sei, das ihn in seinem vorprogrammierten Dasein auf Trab bringe, so verwiesen andere auf medizinische Befunde, denen zufolge *the little man* in seinem labilen Gemütszustand einem Nervenzusammenbruch oft nahe gewesen sei, wogegen seine späte Liebe als einzig wirksame Therapie habe helfen können. Eingeweihte erwähnten seine trostlose Kindheit in der Obhut einer neurotischen Nurse, die ihn überbehütet habe. Dagegen seine Mutter Mary: sehr kühl, unnahbar, zu ihren Kindern stets auf Distanz. Und Vater George von zynischer Arroganz, für seine Söhne ein Schrecken. Bruder George, der Zweitgeborene, wurde zum Stotterer, Thronfolger David ein hochgradig nervöser Mensch, der leicht zu weinen anfing und auch als Erwachsener noch unter Komplexen litt. Und Mrs. Simpson habe es verstanden, genau dieses Dilemma anzugehen, sein Selbstvertrauen zu stärken, mit Witz und munterer Laune seine Verklemmungen aufzulokkern, sich ungeniert über die Zwänge der Konvention, denen er unterworfen war, hinwegzusetzen und ihn mitzureißen, bis er durch sie überzeugt war, eigentlich ein ganz patenter Kerl zu sein. Er selbst hat einmal verraten, sie habe für ihn vom ersten Augenblick an jene Unabhängigkeit verkörpert, wie sie nur in Amerika gedeihe. Die Freiheitsstatue in Person. Nicht wenige Stimmen unterstellten allerdings auch, daß sie seiner sexuellen Notdurft mit außergewöhnlichen Praktiken aufzuhelfen wußte, daß er ihr bald hörig war. Er brauchte sie, und sie nutzte das rigoros. Eine Mischung aus zärtlicher Nurse und nörgelnder Zuchtmeisterin, so unterwarf sie ihn geschickt ihrer Regie. Laut Zeugenaussagen zügelte sie seinen Alkoholkonsum, rationierte sein Rauchen, stilisierte sein Erscheinungsbild, seine privaten Gewohnheiten. Sie bemutterte ihn und ließ sich zum Ausgleich von ihm königlich beschenken. Das gedemütigte Mädchen aus Baltimore, im Schatten begüterter Verwandter von deren Zuwendung abhängig, entwickelte früh eine Sammelsucht nach Preziosen. Ihre Verehrer, Ehemänner, Liebhaber, jene Männer, die ihr Leben kreuzten, bedachten sie großzügig mit allerlei Gold und Geschmeide. Doch keiner verwöhnte sie derart generös wie der Prince of Wales. Er überschüttete sie mit Juwelen; wovon er erst recht nicht ließ, als er 1936 König wurde. Edward VIII.

Seine Verschwendung gab den gehässigen Gerüchten über seine beuteraffende Mätresse erst richtig Auftrieb. Da wurde gemunkelt, sie müsse ihn verhext haben, er müsse von Sex besessen und ihr in seiner exzentrischen Geschlechtlichkeit total verfallen sein. Hatte sie nicht, noch als Ehefrau des Seeoffiziers Spencer, in den verrückten zwanziger Jahren ihren Mann für längere Zeit nach China begleitet, dort in Hongkong, dann in Shanghai zu später Stunde Mondschein-Dinners, noble Nightclubs, auch jene Purpurpaläste der gehobenen Bordellsorte frequentiert und sich bei solchen Amüsements in orientalischen Spielarten unterweisen lassen, sich erotische Fertigkeiten, entspannende Massagetechniken, delikate Exerzitien angeeignet, die ihr nun zupaß kamen, um dem nervösen *little man* auf die Sprünge zu helfen. Solchen Vermutungen, die den König zum Sexualneurotiker degradierten, erwiderten Kenner der königlichen Konkupiszens, Sex sei für ihn nicht das Wichtigste gewesen und für seine Konkubine, ob sie ihn nun wirklich beim Tête-à-tête wie ein Baby gebadet, wie einen Säugling in Windeln gewickelt hat, auch nicht.

Was immer davon wahr gewesen sein mag, Lustmolchen jedenfalls ähnelten beide nicht. Beide schmächtig, beide hager, in zunehmendem Maß magersüchtig. Dolly, wie er sie nannte, also Püppchen, wog bei 162 cm weniger als hundert Pfund. Er immer noch scheu lächelnd, sie eher verkrampft wie eine dominante Gouvernante neben ihm. Eine mächtige Anziehung hat es gegeben, die sich aus mehr als einer Schwäche nährte. Daß sie sämtliche Widerstände, Empörungen, Haßtiraden, daß sie die Jahrzehnte bis zu seinem Tod überdauerte, dazu mußte allerdings ein entscheidender Faktor hinzukommen. Und der kam von außen.

Auch als König und nun erst recht wollte David Edward auf seine tolle Dolly, die taktisch raffiniert genug noch immer Mrs. Simpson war, nicht verzichten. Nein, er wollte zum Entsetzen des Establishments, der Regierung, der königlichen Familie diese abgetakelte Amerikanerin bei den noch bevorstehenden Krönungsfeierlichkeiten an seiner Seite zur Königin krönen lassen. Und Wallis wollte das auch. Vom mittellosen Mädchen aus Baltimore zur Königin von Großbritannien und Kaiserin von Indien. Welch ein Triumph.

Nun operierte aber Edward, mit Klugheit ohnehin nicht sonderlich gesegnet, derart ungeschickt und haarsträubend undiplomatisch, bis er sämtliche Entscheidungsträger vor den Kopf gestoßen, alle Welt gegen sich verschworen und sich selbst in eine ausweglose Situation manövriert hatte, als sei er von Gott und allen guten Geistern verlassen. Er fühlte sich als einsamer Kämpfer. So benahm er sich auch. Wallis nicht weniger. Die leibhafte Provokation, immer im Zentrum des veröffentlichten Skandals: der royale Romeo und seine juwelenraffende Julia. Er hätte sie heiraten und trotzdem King bleiben können. Premierminister, Erzbischof, Presselords und sonstige Ratgeber empfahlen ihm die morganatische Ehe (Wallis als seine rechtmäßig angetraute Gemahlin ohne den Rang einer Königin), empfahlen ihm, diese Frau als seine Mätresse neben dem Thron im Hintergrund zu behalten, rieten zu etwas Geduld und noch etwas mehr Diskretion, bis sich die Wogen der Erregung beruhigt hätten. Das Empire war in Gefahr.

Aber nein, das Empire kümmerte diesen Souverän nicht. Stur wie ein Maulesel bestand er auf seiner Forderung, die zweimal geschiedene Skandalperson als Königin neben sich auf dem Thron und mit ›königliche Hoheit‹ angeredet zu wissen. Was auch bedeutete, daß blaublütige Nobilitäten samt königlicher Familie diese hergelaufene Amerikanerin mit Bückling und Hofknicks hätten beehren müssen. Man stelle sich vor, Königinmutter Mary muß vor dieser Person in die Knie sinken. Das ging nun wirklich nicht. Edward wußte das wohl, beharrte indes halsstarrig auf seiner Bedingung. Andernfalls lasse er sich nicht krönen. Andernfalls verzichte er auf den Thron. Die Abdankung war nur als Drohung gemeint. Sie wurde aber angenommen. Der König und seine Konkubine hatten es geschafft, das gesamte britische Weltreich gegen sich zu mobilisieren. Edward wurde bedauert. Wallis war die meist gehaßte Frau.

Die Briten vergaßen ihre Diskretion. Die öffentliche Meinung bediente sich ärgster Beleidigungen. Pressestimmen verkündeten »Die schwerste Krise«.

Die TIMES schrieb: »Gegen die Dame, die zur Debatte steht, gibt es nur einen, allerdings erdrückenden Einwand: daß sie bereits zweimal geschieden wurde und ihre beiden vorherigen Ehepartner noch am Leben sind.«

Der DAILY TELEGRAPH: »Königin Mary, Königin Alexandra, Königin Victoria – das waren die Königinnen, die England und das gesamte Empire im Laufe eines Jahrhunderts kannte, und wir sind nicht gewillt, jetzt einen anderen Standard hinzunehmen.«

Der DAILY EXPRESS: »Der König kennt die Antwort, die das Volk hören möchte. Ein Abschied würde die Herzen aller Bürger mit tiefster Trauer und schwerem Kummer erfüllen.«

Die DAILY MAIL: »Eine Abdankung kommt nicht in Frage... Die Wirkung auf das Empire wäre verhängnisvoll... Das Volk will seinen König behalten.«

In Spanien wütete der Bürgerkrieg. In Italien marschierten die Faschisten. In Deutschland drohte Hitler, die Welt das Fürchten zu lehren. Albions König indes war mit nichts als seiner späten affaire d'amour beschäftigt wie verhext, querköpfig und denkbar dumm zu keinem Kompromiß bereit. So hatte er dann am 19. Dezember 1936 nicht nur den Thron, auch seine Familie, sein Land, seine Heimat verloren.

In London mühte man sich höherenorts redlich, den Abtrünnigen finanziell standesgemäß auszustaffieren (zu Lasten der britischen Untertanen) und ihn wenigstens mit einem wohlklingenden Titel zu entschädigen, den man auch seiner Frau zugestehen konnte: Duke und Duchesse of Windsor.

Nur auf der Insel bleiben durfte er nicht und sich schon gar nicht politisch betätigen. Aber danach stand dem neuernannten Herzog zunächst auch nicht der Sinn. Nichts sonst begehrte der liebestolle Exkönig so dringlich, als seine Wallis aus dem schmählichen Stand der Mätresse in den rechtmäßigen Rang an seiner Seite zu erheben.

Die Hochzeit am 3. Juni 1937 im französischen Landschloß Candé geriet, pomphaft inszeniert, zur Farce. Mit ihrer Weigerung, zu diesem Vermählungsfest zu erscheinen, hatte die königliche Familie (einschließlich Königinmutter Mary) das von nun an geltende Zeichen gesetzt. Die englische Aristokratie, das Establishment, die höchste Society ignorierte diese Hochzeit und die Windsors fortan überhaupt. Die oberste Schicht des französischen Adels, die standesbewußte Welt schloß sich an. Die Windsors wandten sich der Halb- und Gewaltwelt zu, dem Jet-set, dem Geldadel, residierten bei den Rothschilds, kokettierten mit den Diktatoren in Spanien, Italien, Deutschland, amüsierten sich mit Filmstars und waren inmitten der mondänen Menge das einsamste Paar.

Eine ungeheure Belastung für das ›junge Glück‹. Eine Belastung, die ausschließlich die Frau zu bewältigen hatte. Denn Edward, einmal entthront und aller repräsentativen Pflichten ledig, wußte mit sich nichts anzufangen. Aufmerksamen Beobachtern erschien »sein Leben leer, luxuriös, von Zobel eingerahmt. Er spielt Golf, kauft ein und langweilt sich.«

Sein Adjutant Dudley Ferwood: »Wenn sie nicht im Zimmer war, saß er da und blies Trübsal. Es war für mich fast erschreckend zu sehen, wie ein Mann eine andere Person derart anbeten kann.« Sein Butler Hale: »Nach der Art, wie er hinter ihr herlief, konnte man sich kaum vorstellen, daß er jemals ein König gewesen war.«

Die dominante Gouvernante wurde zur Managerin seiner Tage, mußte zur Managerin dieser Ehe werden, die unter Erfolgszwang stand – vor den Augen der globalen Öffentlichkeit, die zunächst ihre Romanze argusäugig verfolgt hatte und nun ein fulminantes Scheitern erwartete. Und Wallis wußte, nur ihr würde man die Schuld geben und ihr die Hölle an den Hals wünschen, falls der Verdacht auftauchte, daß der Herzog nicht glücklich sei.

Sekretär Sir Forwood: »So viele Leute glaubten, daß die Herzogin das große Los gezogen hatte, als sie den Ex-König von England heiratete. Sie alle sind sich nicht klar darüber, daß diese intelligente Frau ihr Leben nur dem einen Ziel widmete: diese Ehe erfolgreich zu gestalten.«

To make marriage a success. Die Herzogin hatte keine andere Wahl. Als transatlantische Schlange geschmäht, als geschmeidehamsternde Circe verschrien, von Haß und Mißgunst und Schadenfreude verfolgt, mußte sie ihrem Darling das Empire ersetzen und einen fortwährenden Honeymoon inszenieren. Keine leichte Angelegenheit. Zumal der arbeitslose Herzog nichts mehr schätzte als Ruhe, Zurückgezogenheit, etwas Golf, etwas Gartenarbeit und sein Puzzlespiel. Dergleichen freilich füllt nicht Tag für Tag die sich dehnende Zeit.

In welchem Himmel Ehen auch immer geschlossen werden, Langeweile läßt sie unweigerlich ins profan Schäbige sinken. Ein Umstand, der sich nur zu oft als ruinös erweist. Psychologen sprechen vom Arbeitslosensyndrom und warnen vor der Isolationsgefahr, wenn das Paar einander in den eigenen vier Wänden rings um die Uhr ausgeliefert ist und so einer dem anderen auf die Nerven geht. Der kleinste Ärger wächst sich aus. Der Krach ist da. Die Ehe landet in den Binsen. Davor mußte Dolly Domina den Duke und sich bewahren. Sie *mußte* beweisen, daß nicht das brüchige Weltreich, daß nur sie diesen Darling David glücklich machen konnte. Und manche Beobachter behaupten, das habe sie auch geschafft. Wie ein talentierter Animateur verwöhnte Nichtstuer ständig zu beschäftigen weiß, so dirigierte sie ein fortwährendes Unterhaltungsprogramm, ganz auf ihre eigenen Neigungen zugeschnitten. Sie liebte Luxus,

Highlife, glamouröse Geselligkeit, alles, was der Langeweile oberflächlich zuvorkommen konnte, vorzugsweise dort, wo man das berüchtigte Paar hofierte und auch die tolle Duchesse mit ›königliche Hoheit‹ ansprach, worauf sie und Edward gesteigerten Wert legten, was aber die versnobten Briten per Gesetz untersagt hatten.

Bei den Nazis beispielsweise wurde ihr diese Gunst zuteil, wurde vor allem der Herzog behandelt, als ob er noch immer König wäre. Mit gewissen Einschränkungen. Was sie aber beide, geblendet von der (noch) aufsteigenden, (noch) siegreichen Macht, nicht merkten. Während einer ausgedehnten Deutschlandtour nach Art eines offiziellen Staatsbesuches mit spektakulären Empfängen, Ehrengarden, Paraden ließ Hitler das Paar zu sich zitieren. Er wollte sie am Nachmittag zum Tee auf seinem Obersalzbergsitz in Berchtesgaden sehen. Sie folgten seinem Ruf. Er ließ sie eine Stunde warten, ehe er empfing. Sie waren gleichwohl beide begeistert von ihm. Er versprach andeutungsweise, wenn er erst Herr über Großbritannien sei, sollte der Herzog wieder König sein und Wallis seine anerkannte Königin. Die Herzogin fand Hitler »charmant«. Kommentar des US-Kolumnisten Westbrook Pegler: »Die Nazis haben den Herzog wie an einem Nasenring herumgeführt.«

Während NS-Bomber die baskische Stadt Guernica verheerten, während die Nazis in Österreich einmarschierten, Polen überrollten, Frankreich besetzten, Hitler die Schlacht um England begann, London bombardierte, die Deutschen in Rußland einfielen, als Massenmörder das Entsetzen brachten, Europa in Scherben fiel, während das Nachkriegselend grassierte, durchstreifte das Pärchen verschonte Gefilde, immer auf der Suche nach jenen modischen Plätzen, wo sich die Reichen und Berühmten verlustierten, von der Riviera auf die Bermudas, zu den Bahamas, nach Palm Beach, New York, Paris, Marbella, begleitet von zwölf Bediensteten, drei Hunden, 266 Stück Gepäck, davon 186 Überseekoffern. Nach einschlägigen Schätzungen gab Frau Windsor jährlich zwischen 30 000 und 100 000 Dollar allein für ihre Kleidung aus.

Elsa Maxwell, gefürchtete Klatschtante der Dolce-Vita-Welt, zunächst um Freundschaft mit der Herzogin bemüht, urteilte später: »Sie ist so völlig auf sich selbst und ihren Zeitvertreib konzentriert, daß sie nicht mehr danach fragt, was andere denken oder fühlen. Wäre sie sich klarer über ihre Stellung in der Weltgeschichte, brauchte sie nicht ständig auf der Suche nach Zerstreuung und Amüsement zu sein, sondern hätte Frieden in sich selbst gefunden... Ich glaube, daß die anmaßende und egoistische Art ihrer Vergnügungssuche zu ihrer eigenen Frustration beigetragen hat, denn durch sie ist das Prestige der Windsors nicht mehr das, was es einmal war.«

Berechtigte Kritik? Es gab noch ganz andere Stimmen, die der Herzogin, auch dem Herzog vorwarfen, ihr Leben nutzlos zu vergeuden als blitzlichtumwittertes Objekt der Boulevardblätter. Daß der royale Romeo einst ein Königreich für eine Frau aufgegeben habe, reiche nicht aus, um dafür auf ewig respektiert zu werden. Was er denn aus seinem Wissen, seiner Erziehung, Erfahrung und finanziellen Unabhängigkeit gemacht habe, fragte beispielsweise Charles Curran, ein Konservativer im britischen Parlament, und gab auch gleich die Antwort: Gar nichts habe er daraus gemacht. Er hätte ein Gelehrter werden, in die Politik gehen, sich sozial segensreich betätigen können. Aber er habe nichts sonst getan, als ein Vierteljahrhundert in der gesellschaftlichen Tretmühle zu verbringen, hin- und herreisend wie ein lebendes Aushängeschild an einem Koffer und noch mit siebzig Jahren Hully-Gully tanzend.

Wohl wahr. Aber gerade diese Aufmerksamkeit kritischer Kommentatoren wie knallharter Klatschreporter erwies sich als immenses Bindemittel für die beiden in ihrer verschworenen Einsamkeit zu zweit. Wann immer ihnen Mikrophone vor die säuerlichen Gesichter gehalten wurden, beteuerten sie, zwar mit meist mißmutigen Mienen, doch tapfer, daß sie glücklich seien. Nein, sie sahen nicht so aus. Aber was heißt schon Glück, wenn zwei Leute vierzig Jahre lang zusammenbleiben gegen den Widerstand, die Sensationsgier und Häme einer ganzen Welt.

Eine Trotzehe, die sich Wallis als Lebensaufgabe vorgenommen hatte, beispielhaft als Beweis, was Willenskraft auch unter heikelsten Umständen vermag. So ehrgeizig wie ausdauernd hat die Managerin ihr Soll erfüllt und die romantische Romanze des Jahrhunderts zum Erfolg geführt. Der Herzog starb am 28. Mai 1972. Seine Dolly überlebte ihn um fünfzehn Jahre.

Eisen drang in mein Gemüt
Margaret und Denis Thatcher

Ohne ihn
wäre ich aufgeschmissen

Die Mutter war Schneiderin, der Vater Gemischtwarenhändler. Der Tochter genügte das nicht. Sie erstritt sich ein
Stipendium, studierte Chemie und erwarb akademische
Grade. Auch das war ihr nicht genug. Sie vermählte sich
lukrativ, bekam zwei Kinder, fing danach noch einmal zu
studieren an, nämlich Jura, wurde Rechtsanwältin – und
zwar mit Erfolg. Doch das alles reichte ihr noch immer
nicht. Sie ging neben Beruf, Ehe, Familie in die Politik und
startete eine Senkrechtkarriere bis zum letzten Gipfel: Premierminister, vergleichbar dem bundesdeutschen Kanzler.
Selbst wenn ihr das noch immer nicht genügen sollte, mehr
erreichen kann sie hienieden nicht.

Sie wird in die Geschichte eingehen – mit einem kleinen
Makel im streng gestylten Charakterbild: Beliebt war und
ist sie, Margaret Thatcher, nicht. Sie gilt als hart, kalt, unbeugsam, so feminin wie ein Frigidaire, so weiblich wie eine
Tiefkühltruhe. Man sagt ihr nach, eine ›Funktionärin von
zäher Zielstrebigkeit‹ zu sein, eine Verhandlungsgegnerin
von ›nervenzerfetzender Intensität‹. Ihr Titel EISERNE
LADY ist nicht als Kompliment gemeint.

Alles an ihr gleicht jenem Negativbild, das böse Finger
karikierend zeichnen könnten, falls sie veranschaulichen
wollten, wie eine Frau gerade nicht sein darf, wenn sie für
die Ehe auf Dauer taugen möchte.

Aber die Pointe der Karikatur lädt uns zum Lachen ein.
Alle Welt weiß ja, daß die Lady längst ihre Silberhochzeit
gefeiert hat (vermählt seit 1952) und daß der nette Mann an
ihrer Seite mit britischem Humor so ausdauernd wie gelassen lächelnd seiner Maggie das erste wie das letzte Wort zu
behalten gönnt, ohne selbst ins Klischee des Pantoffelhel-

den zu passen. Es sieht so aus, als wollten die beiden das Wort ihres Landsmannes Charles Kingsley leibhaft bestätigen:

> *Die Leute behaupten, die Liebe*
> *ende am Altar. – Narren!*

Die Prognose darf gestellt werden: Von dieser Seite, die den meisten Männern demütigend oder doch recht unrühmlich erscheinen mag, wird Denis Thatcher auch dann nicht weichen, wenn der Stern der Gattin sinkt.

Das ändert freilich nichts an der allgemeinen Einschätzung und der allgemeinen Skepsis. So viel Ehrgeiz bei einem Weib kann eine Ehe nicht verkraften. Wo sie gelingen soll, muß die Frau verzichten. Genau das hat Margaret Thatcher nie getan und doch beides gewonnen: den Spitzenplatz in ihrer Profession und die erfolgreiche Ehe, intakt seit nahezu vier Dezennien.

Als die Krämerstochter 1989 ihr zehnjähriges Jubiläum im Premierministerium feiern konnte, wurde sie denn auch gebührend herausgestellt als beweiskräftiges Beispiel für jene Frauen (und das sind die meisten), die eben nicht zugunsten des einen auf das andere verzichten wollen, eben nicht beruflichen Ehrgeiz der Ehe unterordnen oder umgekehrt für die Karriere das Familienleben opfern möchten. Gleichzeitig indes wurden neben Elogen und Jubelreden erst recht und stichelnder noch als sonst Bosheiten laut auf Kosten des Gemahls der Domina von Downing Street Nr. 10. Pressekommentar: Er »spielt etwas den Hanswurst, pflegt das Image des unterdrückten Mannes, der in einer Welt matriarchaler Macht nur bei Gin und Golf Trost findet« (Spectator). Auf die Frage: Welcher englische Mann läßt sich von der Eisernen Lady nicht unterbuttern?, wird dann zum Ergötzen der Briten gleich noch ein Witz erzählt:

Nach ihrem Tod wird Maggie zu ihrer grenzenlosen Verblüffung an der Himmelspforte abgewiesen. »Du mußt in die Hölle, Madam«, herrscht Petrus sie an. Eine Stunde später bricht vor dem Himmelstor das Chaos aus: Zweihundert Teufel fordern Asyl.

Was Beelzebuben schrecken mag, kann Denis Thatcher nicht erschüttern. Laut Augenzeugen soll er über Witze auf seine Kosten am herzlichsten lachen und Maggies vielleicht einziger, doch unverbrüchlicher Freund sein, eine verläßliche Stütze, ein unerschöpflicher Muntermacher mit seiner Gabe, die sie nicht hat: Humor. »Ohne ihn wäre ich aufgeschmissen«, hat sie verraten und gesagt: »Er ist absolut wunderbar.« Einschlägige Politbeobachter halten dem unterschätzten Gatten die Tatsache zugute, daß die Premierministerin trotz ihrer langen Regierungszeit in diesem Amt, das »manche ihrer Vorgänger zu Krüppeln machte« (Publizist William Deedes), ungebrochen vital, aktiv, energisch auftrete. Der viel verlästerte Denis als Jungbrunnen und Fitneßkurier.

Die Eigenschaften, die der Iron Lady zugeschrieben werden, von beängstigender Energie, puritanisch diszipliniert, unerbittlich arbeitsbesessen, erfolgsorientiert den mörderischen Gesetzen des Profits hörig und im Umgang mit Menschen so unduldsam wie rücksichtslos, so nachtragend wie autoritär zu sein, diese Eigenschaften hat sie allerdings als Mitgift in einem rigide methodistischen Elternhaus vermacht bekommen.

Als jüngere von zwei Töchtern, geboren am 13. Oktober 1925 in Grantham, Lincolnshire, entstammt Margaret Hilda Roberts dem provinziellen Milieu praktizierten Christentums. Vater Alfred, Krämer, Prediger, kommunalpolitisch aktiv, ein Familienpatriarch von alttestamentarischer Strenge. Mutter Beatrice, bieder, sittsam, anspruchslos, zwischen Laden und Haushalt unermüdlich die perfekte Selbstversorgerin an der Nähmaschine, am Waschtrog, beim Tapezieren, beim wöchentlichen Brotbacken, die musterhafte Lehrmeisterin der heranwachsenden Töchter. Jeden Sonntag begab sich die Familie zweimal in die Kirche. Sauberkeit, Sparsamkeit, Fleiß hatten den Rang göttlicher Gebote. Spaß, Lust, Vergnügen waren des Teufels, waren verpönt. Auch sonntags durften die Töchter nicht spielen, nicht einmal Mensch-ärgere-dich-nicht.

In solchem Klima dressierter Wohlanständigkeit gedeiht

verbissene Arbeitswut und auch jene Margaret Thatcher eigene Überzeugung, daß jeder seines Glückes Schmied sei, sofern er sich nur tüchtig anstrenge. »Eine Tochter, die über dem Laden wohnt«, schrieben die Biographen Nicolas Wapshott und George Brock, »kann kaum leugnen, daß der Handel anständig und ehrlich und sein Gewinn hart und redlich verdient ist.« Sie muß aber auch die drängende Erkenntnis gewonnen haben, daß sie herauskommen kann, herauskommen muß aus diesem Händlerhaus, wo man Bedürfnisse der leiblichen Entsorgung in einem Klosetthäuschen auf dem Hinterhof zu verrichten hatte. Für sie, ergänzte der Kolumnist Peter Jenkins, seien Konservativismus und Christentum synonym, sei Sozialismus der Antichrist, den auszuradieren und zu begraben sie als Regierungschefin angetreten ist.

Politik interessierte bereits die Schülerin, dann die Studentin, beeinflußt und in diesem Punkt unterstützt vom politisch aktiven Vater. Konzentriert, zäh, zielstrebig verfolgte und verwirklichte sie 1943 ihre Absicht, unbedingt in Oxford zu studieren und nicht etwa an einer ihrem Stand eher angemessenen zweitklassigen Universität. Als einfaches Mädchen der unteren Mittelschicht aus der Provinz begriff sie unter gesellschaftlich höherstehenden, bemittelteren Kommilitonen schnell, daß man Geld braucht, sehr viel Geld, wenn man eine politische Laufbahn aussichtsreich anvisieren will. Sie begriff darüber hinaus: Man kann auch Nägel ohne Köpfe machen. Man braucht nur etwas Geduld und vielleicht den einen oder anderen Umweg zum Ziel. Da sie keinen Penny besaß und nach bestandenem Examen 1947 ihren Lebensunterhalt bestreiten mußte, fing sie mit einem Jahresgehalt von 350 Pfund bei einer Kunststoffirma in Essex als Chemikerin an, wo sie an der Entwicklung eines Klebstoffes zu arbeiten hatte. Gleichzeitig trat sie dem Ortsverein der Torys von Colchester bei, sehr beflissen bei allerlei freiwilligen Aktionen, Parteiveranstaltungen und Debatten, obwohl oder vielleicht gerade weil es im Nachkriegsengland gar nicht schick war, konservativ zu sein. In Dartford, einer Arbeitersiedlung an der Kent-Küste, absoluter Labour-Wahlkreis, bewarb sie sich tapfer als Kandidatin der Konservativen und wurde in Ermangelung zugkräftiger Männer aufgestellt, dreiundzwanzig Jahre jung und bei aller Bravheit recht adrett anzusehen, jedenfalls mitnichten schüchtern, sondern schlagfertig, entschlossen, beherzt.

Unter dem Banner der Konservativen begegnete das tüchtige Jungfräulein einem Wahlkreisaktivisten, der sich erbot, sie in seinem flotten Jaguar gelegentlich herumzukutschieren der Politik zuliebe. Denis Thatcher, groß, schlank, zehn Jahre älter und Inhaber eines Familienbetriebes für Farben und Chemikalien in Erith, wohlhabend geworden durch den Handel mit Dünge- und Schädlingsbekämpfungsmitteln. Auf die Frage eines fürwitzigen Reporters, ob es Liebe auf den ersten Blick gewesen sei, antwortete Miss Margaret kühl: »Mit Sicherheit nicht.«

Das hinderte aber Mister Denis keineswegs, die Krämerstochter 1951 zu freien. Für sie die erste Erfahrung dieser Art, für ihn der zweite Versuch; die erste Ehe hatte den Krieg nicht überstanden und war 1946 geschieden worden. Zur Hochzeit erschien die Braut ökonomiebewußt in dunkelblauem Samtkleid, das sich danach auch noch zu anderen festlichen Gelegenheiten tragen ließ.

Offenbar kann es keine Liebe ohne Leidenschaft geben; aber es gibt unendlich viel Leidenschaft ohne Liebe.

Solche Erkenntnis des weltbewanderten Reiseschriftstellers Junius Henri Browne hat das junge Ehepaar in keine wie auch immer geartete Bedrängnis gebracht. Hier handelte es sich eher um ein solides Zweckbündnis mit gewissen Anklängen von Kumpelverhältnis. Mit dem ehrenwerten Schritt von der Kür zur Pflicht eröffneten sich der ehrgeizigen Person, nunmehr wohnhaft in Chelsea, ganz neue Perspektiven. Dank Denis mußte sie nicht mehr zwecks Gelderwerb arbeiten. Sie konnte, um sich eine respektablere Basis anzueignen, noch einmal studieren. Sie tat es, und zwar Jura mit Spezialisierung im Steuerrecht. Die obligaten zwei Kinder, die eine anständige Mittelschicht-Ehefrau zu gebären hat, vollbrachte Mrs. Thatcher effektiverweise gleich auf einen Streich. Die Zwillinge, Tochter Carol und Sohn Marc, kamen im August 1953 zur Welt. Vier Monate danach bestand die junge Mutter ihr juristisches Abschlußexamen und wurde gleich darauf bei Gericht zugelassen. Die in den fünfziger Jahren apodiktisch herrschende Meinung, eine Mutter mit unmündigen Kindern habe zu Hause ihre Pflicht zu tun und nirgends sonst, ließ sie nicht gelten, schon gar nicht für ihre Person. Sie ignorierte auch die sehr frühe Kritik aus den eigenen Polit-Reihen, die sie niederhalten wollten mit dem Vorwurf, daß eine Mutter mit zwei kleinen Kindern und einem durch Geschäftsreisen häufig abwesenden Ehemann untragbar sei für die Tory-Politik, für die konservativen Ideale. Dergleichen Bremsbemühen focht und ficht eine Führernatur wie sie nicht an. Sie beschäftigte ein Kindermädchen, eine Putzfrau, einen Gärtner, eröffnete bald eine eigene Anwaltspraxis und nahm wenig später auch ihre politischen Ambitionen wieder auf.

Ihre Ansicht zu dieser aufreibenden Kombination vielfacher Aufgaben: »Die Vorstellung, daß die Familie dabei zu kurz kommt, ist meiner Meinung nach völlig falsch.«

Nun hatte sie aber auch Glück mit ihrem Ehemann; ein Glück, das alle Frauen brauchen, die ähnliches verwirklichen möchten. Mit genügend Kapital versehen, konnte er die Hilfskräfte im Haus, Margarets Studium, die Investitionen unter dem Diktat ihrer Karriere finanzieren, ohne zu darben. Obschon konservativ bis in die Knochen, machte Denis, der ohnehin oft seinen Geschäften im Ausland oblag, keine Schwierigkeiten. Er legte ihr nicht nur keine Steine in den Weg, in gewissen Grenzen ordnete er sein Leben den Erfordernissen ihrer Laufbahn unter. Die Wohnungen, die sie mieteten, die Häuser, die sie kauften, wurden nach jenen Voraussetzungen gewählt, die für die Tory-Kandidatin, die Abgeordnete, die Parlamentarierin im Unterhaus günstig waren. Margarets Karriere hatte auch für den Geschäftsmann Priorität; er scheint früh begriffen zu haben, zu wessen und welchem Gewinn.

Nachdem die aufstrebende Gemahlin mit seiner emotionalen und ökonomischen Unterstützung allen patriarchalen Widerständen und alten Knackern der Partei zum Trotz 1959 den Sprung ins Unterhaus geschafft hatte, 1961 Staatssekretärin unter Premier Harold Macmillan und nach der Wahlniederlage der Konservativen 1964 Sprecherin der Opposition in Renten- und Steuerfragen geworden war, verkaufte Denis 1965 sein Unternehmen, erwarb Aktien und Immobilien, nahm etliche Aufsichtsratsposten an und investierte seine Zeit von nun an in den unaufhaltsamen Aufstieg der Frau Thatcher.

Und sie dankt es ihm. Diese Ehe erwies sich als lukratives Unternehmen. Er und seinesgleichen profitieren über die Maßen von ihrer Politik – auf Kosten der Schwachen, der Unterprivilegierten, des einfachen Volks. Daß sich die Arbeitslosenzahl auf mehr als drei Millionen im Jahr 1986 erhöhte, nahm die Landesherrin ebenso gelassen in Kauf wie den Vorwurf, die schiere Raffgier zu begünstigen. Wer Geld hat, hat bei ihr a priori recht, und die anderen sind selbst schuld, sie hat es ja auch geschafft. Statt zwölf Millionen Gewerkschaftsmitglieder wie 1979, als sie Premierministerin wurde, gab es zehn Jahre später zwölf Millionen Aktionäre neben dem wachsenden Elend der Armen. Die Kaufmannstochter aus dem kleinen Provinznest hat mit ihrer Privatisierungspolitik aus der ›Nation of Shopkeepers‹, dem Volk der Krämer, eine ›Nation of Shareholders‹ gemacht, ein Volk der Aktionäre. Die ›Passionara der Privilegierten‹, wie die Opposition sie nennt, hat die Reichen reicher werden lassen, die Habsüchtigen angefeuert, das männliche Prinzip gestärkt. Eine wahrhaft treue Ehefrau, vermutlich ohnehin nie bedrängt von Anfechtungen libidinöser Not.

Ihr Männerverschleiß allerdings ist beachtlich. Innerhalb von zehn Jahren verließen sechsundzwanzig Minister ihr Kabinett. Während sie jene Herren von der eigenen Fraktion, die ihren Arbeitslosenkurs nicht unterstützen, als ›wets‹ beschimpft, als Waschlappen, füllen die ihr verliehenen Schimpfnamen mittlerweile eine stattliche Liste.

TINA, weil sie ständig die eine Parole wiederholt: *There Is No Alternative* zu ihrer harten Linie. Ob *Höllenweib* oder *Offener Kühlschrank*, ob *Eisige Jungfrau* oder *Milch-Snatcher*, weil sie die kostenlose Pausenmilch in den Schulen gestrichen hat, beliebt ist die Dame mitnichten, eher suspekt als Prototyp des kreischenden Tory-Weibes aus dem südenglischen Kleinbürgertum.

Während eines offiziellen Dinners in Downing Street hörte man einen Gast flüsternd fragen, ob an dem Gerücht etwas Wahres sei, daß die Lady tatsächlich eine Frau sei. Von Anfang an hatte sie es verteufelt schwer, sich gegen die verschworene Bastion der Männer zu behaupten. In allen Aufgaben und jedem Moment mußte sie den Beweis antreten, besser = entscheidungsstärker, durchsetzungshärter zu sein als ein Mann. Ein solcher Prozeß stählt. Oder wie sie selbst ihre prägende Erfahrung zum besten gab:

»Eisen drang in mein Gemüt.«

Der diesen Vorgang glossierende Titel the IRON LADY wurde ihr zwar aus russischem Mund zugesprochen. Dem Ehemann indes fiel die Aufgabe zu, den fortschreitenden Prozeß von Eisen zu Stahl – je nachdem – anzuheizen oder weichzuspülen oder verbal zu glätten. Mit knarrender Kasinostimme, entsprechenden Scherzen und einer gehörigen Portion Humor weiß er das steife Zeremoniell bei Staatsempfängen und Politbesuchen mit trockenen Bemerkungen zu beleben, Reportern neckische Bonmots zu bieten. Und er bewährt sich als der Primadonna assoluta bester Claqueur. Wie immer es um seine »Defizite an intellektueller Brillanz und an zeitgemäßen Ideen« bestellt sein mag, schrieb ein britischer Kommentator (Spectator), »niemand kann Margarets Mann bezichtigen, ein Schwächling zu sein«.

Nein, gewiß nicht. Daß die erste Frau auf dem Premierplatz wegen der gottverlassenen Falkland-Inseln 1982 eine Armada über den Atlantik jagte und den Argentiniern das Eiland vor der Antarktis wieder entriß – um den Preis von mehr als tausend Toten, daß Deutschland ihrer Überzeugung nach als Schlachtfeld eines dritten, auch eines atomaren Weltkrieges herhalten müsse, daß sie den Boykott gegen Südafrika verurteilt, sich in ihrer Europa-Phobie bis zur Karikatur versteift, solches und ähnliches findet die ungeschmälerte Zustimmung des ultrarechten Gatten. Auch ihre Sprüche, mit denen sie Reden (anderer) gern unterbricht oder Debatten apodiktisch beendet und andersmeinenden männlichen Mitarbeitern in die Parade fährt: »Der Hahn kräht, aber die Henne legt Eier«, sagt sie beispielsweise, wenn sie genug hat vom Widerspruch.

So gehässig, harsch und herrisch die schrille Tory-Chefin ihre Geschäfte tätigt, im häuslichen Privatrevier pflegt sie demonstrativ das Image der sparsamen Familienfee mit Schürze vor dem Leib, die morgens vor des Tages Hetze schnell noch nebenan einkaufen geht. Nie versäumt sie zu erwähnen, daß sie früh um sechs oder sieben dem viel verspotteten Gatten das Frühstück zubereitet. Gern läßt sie sich beim Kaffeekochen fotografieren, wobei aufmerksamen Beobachtern nicht verborgen bleibt, daß sie Pulver überbrüht. Man müsse mit allen Talenten wuchern, pflegt die Schwarze Köchin zu sagen. Denn: »Welcher Tag verschafft höchste Zufriedenheit? Nicht ein Tag des Müßiggangs, sondern der Tag, der höchste Ansprüche stellt und den man dennoch meistert.«

Die Meisterin bewältigt ihr Pensum höchster Ansprüche, weil sie beispielsweise auf Urlaub überwiegend verzichtet, weil sie erwiesenermaßen mit fünf Stunden Schlaf auskommt und weil sie Darling Denis als Akkumulator im Hintergrund hat. Ein Rollentausch der raren Art. Und ein Witz, daß ausgerechnet zwei Erzkonservative vorleben, was der Ehe von heute frommt, sofern die Frau auch mit ihren Talenten wuchern will. Zu oft scheitert das gegenseitige Einvernehmen gerade an diesem Punkt.

Üblicherweise hat der weibliche Part zurückzustecken. Üblicherweise haben die Frauen schwer beschäftigter Herren in den Arenen von Kommerz und Politik für die nötige Regeneration zu sorgen, selbst aber anpassungswillig im Hintergrund zu bleiben. Wie sehr diese unzeitgemäße Erwartung in der Wirklichkeit an trutzige Wände stößt oder

Widerwillen weckt, zeigen die hohen Scheidungsraten gerade auch auf der politischen Bühne in Bonn.

Im brisanten Fall britischer Stählung beweist Darling Denis, daß für Fragen von heute nicht die Antworten von gestern gelten, schon gar nicht privat, wo eine derart nützliche Marriage erfolgreich verlaufen soll. Da sorgt dieser nette, nonkonforme Durchschnittsmann für einige Entspannung, damit die Welt zur Thatcher-Ära wenigstens marginal etwas zu lachen hat. Und so wird man dereinst an seinem Grabe sicher sagen: Er hat sich um das Vaterland verdient gemacht, um seine Frau allemal.

Ich bin wirklich sehr Nebensache
Johanna von Puttkammer und Otto von Bismarck

Dich nach dem
Bedürfnis meines Herzens lieben

Am Tag der Narren, am 1. April 1815, als der Schrecken des Jahrhunderts, als Napoleon endgültig darniederlag, als der Kongreß tanzte und Metternich Europa neu aufteilte, kam jenes männliche Subjekt in die Welt, das Europa abermals durcheinanderwirbeln sollte. Auch er, der neue Narr, Otto von Bismarck, Reichsgründer und Kaisermacher, erhielt als erster und einziger Mann die Respektsbezeichnung EISERNER KANZLER zuerkannt. Anders indes als bei der Domina von der Downing Street wurde und wird dieser Titel bei ihm als höchste Anerkennung verstanden. Alle Eigenschaften, die der Lady übel angelastet werden, gereichen ihm zur Ehre, auch nach hundert Jahren noch.

Am Gegensatz solcher singulärer Erscheinungen einer Premierministerin Margaret Thatcher, eines Ministerpräsidenten Otto von Bismarck zeigt sich das verzwirnte Geflecht, in dem zwei lebenslänglich aufeinander bezogen, ineinander verstrickt, gegebenenfalls auch gefangen sein können, aber jedenfalls nicht auseinanderlaufen. Ein höher Geordnetes als das eigene kleine Selbst in seinen Süchten hält zusammen; wobei dieses Höhere (eine Idee, ein Auftrag, eine Aufgabe o. ä.) durchaus mit dem süchtigen Selbst nahezu neurotisch verzahnt sein kann.

Daß mit Sicherheit nicht, wie Mrs. Thatcher sagte, Liebe auf den ersten Blick ihre Vermählung gestiftet hat, gilt gleichermaßen für den pommerschen Grafen, den heißblütigen Gutsbesitzer, diesen *Heros und Heulhuber,* wie Theodor Fontane ihn skizziert hat, weil der meistgefürchtete Mann seiner Zeit zu Tränenausbrüchen neigte, so häufig wie heftig und herzlich gern heulte. In seiner Jugend wurde er *der tolle Bismarck* genannt, ein Draufgänger und Bruder Leichtfuß der Legende zufolge, trinkfest und faul als Student, blond und recht schmuck von Gestalt mit (damals noch) schlanker Taille. Häufig von Herzenswirren heimgesucht. Fortwährend exzessiv verliebt, wie er einem Freund 1835 schrieb. Er liebelte, er becherte, er würfelte. Ein Schürzenjäger und Weiberheld, der einer Schönen wegen, einer gewissen Miss Isabel Lorraine-Smith, seine Pflichten versäumte, ihr 1837 bis in die Schweiz hinterherreiste, sie flugs heiraten wollte, aber leider nicht bekam. Auch bei der Tochter eines reichen Nachbarn hatte er kein Glück und ward darob lange tief betrübt. Und jene Frau, die wohl die große Liebe seines Lebens hätte werden können, Marie Thadden von Trieglaff, eine aparte Schönheit, so intelligent wie geistreich, lebhaft und charmant, gerade zwanzig Jahre jung, Marie war bereits verlobt, als der tolle Bismarck achtundzwanzigjährig kam und sich entflammt zu ihren Füßen niederließ. Sie heiratete bald ihren braven Moritz von Blankenburg, hielt aber Otto am langen Faden sinnlicher Seelenverwandtschaft fest, bis sie zwei Jahre später, 1846, an Typhus erkrankte. Und während sie noch im Sterben lag, und während noch Bismarck mit seinem Gott um Maries Genesung rang, betete die Todgeweihte inbrünstig, daß Otto fromm werden und ihre liebste Freundin heiraten möge.

Die liebste Freundin kannte er seit zwei Jahren. Doch erst jetzt, erschüttert über Maries Tod, bat er um ihre Hand. So begann eine Beziehung, die achtundvierzig dramatische Jahre durchstand und als vorbildlich gepriesen wurde.

Johanna von Puttkammer, neun Jahre jünger als der junge Junker, soll in allem das komplette Gegenteil der geliebten Marie gewesen sein: unscheinbar, farblos, geistig bescheiden, ausgestattet mit schwarzem Haar, mit brombeerdunklen Augen, dem hochgewachsenen Heißsporn (185 cm) auf Anhieb ergeben. Später, Fürstin geworden, macht sie sich unbeliebt wegen ihrer schwatzhaften, lästerlich gehässigen Zunge, eine Giftnudel, der niemand traut.

Jetzt, im Dezember 1846, als Otto sie freit, glänzt er bereits mit ungewöhnlichen Gaben, ein brillanter Stilist von scharfem Intellekt, hochkultiviert, empfindsam, anders als heutige Kanzler vier Sprachen eloquent beherrschend. Auf deutsch bittet er um Johannas Hand. Und sie sagt unterwürfig ja. Im Februar ist Verlobung. Im Juli wird geheiratet. Er nennt sie während der Brautzeit: »Theuerste, einzige, geliebte Juanita! better half of myself!« Er schreibt ihr die zärtlichsten, überschwenglichsten, poetischsten Briefe, die ein unerfahrenes Jungfräulein bezaubern müssen. Er unterweist sie in Lokalgeschichte, Welthändeln, Kriegschronik; informiert sie über alles, was er unternimmt, anzettelt, ausgleicht. Er ermuntert sie, sich vor der vornehmen Welt nicht zu fürchten, ermahnt sie, hübschere Kleider zu tragen, doch bitteschön Französisch zu lernen, ihre Schwermut standhaft zu besiegen. Er gibt sich viel Mühe mit ihr.

Zunächst meinte der Herr von Schönhausen noch, sein schwarzes Mädchen sei facile à vivre (leicht zu behandeln), just so wie er sich ein Frauenzimmer wünsche; tatsächlich erwartete er absolute Ergebenheit, wie es dem herrschenden Rollenklischee entsprach. Später freilich gestand er, es habe lange gedauert, bis sie sich in die Rolle der Repräsentantin an seiner Seite gefunden habe. Was wohlwollend formuliert war. Oder von nur oberflächlicher Einschätzung zeugte. Denn bei allem freundlichen Bemühen, das Bismarck für die Braut und Gemahlin aufzubringen lange bereit war, die ebenbürtige Partnerin zu werden schaffte sie nie; wie sollte sie auch. Sie hat in seinem Schatten stets gegen ihre Natur gelebt. Von daher auch wohl Johannas häufig auftretende krankhafte Mißstimmungen, unablässige Jammertiraden und Klagen, dies nicht zu können und jenem nicht gewachsen zu sein und überhaupt...

Sie hatte es schwer neben diesem begnadet begabten Egomanen, der seine Mitmenschheit (damals) nicht nur körperlich reckenhaft überragte, der weder sich noch irgendwen sonst schonte, zuzeiten aufbrausend, tollkühn und ziemlich arrogant, dann wieder von unwiderstehlichem Charme, von schneidender Schärfe des Verstandes sowieso, bei allem Witz, bei allem Humor nicht ohne Hypochondrie, ein Misanthrop und Melancholiker. »Ich bin sehr heißblütig«, bekannte er einmal einem Besucher (Sir William Richmond), und ich habe immer dagegen zu kämpfen, daß mich mein Temperament im Hause fortreißt.«

Es hat ihn fortgerissen. Es hat ihn gedrängt, das Unmögliche anzupacken und in die Knie zu zwingen, den rigidesten Staatsegoismus nicht allein zu predigen, erst recht zu praktizieren, händelsüchtig über jeden Nachbarn herzufallen, der Preußens Machtgier scheel ansah. Sein heißblütiges Temperament hieß ihn hassen, nicht zu knapp. Seine Juanita, his better half, stänkerte bald gegen »diese unleidliche stürmische Diplomaten-Welt, die ihm gar nichts Gutes gebracht«. Und durfte sie nicht enttäuscht sein?

Der märkische Landedelmann, der sie freite, in jungen Jahren Romantiker und Anarchist zugleich, dann erst der Reaktionärste aller Reaktionäre, er hatte ihr mit der Ehe zunächst das versprochen, was ganz nach ihrem Gusto gewesen wäre: das behagliche Idyll eines naturverbundenen Herrenlebens zwischen Wäldern und Äckern in weltferner Abgeschiedenheit, das beide entschieden bevorzugten, er aber bereits vor der Hochzeit verriet, um von ihr zu verlangen, »daß Du mit mußt in den großen Winter dieser Welt«, um sich ins Getümmel der Politik zu werfen.

Das war 1848, das Jahr des Kommunistischen Manifestes, das Jahr der gescheiterten Revolution.

Von Anfang an also Hektik, Aufregung, Ärger, weil, wie Johanna meinte und nicht abließ darüber zu lamentieren, »weil er sich einbildet, dem theuren Vaterland seine Dienste schuldig zu sein«, was sie nun vollkommen überflüssig fand. Viel lieber wäre ihr gewesen, daß er alles aufgeben möchte, was mit Politik und Diplomatie zusammenhängt, »daß wir schnurstracks nach Schönhausen gingen, uns um nichts kümmernd als um uns selbst, um unsere Kinder, Eltern und die wirklichen Freunde, die wahrhaften, das wäre meine Wonne«.

Die Wonne wurde ihr nicht zuteil. Statt dessen mußte sie ein feudales Zigeunerdasein ertragen, immer unstet mit Gesinde, Hausrat, Kindern unterwegs zwischen Berlin, Frankfurt, Petersburg, Paris und Bismarcks diversen Gütern, die er besitzgierig zusammenraffte. Und wo immer die Entourage sich neu zu etablieren hatte, war Johanna überfordert auf tückischem Terrain. Die Gattin des Gesandten, des Ministerpräsidenten, des ruhmreichen Kanzlers fürchtete die kosmopolitische Gesellschaft, die höheren und höchsten Kreise, und mußte doch den Hausstand einer Hofhaltung gleich organisieren, stets gerüstet sein für anspruchsvolle Gäste, überraschende Tischrunden bewirten und die Launen, Leiden, Wehleidigkeiten des reizbaren Gemahls ertragen, wenn er denn zu Hause war, was freilich selten geschah.

Gemäß dem Anspruch ihrer Zeit an die treusorgende Familienfrau hat sie die Überforderungen bewältigt, ohne je seiner Hilfe teilhaftig zu werden. So zahlreich seine schriftlichen Bekundungen über Familienglück und Befriedigung im häuslichen Kreis, so sehr war ihm der familiäre Alltag real ein Horror und ein Graus, sogar im seltenen Ausnahmezustand einer Urlaubsreise noch. Ausführlich schildert er der vertrautesten Seele seines Lebens, der sehr geliebten Schwester Malwine, die von ihm mehr und Intimeres erfährt als die Frau, mit welchem Schrecken er einer Ferienfahrt mit Weib und plärrenden Kleinkindern entgegenbange. (1848 wurde Tochter Marie, 1849 Sohn Herbert, 1852 Sohn Wilhelm geboren.) Diese »Brüllaffen«, wie er sie nennt, die ihre Bedürfnisse rücksichtslos befriedigen. Und Johanna, die sich geniere, angesichts einer naserümpfenden Mitfahrgesellschaft dem Säugling die Brust zu geben. Wegen des Babygeschreis werde er nachts nicht zum Schlafen kommen. Und das ganze Gepäck, die Wiegen, die Ammen, Bettzeug, Windeln, womit man sich zu plagen habe. Er sei ganz verzweifelt, wenn er sich das alles ausmale einschließlich der Landpartien in den Dünen von Stolpmünde. Wenn er wenigstens noch Diäten (Spesengeld) für solche Strapazen bekäme. Aber was das alles koste, mit Säuglingen zu verreisen – er sei sehr unglücklich, und er weinte sich sehr satt.

Viel lieber als in Begleitung der Bagage geht der herrische Hausherr seine eigenen Wege, in Mission seiner (nacheinander vier) Monarchen, auf selbstinszenierter Intrigentour, zur Kur in die modischen Badeorte seiner Zeit, zur Erholung ans

Meer, während his better half daheim Kinder, Gesinde und Hausstand hütet. Und immer erhält sie die hübschesten Briefe, beispielsweise aus Biarritz an Frankreichs atlantischer Küste, wo er sich im Ozean tummelt und mit einer zweiundzwanzigjährigen Fürstin turtelt. Katharina Orlow, vermählt mit dem russischen Botschafter in Brüssel. »Die reizendste aller Frauen… ein Stückchen Marie Thadden«, wie Globetrotter Otto der fernen Gattin (im August 1862) berichtet: originell sei dieses Geschöpf, lustig, klug und liebenswürdig, hübsch und jung. Der Herzensschwester Malwine gesteht er, er habe sich in die niedliche Prinzessin verliebt. Kein flüchtiges Gefühl. Der große Sarastro (sein Nickname unter Freunden) begleitete die Orlows einige Wochen durch Frankreich, traf sie wiederholt in Biarritz, dieweil Johanna das Häusliche zusammenhielt und sich tapfer mühte, nicht eifersüchtig zu sein. Sie freue sich ganz ungeheuer, schrieb sie einem alten Freund (Robert von Kendell), »daß mein lieber Gemahl die reizende Frau dort gefunden, ohne deren Gesellschaft er nimmer solange Ruhe auf einem Fleck gehabt hätte…«

Solche Eigenschaften der Gräfin verdeutlichen, meint Biograph Edward Crankshaw, »wieso Bismarck in ihr die unentbehrliche, ruhige Mitte seines turbulenten Lebens fand, ungeachtet ihrer vielen Fehler, die sich mit zunehmendem Alter noch verstärkten«.

Solche Eigenschaften wurden aber auch harten Proben unterworfen. Denn der liebe Gemahl war nicht allein von heißem Temperament, herrischer Willkür, hektischem Tätigkeitsdrang, sondern von Satan selbst bedrängt, und zwar kraft seiner, wie er bekannte, »brutalen Sinnlichkeit, die mich so nahe an die größten Sünden führt, daß ich mitunter verzweifle…« Als Spielball der Versuchung empfinde er sich. »Jede unbeschäftigte Einsamkeit führt mich zum Kampf mit den Gebilden des Abgrunds einer verdorbenen Phantasie, die mit unheimlicher Behendigkeit von dem trostreichen Bilde dessen, der für unsere Sünden litt, zu neuen sündigen Gedanken springt.«

Von daher vielleicht auch seine Rastlosigkeit, sein ätzender Ingrimm, mit dem er den Geist des deutschen Nationalismus vor den Karren Preußens zwingt, dieses Preußen systematisch in einen Polizeistaat verwandelt, seinen König und das Land in drei kalkulierte Kriege verwickelt, schließlich *ferro et igne* (Eisen und Blut) als Mittel zur Macht rechtfertigt.

Der Blut-und-Eisen-Regent, der sein barbarisch brillantes Spiel mit den Mächten trieb, gönnte sich selbst kaum Regeneration und dem Privatleben nur fragmentarisch seine Gegenwart. Die Gemahlin nahm es, was blieb ihr übrig, als notwendiges Übel hin und wünschte nur, »daß es gut werde für Bismarck und die Kinder«. Und was sie selbst betrifft: »ich bin wirklich sehr Nebensache und stets zufrieden, wo die vier glücklich und gesund sind«.

Otto en famille war ein Kapitel für sich und kein Ruhmesblatt. Selbst ehrliche Bewunderer des großen Sarastro bescheinigten ihm, wie etwa die Baronin Hildegard von Spitzenberg, am persönlichen Leben seiner Familie nicht sonderlich interessiert zu sein; selbst wenn er in ihrer Mitte weile, betrage er sich merkwürdig zurückhaltend.

Otto en famille hat Johanna beispielsweise für seine Berliner Zeit als preußischer Ministerpräsident 1863 so beschrieben: »Man sieht ihn nie und nie – morgens beim Frühstück fünf Minuten während Zeitungsdurchfliegens – also ganz stumme Szene. Darauf verschwindet er in sein Kabinett, nachher zum König, Ministerrat, Kammerscheusal – bis gegen fünf Uhr, wo er gewöhnlich bei irgendeinem Diplomaten speist, bis acht Uhr, wo er nur en passant Guten Abend sagt, sich wieder in seine gräßlichen Schreibereien vertieft, bis er um halb zehn zu irgendeiner Soiree gerufen wird, nach welcher er wieder arbeitet bis gegen ein Uhr und dann natürlich schlecht schläft. Und so geht's Tag für Tag. – Soll man dabei nicht elend werden vor Angst und Sorge um seine armen Nerven…«

Seine armen Nerven und ihre nicht minder. Im Berliner Diplomatencorps kursierte die Überzeugung, daß der gallige Großwesir an einer schweren Nervenkrankheit leide. Eine Diagnose, die er selbst bestätigte. Bereits 1859 teilte er

seiner Herzensmalwine mit, neben dem üblichen Glieder-
reißen, der Atembeklemmung sich nun auch noch ein wei-
teres Übel rheumatisch-gastrisch-nervöser Art in der Le-
bergegend zugezogen zu haben. Wiederholte Klagen wegen
Nervenschwäche, gegen die Sekt, in gewissen Quantitäten
genossen, hülfen.

»Bismarcks Krankheiten begleiten seine Karriere in recht
eindrucksvoller Weise«, kommentiert sein Biograph
Crankshaw: »Er war... in gewissem Grade neurotisch.«
Anfällig, hinfällig, psychosomatisch leidend. Tiefste De-
pressionen begleiteten seine Laufbahn, während er dieses
deutsche Unding seiner Maßlosigkeit dem preußischen
Gaul aufsattelte. Ein »freudloser Mensch« (Friedrich von
Holstein). Ein einsamer Mann, der kaum wirkliche
Freunde hatte, weil seine (überwiegend) despotisch misan-
thrope Art die meisten vergrätzte. Sein Gesicht erschien
manchen wie eine Gefängnistür, sein genialisch intrigantes
Wesen als dynastisches Banditentum. »Dieser beständige
Hang, die Menschen zu betrügen«, so Theodor Fontane,
»dies vollendete Schlaubergertum ist mir... widerwärtig.«
Bismarcks Kontrahent August Bebel, Führer der Sozialde-
mokratie, urteilte: »Eine Haupteigenschaft seiner Berser-
kernatur war, ein guter Hasser zu sein; mit seinem Hasse
hat er mir immer imponiert, dagegen mißfiel mir im
höchsten Grad die kleinliche und gehässige Art, mit der er
seinem Hasse Befriedigung verschaffte; hier war ihm jedes
Mittel recht.« Der Berserker hat solche Einschätzung selbst
bezeugt, hat einmal zugegeben: »Ich kann nicht schlafen.
Ich habe die ganze Nacht über gehaßt«, ein anderesmal bekannt: »Ich habe seit 36 Stunden nicht geschlafen, die ganze
Nacht Galle gespien, und mein Kopf ist wie ein Glühofen«,
dann wiederum eingeräumt: »Faust klagt über die zwei See-
len in seiner Brust, ich beherberge aber eine ganze Menge,
die sich streiten. Es geht da zu wie in einer Republik. Das
meiste, was sie sagen, teile ich mit. Es sind da aber auch
ganze Provinzen, in die ich nie einen anderen Menschen
werde hineinsehen lassen.«

Auch Johanna nicht. Doch sie, his better half, hatte dieses

paradoxe Bündel von reizbarem Temperament und tyranni-
scher Wehleidigkeit auszuhalten, aufzubauen, zu heilen, zu
trösten, wenn er waidwund von seinen angezettelten Welthändeln zusammenbrach, wenn sie den völlig Erschöpften
in einem abgeschiedenen Refugium auf Rügen wochenlang
pflegte, wenn er fast den ganzen Sommer 1875 auf seinem
Gut Varzin im Bett verbrachte und Johanna den von Tränenausbrüchen gepeinigten Titanen wieder mobilisieren
mußte.

Es scheint, daß beide im Zusammenleben ihre destrukti-
ven Eigenschaften gegenseitig verstärkten. Sie war sein
Kraftzentrum und schaffte das offenbar nur in totaler Iden-
tifizierung. Sie machte sich sein Mißtrauen zu eigen, witterte überall Feindschaft, übertraf ihn womöglich noch an
Rachsucht, fand es zum Beispiel »ekelhaft«, daß verwun-
dete französische Soldaten (1870) in deutschen Militärspitä-
lern gepflegt werden sollten; man möge sie doch sterben
lassen und Paris, dieses »Sodoma«, durch Brandbomben in
Trümmer legen und bis auf den Grund zerstören. Sie unter-
stützte seinen manischen Erwerbstrieb, tätigte skrupel-
lose Spekulationsgeschäfte, gab Anweisungen an Bankier
Bleichröder, »Eisenbahnprioritäten zu versilbern« (nachdem sie als erste vom bevorstehenden Krieg erfahren hatte).
Und sie förderte ihres Mannes Raubbau, den er mit sich
selbst trieb, seinen unkontrolliert maßlosen Appetit, seine
ungezügelten Eßgewohnheiten.

Besucher berichteten von opulenten Tafelfreuden und
zeigten sich zugleich erstaunt, daß die Gattin ihren Mann
ständig ermunterte, auch bei den gehaltreichsten Gerichten
mehrmals zuzugreifen. Sie verwöhnte ihn in pudeldeut-
scher Manier, wonach Essen und Trinken Leib und Seele
zusammenhalten. Und sie verwechselte solche Freßfür-
sorge offenbar mit Liebe. Der britische Premierminister
Benjamin Disraeli: »Fürst Bismarck mit einer Hand voller
Kirschen und der anderen voll Garnelen, die abwechselnd
gegessen werden, klagt darüber, daß er nicht schlafen kann
und nach Kissingen gehen muß.«

Zwar äußerte der pommersche Prasser gelegentlich Erkenntnisse von einiger Hellsicht: »Die weite Verbreitung des Bieres ist zu beklagen. Es macht dumm, faul und impotent.« Er selbst hielt sich aber nicht daran, frönte vielmehr exzessivem Fressen und Saufen, mittags schwere Rinderbraten und Wild, abends Sechs-Gänge-Menüs plus Dessert, von jedem Gang verzehrte er Drei-Mann-Portionen. Und seine häufigen Magenverstimmungen kurierte Johanna mit terrinenweise verabreichtem bestem foie gras (fette Leberpastete). So kam es, daß der einst ranke Junker zu einem fürstlichen Koloß von zweihundertsiebenundfünfzig Pfund anschwoll.

Johanna hatte seine Erwartungen wörtlich genommen, als er ihr 1851 gestand, er habe sie geheiratet, um sie »nach dem Bedürfnis meines Herzens zu lieben«. Sie hat sich an die Bedürfnisse gehalten, die sie verstand. Geist war nicht ihre Angelegenheit. Materielle Genüsse en masse, geistig und intellektuell indes vollkommene Dürre.

In dieser Symbiose entsprachen die beiden so ungleichen Menschen dem patriarchalen Gebot, dem Schillerschen Ideal, das den Mann hinausschickt ins feindliche Leben, derweil drinnen die Hausfrau züchtig zu walten hat. Klitsche und Kirche, Reichtum und Religion. Zwischen diesen Polen glichen sie an der Spitze dem Muster für Millionen, die sich nach solcher Schablone in den Niederungen einrichteten, und das so selten nicht auch heute noch tun. Jeder Ehemann ein Junker Großkotz auf Kosten seiner Untertanen, Weib und Kinder. Der Tageslauf, die geschäftlichen wie familiären Usancen eines Bismarck unterscheiden sich wohl kaum von denen heutiger herzinfarktheimgesuchter Politiker oder sonstiger Macher in den Zentren wirtschaftlicher Macht.

Wir Deutsche fürchten Gott, aber sonst nichts in der Welt – verkündete eben dieser Bismarck, der alles getan und die Weichen dafür gestellt hat, daß die Deutschen dann im 20. Jahrhundert das Fürchten gründlich lernen sollten und alle Schrecken fürchteten, nur Gott nicht mehr.

Sagte Margaret Thatcher, die Herrin von der Downing Street, über ihren Entwicklungsprozeß im Politgeschäft:

Eisen drang in mein Gemüt, so erklärte der Wüterich in der Wilhelmstraße auf die Frage, ob er wirklich der eiserne Bismarck sei: »Nein, meine Härte ist angelernt. Ich bin ganz Nerven.«

Das nervöse Jahrhundert nennt der Kulturhistoriker Peter Gay diese Epoche der beginnenden Industrialisierung, des aufkommenden Proletariates, der sozialen Umwälzungen. Zu Bismarcks Generation gehört Alfred Krupp, der parallel zu Preußens Wucherung sein Waffenimperium baut, gehören auch Darwin, Marx und Engels.

Nervenschwäche galt generell als Übel der Zeit, Nervosität als Kulturkrankheit, Folge der modernen Zivilisation, welche für pathogen, krankmachend erachtet wurde. In Briefen und Aufzeichnungen finden sich wie ein ständiger Kehrreim solche Klagen über Lärm, Langeweile, Schlaflosigkeit, Überarbeitung, Ärger; und das alles mache so entsetzlich nervös. Der häufige Hinweis bei Bismarck wie auch bei Johanna verrät also keine spezielle Sensibilität. Auch der Umgang miteinander, die Jeremiaden und Antworten darauf, die auffallende Regressionstendenz, Freßsucht, Habgier, Klatschsucht, Bigotterie, das tiefverwurzelte Mißtrauen allem und jedem gegenüber zeigen gewisse unverkennbare Akzente eines Kollektivcharakters, des preußischen, den man dann gern als ›typisch deutsch‹ mißverstand. Im Individualkosmos des Monomanen Bismarck fallen sie nur hervorragend auf und wirkten sich verheerend aus, im allgemeinen wie persönlich. Diesen Aspekt des heroischen Heulhubers hat Theodor Fontane auf die prägnante Formel gebracht: »Er ist ein großes Genie, aber ein kleiner Mann.«

Im persönlichen Kontext seiner langwährenden, als mustergültig gerühmten Ehe läßt sich ein zunehmender, schließlich zugespitzter Prozeß der Verkümmerung nicht leugnen. Es hätte ja auch das Gegenteil eintreten können: gegenseitige Bereicherung. Und das einfache Gemüt mag sich fragen: Warum bleiben solche Leute trotzdem zusammen, wenn sie einander nur noch einengen und knebeln? Neben Konvention, Gewohnheit, Gruppenzwang wirkt gegebenenfalls ein vorherrschender Wahn wie eine Fessel: Haß hält ungemein fest zusammen in einem System, wo das rigide Freund-Feind-Denken bedingungsloses Mitgängertum erzwingt, unterwürfig und selbstentäußernd vornehmlich auf seiten der Frau.

Johanna, politisch desinteressiert, intellektuell dürftig, philisterhaft und bigott, übernahm allmählich Bismarcks Animositäten, übertraf seinen Revanche-Kodex, witterte in jeder Kritik und Gegenstimme a priori Feindschaft, als wenn die Welt voll Teufel wär im Krieg gegen den großen Gemahl.

So bildete sich das Muster, nach dem auch andere mindere Gemüter, gewöhnlichere Leute miteinander funktionieren: Zwei gegen die Welt. Mit der Mitmenschheit nur im Gefechtszustand verkehren. Die Familie als Festung im Feldzug oder im Widerstand, abgeschottet, eingeigelt, gepanzert gegen das Gewürm und Gesindel da draußen. Gemeinsam von Haß besetzt und gehalten.

Eine einsame Sache zu zweit. Ein Drama zwiefacher Einsamkeit. Aber eine gelungene Ehe, zweifellos, wenn auch von abschreckender Art für heutige Frauen.

Als Johanna, die »Nebensache«, 1894 gestorben war, fand Otto der sonst so exzessive Klagemaurer, (in einem Brief an seine Schwester) kein Wort der Trauer, nicht einmal mehr »die Betätigung der Dankbarkeit, mit der ich auf 48 Jahre zurückblicke«. (Er selbst starb knapp vier Jahre später.) Als aber sein Hund Sultan, eine große Ulmer Dogge, einging, war er tagelang untröstlich, bot Beobachtern einen »wirklich erschütternden Anblick« und gestand, es sei zwar sündlich, sein Herz derart an ein Tier zu hängen, er habe aber nichts Lieberes auf der Welt gehabt…

Zärtliche Komplizen
Elisabeth und Robert Badinter

> Wir sind gerade dabei,
> uns neu zu erfinden.

Was machen Sie mit der Liebe, Madame? fragte ein Student. Die Madame blickte erstaunt. Sie hatte die ganze Zeit von der Liebe gesprochen, wie sie meinte, nur eben das Wort nicht erwähnt. Das Wort l'amour muß nicht beschworen werden, wenn Elisabeth Badinter, Philosophie-Professorin in Paris und unbestrittener Schwarm der Studenten (auch weiblichen Geschlechts), über das fragile Phänomen philosophiert, das zwei Menschen zusammenbringt, zusammenbleiben läßt (oder auch nicht) und derzeit eine dramatische Kurskorrektur erfährt, wie sie behauptet. Die Philosophin nennt diesen Kurswechsel *die androgyne Revolution.*

Frau und Mann verabschieden sich gleichermaßen vom Diktat der krassen Gegensätze, das vormals hartgesottene Verfechter über den sogenannten Kampf der Geschlechter spekulieren ließ. Wer unter demokratischen Bedingungen aufwächst, gar antiautoritäres Klima erfahren hat, taugt nicht mehr für Hierarchien, für das Herren-Magd-Verhältnis, das patriarchale Gefälle in der Ehe nach Schillerscher Vorgabe oder Bismarckigem Muster, wonach der Mann hinaus und sich im Feindlichen behaupten muß, während das Weib zu Haus in Zucht genommen waltet. Frauen und Männer gleichen sich in ihrem Wesen an, und damit verschwinden laut Badinter auch die konträren Rollen: der aggressive Eroberer und die verfolgte Beute, der scharfschießende Jäger und das scheue Reh, der Weltbezwinger und his better half daheim.

Die Frauen haben gesagt, was sie wollen und was sie nicht mehr wollen, und sie haben damit, meint die gescheite Französin, »eine beispiellose Revolution in Gang gesetzt. Nun müssen die Männer sich Gedanken machen und sagen, was sie wollen und wie sie sich den neuen Geschlechtervertrag vorstellen.«

Sie selbst, eine herbe Schönheit von schmalem Wuchs und aufrechter Haltung, geht im Muster der klassischen Ehefrau nicht auf. Was sie lehrt, hat sie erprobt in mehr als zwanzig Jahren Gemeinsamkeit: das komplementäre Paar, das einander ergänzt und voneinander eher geschwisterliche Geborgenheit erwartet denn das ständig lodernde Feuer der Leidenschaft.

Sehr früh ist Elisabeth ihrem Komplementär begegnet. Die aparte Tochter des französischen Werbemagnaten Marcel Bleustein-Blanchet hält ihrem Vater zugute, sie stets mit Respekt behandelt und so ihre Unabhängigkeit gefördert zu haben. Dadurch ergab es sich, daß Elisabeth, geboren 1944 in Bologne-Billancourt, großbürgerlich behütet aufgewachsen, nie nur die Tochter eines reichen Vaters sein wollte, ebensowenig wie später nur die Gemahlin des renommierten Mannes. Robert Badinter, Jurist mit beachtlicher Karriere, als Justizminister unter Mitterand schaffte er 1981 die Guillotine ab, wurde dann oberster Verfassungsrichter der Nation, ›das gute Gewissen der französischen Linken‹ hat man ihn genannt. Im familiären Alltag bewährt er sich egalitär.

Denn keineswegs wollte Elisabeth, seit 1967 verheiratet und gleich danach dreimal Mutter geworden (zwei Söhne, eine Tochter), ihre intellektuellen Interessen zurückstellen, ihren Geist vergessen, den Aufstieg versäumen. Père Robert kümmerte sich behutsam um die Kinder, als diese noch obhutbedürftig waren. Die Mama profilierte sich in der Philosophie und übte dabei jene relativierte Mütterlichkeit, die sie dann in ihrem fulminanten Bestseller über die Geschichte der Mutterliebe thematisiert und als monströsen Mythos entlarvt hat.

Die Welt, jedenfalls die weibliche, hat es zwar schon immer gewußt, aber hier in diesem Wissenswälzer wurde es minuziös nachgewiesen: Keine Naturnotwendigkeit verdammt die Mutter zur allein und ausschließlich verpflichteten Glucke ihrer Brut. Elisabeth Badinter hat die Liebe zur

Weisheit zu sehr geliebt, um sich zwischen drei Kinderbetten einzwängen und vom Pfad der Logik ablenken zu lassen.

Fairerweise sollte aber erwähnt werden, daß dieses Modell der relativierten Mütterlichkeit samt dazu gehörendem, mitverpflichtetem Vater vorerst nur in finanzstarken Kreisen funktionieren kann dank Kinderfrau, Ganztagsschule (wie in Frankreich üblich) und einigem Hauspersonal. Der gute Wille aller Beteiligten, einschließlich Vater, sei nicht vergessen.

Der Ehemann indes, der Gefährte dieser brillanten Person, qualifiziert sich darüber hinaus noch durch ein besonderes Talent zum Dialog, zur Teamarbeit. Zwei Jahre lang haben Elisabeth und Robert Badinter sich in ihren freien Stunden gemeinsam mit einer Symbolgestalt der Französischen Revolution beschäftigt und zusammen eine Biographie über diesen außerordentlichen Menschen geschrieben, den Mathematiker Condorcet. Er setzte sich für die Juden ein, für die Frauen, die Gleichheit der Geschlechter und gegen die Sklaverei. Ein Revolutionär ohne Blut an den Händen sei er gewesen, die einzig wirklich moralische Figur der Revolution, ein Intellektueller in der Politik. Und dieser Mensch faszinierte die Badinters, beide gleichermaßen. Diese zwei Jahre geistiger Teamarbeit zu zweit statt der sonst üblichen einsamen Schreibtischarbeit, diese Zeit sei wunderbar gewesen. Überhaupt sei es unschätzbar, auch wichtig für das Gelingen des Zweierlebens, miteinander reden zu können, miteinander denken und miteinander arbeiten. Ein unerläßlicher Aktivposten, jedenfalls für dieses im Geist wie in der Praxis einander ergänzende, einander anspornende Paar.

»Wir sind gerade dabei, uns neu zu erfinden«, sagt die Freundin der Weisheit und lächelt dabei, und wenn sie das tut, sieht sie sehr schön aus. Die Frage nach der Liebe, die den Studenten bedrängte, soll nicht unterschlagen sein. Allerdings wird das komplementäre Paar schwerlich von Wonneschauern geschüttelt sein, kaum sich verzehrend nacheinander schmachten, lebenslänglich und todgeweiht,

Tristan und Isolden gleich. Entscheidender als der Leidenschaft, die eben immer auch Leiden schafft, bedarf das Duett heute der wärmenden Gewißheit, einander Freund zu sein. Nicht Rausch, Ekstase, Taumel fesseln zwei, daß sie verrückt nacheinander seufzen und nicht mehr voneinander lassen können. Dieser tradierte Traum von der verzehrenden Leidenschaft, die nie erlischt, erscheint als archaisches Relikt in einer Welt anonymer Gefährdungen, in der die Strategie der Schmerzvermeidung gemäßigtere Choreographien verlangt. Die zeitgemäße Dramaturgie, die für lange Dauer taugt, heißt zärtliche Komplizenschaft.

Einem solchen Pakt, in dem die chaotische Supermacht Liebe gezähmt erscheint, räumt die Philosophin Zukunftschancen ein, weil hier strapaziöse Züge vermieden und begehrte Werte verwirklicht werden können: sich wohl fühlen, einander vertrauen, auf der gleichen Wellenlänge liegen, einander so gleichberechtigt wie eigenständig respektieren. Von Elisabeth Badinter auf eine Formel gebracht:

Die wahre Liebe wird in Zukunft auf Eintracht und Nähe,
auf einer eher geschwisterlichen Gemeinsamkeit,
einer eher mütterlichen Zärtlichkeit zwischen den
    Geschlechtern beruhen.

Daß Liebende einander bemuttern – diese These empfanden vor allem ihre Landsleute als Provokation, als Zumutung auch. Ein Horror für Franzosen, die sich gern als Weltmeister auf dem Feld der Erotik fühlen. Entsprechend rüde oder entrüstet reagierten denn auch manche auf Elisabeth Badinters Werk *Ich bin Du*, in dem sie die androgyne Revolution untersucht und erklärt. Entrüstung vornehmlich auf seiten älterer Herrschaften. Interesse und Zustimmung weckt sie bei jungen Leuten und vor allem bei Frauen, die im Spiel der Geschlechter die Beziehungskarten zeitgemäßer mischen möchten.

In dieses Spiel fällt allerdings gegebenenfalls ein brisanter Joker, der schrille Dissonanzen im Duett auslösen kann, der den Sprengsatz in die Kiste wirft, wodurch sie leider häufig platzt. Und solches Mißgeschick wird dann einzig der Frau angelastet, wenn sie hat, was sie nicht haben soll: Ehrgeiz, diesen Störenfried einer schönen Partie nach männlichem Muster. Das Dilemma ist nicht neu, gärt aber heute als Massenproblem. Immer den drängenden Zeitfragen auf der Spur, hat sich die Philosophin Badinter auch dieser Beziehungsbombe angenommen und ein gängiges Vorurteil unter ihrer logischen Lupe entlarvt. Es war ihr eigenes Problem.

Männer mit Ehrgeiz sind gesucht. Frauen mit Ehrgeiz sind verdächtig. Sie gelten als Verräterinnen der Weiblichkeit und mehr noch als Verräterinnen an der Liebe. Die EISERNE LADY möchte MAN nicht am heimischen Herd haben, geschweige zum Tête-à-tête empfangen. Margaret Thatcher hat (dank Denis) das Vorurteil leibhaft widerlegt, das Problem indes mitnichten aus der Welt geschafft.

Was in den Höhen historischer Größe gilt, trifft erst recht für die unteren Ränge zu, wo sich die Mehrheit müht, einen Fuß zwischen die Tür zum Erfolg zu schieben, aufzusteigen und anzukommen im Revier der Arrivierten. Jeder weiß, daß Bürgertugenden wie Fleiß, Ordnung, Pünktlichkeit dazu allein nicht reichen. Jeder weiß, daß Konsequenz, Härte, Willenskraft gefordert sind – Härte vor allem gegen sich selbst. Wer hoch hinaus will, muß sich wappnen mit dieser Kraft, die aus der Kälte kommt. Job on the top, life on the rock. Ein eisgekühltes Leben, je steiler es nach oben geht. Folgerichtig wirbt ein Magazin für Manager heute so knapp wie knallhart mit dem lausigen Slogan: Ein Mann ohne Ehrgeiz ist eine Pflaume. Von einer Frau wird dergleichen weder behauptet noch verlangt. Eher ließe sich darüber spekulieren, was wohl im Echo der öffentlichen Meinung eine Frau *mit* Ehrgeiz ist…

Jedenfalls nichts Liebenswertes. Da denkt man doch gleich an den diskreten Charme der Kumpanei von Karrierejägern und Intriganten. Daß sich Kabale und Liebe nicht vertragen, wissen wir spätestens seit Schiller. Daß aber das Vorurteil von dem Liebreiz mindernden Frostschock ausschließlich die Frau trifft, wissen wir auch; und erst recht, wie hinderlich wir uns selbst im Weg stehen bei scharfem Wettbewerb. Der Cinderella-Komplex, letztlich doch lieber Aschenputtel zu bleiben, mag anerzogen sein, leugnen läßt er sich nicht. Aschenputtel mußte am Ende ihrer Geschichte nicht im Dreck am Herd verkümmern. Es war der Prinz, der sie erlöste, nicht der eigene Drang zum Glanz. Also: Schicksal, glückliche Fügung, wohl auch ein wenig das eigene sehr liebe Wesen. Und so soll es sein. Wissen ist Macht, und Ohnmacht wirkt entzückend weiblich.

Die cleveren Mädchen der Metropolen, so cool wie gekonnt Meisterinnen des Marketing, beugen sich keinem, nur diesem Diktat und betonen der Wirkung zuliebe ihre femininen Attribute, inkonsequent. Selbst Margaret Thatcher bindet sich gern die Küchenschürze vor oder kneift sich Klunker an die Ohren. Kaum eine Frau, die es geschafft hat, die Nase über die Niederungen hinaus zu erheben, sagt, daß sie es ausschließlich selbst war und zielstrebig gewollt hat, genau diesen Posten, diese Position zu erobern. Da habe der Vater früh gefördert, der Eheliebste nachgeschoben, der Vorgesetzte nichts dagegen gehabt. Oder es geht die Rede gern von günstigen Konstellationen, besonderen Engpässen, Zufällen (Schicksal), die es gut meinten mit der Kandidatin. Am liebsten aber nennen wir, wenn man uns fragt, als entscheidendes Movens die Lust, die uns zu einer Sache getrieben habe. So kamen wir nahezu traumwandlerisch zum Engagement, zu einer Aufgabe, einem Amt.

Ehrgeiz? Nein, Ehrgeiz als Stachel, der uns stieß, war es doch eigentlich nie (meinen wir oft sogar vor uns selbst). Es war ein Spiel mit unseren Möglichkeiten, eine Herausforderung, die uns reizte. Und ein Spiel, so hätten wir es gern, soll es bleiben – mit der kleinen Hintertür, zurücktreten zu können, auszusteigen, wenn uns schwindelt.

Melina Mercouri (*Sonntags nie*), die Mimin, Freiheitskämpferin, griechische Kultusministerin (bis 1989), sagte unlängst auf die Frage, ob sie etwas in ihrem erfolgreichen Leben bedauere: Ja, sie bedauere unendlich, und dabei hatte sie Tränen in den Augen, daß ihr Mann (Filmregisseur Jules Dassin) seine Karriere ihretwegen habe aufgeben müssen. Das unendliche Bedauern ehrt die große Frau. Aber wie viele Betrogene der weiblichen Spezies kommen auf eine

Mercouri? Hat je ein Mann geweint über den Verzicht seiner Frau auf ihre ehrgeizigen Absichten, über die vielen Verzichte, die auf weiblicher Seite üblich sind zugunsten von Ehe, Familie, männlicher Aufstiegsbahn?

Frauen, die nicht verzichten, die sich durchsetzen wollen – notfalls gegen den Mann, erklärte die Psychoanalytikerin Margarete Mitscherlich, müssen eine positive Einstellung entwickeln gegenüber jenen Eigenschaften und Fähigkeiten, die herkömmlich als männlich erwünscht, folglich als unweiblich eingestuft werden. Zum Beispiel jenes Phänomen, von dem jeder seine Portion hat, das aber vorzugsweise mit dem Bösen schlechthin gleichgesetzt, ergo verachtet wird: die Aggression. Wertfrei gesagt, eine Schubkraft, die nicht nur Bomben bastelt, mit Türen knallt, verhaßten Gegnern an die Gurgel geht, sondern auch den Motor antreibt, ihn in Schwung hält beim Ansturm auf die Hindernisse, die uns hemmen. Und uns hemmen natürlich auch die Hindernisse in uns selbst.

Klassisch zum Ausdruck gebracht von Katharine Hepburn, Oscar-preisgekrönte Königin der Charakterstars, als sie der großen alten Dame der Filmregiekunst Dorothy Arzner gratulierte: »Ist es nicht wunderbar, eine derart große Karriere gehabt zu haben, wo Sie doch eigentlich als Frau gar kein Recht auf eine Karriere gehabt hätten.« Das ist sie, die Wurzel der einprogrammierten Blockade. Eigentlich haben wir kein Recht, nach den Sternen zu greifen, geschweige auf Erden nach den Früchten, die Talent und Neigung reifen lassen. Die sollen die Herren pflücken, und wir dürfen ihnen helfen, die Leiter leichter zu erklimmen. Andernfalls stören wir das Gleichgewicht. Abwehr wird wach. Angst droht im Hintergrund. Und immer das schlechte Gewissen. Die Hindernisse sind verinnerlicht.

Die Hemmung, ja nicht als arbeitsbesessenes Neutrum zu wirken und dem verächtlichen Blick zu begegnen, der da sagt: Na, die hat es nötig, den Boß zu markieren, sonst hat sie ja nichts. Die Hemmung, das Durchsetzungsvermögen nicht aufzubringen, die berühmte Führungsqualität, die andere zu Gefolgsleuten überzeugt und ein effektives Team schmiedet. Die Hemmung, den Bettschatz einzubüßen, der nicht weniger betriebsam seinen Fulltimejob erfüllt, daneben aber noch die ihn auffangende Familie gründen will. Nicht wenige Erfolgsfrauen bestätigen das Risiko, daß sich der Liebste sein Wunschglück ›Nest mit Nachwuchs‹ prompt von einer anderen verwirklichen läßt.

Ein brisantes Problem für die Zweisamkeit. Kein Wunder, daß deshalb immer mehr Frauen die Singelei bevorzugen, statt sich dauernd im Clinch zu befinden. Die Tatsache, wie überzeugend Frauen sich Fähigkeiten der Männer angeeignet, die Abhängigkeit überwunden, die Gleichheit (im Prinzip) erreicht haben, jedenfalls in den Ländern der westlichen Industrienationen, diese Tatsache wertet die Philosophin Elisabeth Badinter zwar als Erfolg. Aber er hat (vorläufig noch) seine Kehrseite. »Wir haben uns zu ausgeprägten Egozentrikern entwickelt.« Der Mittelpunkt des Lebens sei der einzelne selbst. Das Individuum erscheine wichtiger als das Paar. Die Einsamkeit werde dem Zwang vorgezogen. Man binde sich, trenne sich, lebe allein, binde sich erneut, ganz nach Belieben. »Funktioniert die Partnerschaft nicht mehr, hört man auf, in den anderen zu investieren.« Frau Badinter nennt das den Kapitalismus des Ich. Und sie findet diese Entwicklung bedauerlich. Denn Glück werde immer bedeuten (jedenfalls für sie), zu zweit zu leben. Einsamkeit erachtet sie als eine Kraft, nicht als Ziel.

Und deshalb hat sie sich intensiv mit dem heute derart problematischen Phänomen beschäftigt: Was ist Ehrgeiz? Was heißt Glück? Müssen beide unbedingt kollidieren? Um diese Fragen zu erkunden, hat sie das Leben zweier bemerkenswerter Frauen verglichen, die ihre Antwort fanden, wofür es sich zu leben lohnt. Antworten, die ermutigen sollen und ermutigen können.

Zwei Frauen – zwei Temperamente – zwei Lebensentwürfe.

Die eine der beiden Mustermadamen arbeitete wie ein Pferd, schwang den Degen wie ein Husar, behängte sich mit Kostbarkeiten wie ein Weihnachtsbaum. Sie trug die gewagtesten Kleider, spielte um höchste Einsätze, liebte Ausschweifungen, Verschwendung und die brillantesten Männer ihres leichtlebigen Jahrhunderts. Sie hatte den übelsten Ruf und vor niemand Respekt. Sie galt als besessene Mathematikerin und Koryphäe der Physik. Viel geschmäht und seltener gepriesen, das war Emilie du Châtelet, die ungewöhnlichste Frau ihrer Epoche. Voltaire, das Genie der Aufklärung, nannte sie seine göttliche Geliebte.

Ganz anders dagegen ihre jüngere Zeitgenossin Louise d'Epinay, ein sanftmütiges Geschöpf, eine bescheidene Person, die sich ihr Leben lang fügen mußte und sich bereitwillig unterordnete als entsagende Ehefrau, demütige Geliebte, selbstlose Mutter, aufmerksame Gastgeberin. Und die sich doch zugleich als scharfsinnige Kritikerin ihrer Zeit erwies, als Soziologin und Psychologin, ehe es diese Begriffe dafür überhaupt gab. Für Voltaire war sie, die Freundin Rousseaus und anderer großer Geister, »ein echter philosophischer Kopf«. Doch erst in ihren späteren Jahren konnte sie ihre Fähigkeiten voll entfalten. Leidenschaftlich setzte sie sich für eine anspruchsvolle Ausbildung der Mädchen ein. Die Erkenntnisse hat sie sich selbst erarbeitet – als geniale Großmama.

Zwei Persönlichkeiten, zwei Temperamente, zwei Leben – gegen ihre Zeit, ihren Stand, ihr Geschlecht. Denn beiden, Emilie wie Louise, Töchter des 18. Jahrhunderts, war es eigentlich nicht erlaubt, mit Männern zu wetteifern, ihren Kopf durchzusetzen und ihren Anspruch auf ein selbstbestimmtes Leben zu verwirklichen. Mädchen der gehobenen Kreise wurden damals, im Feudalismus, auf ihre gesellschaftliche Rolle vorbereitet, vornehmlich zum Zweck der Repräsentation: Mehrsprachig nett parlieren sollten sie können, ein bißchen Spinett spielen und anmutig tanzen durften sie auch. Geistig gebildet, gar beruflich ausgebildet wurden sie nicht. Verstand galt als Makel erwünschter Schönheit und Grazie. Sie hatten standesgemäß zu heiraten und für Nachwuchs zu sorgen, was beide auch taten.

Doch darüber hinaus, allen Widerständen zum Trotz und begleitet von gehöriger Verleumdung haben sich beide, die göttliche Geliebte und die geniale Großmama, über die

Hindernisse hinweggesetzt und mit Entschlossenheit ihre Erkenntnisse publik gemacht, den Herren der Zunft zum Verdruß – Emilie als Physikerin, Louise als Pädagogin, beide auch philosophisch engagiert. Und beide handelten sich viel Ärger ein, fochten mit den anerkannten Größen in der Wissenschaft, sparten nicht mit Kritik, ließen sich nicht entmutigen, überzeugt von sich und ihrem Wissen.

Pionierinnen von exemplarischer Bedeutung sind die beiden für Elisabeth Badinter, die das Leben dieser höchst unterschiedlichen Weibsfiguren erforschte und miteinander verglich, um wegweisende Spuren und Erkenntnisse für heute zu sichern. Ihre Schlußfolgerung, die auch vom Leben anderer bekannter und unbekannter Frauen der Geschichte gestützt wird: Ehrgeiz hat kein Geschlecht und Spaß am Erfolg keine Hormonzugehörigkeit. Ihr Fazit: Jener männliche Geist, wie ihn Emilie beweist, und das ›Ewigweibliche‹, wie es Louise verkörpert, müssen kein Widerspruch, müssen nicht unvereinbar sein.

Zwei Temperamente, zwei Möglichkeiten der Emanzipation. So unterschiedlich Emilie und Louise von Charakter und Chance her ihren Weg begannen, sie haben beide gleichermaßen bewiesen, daß die frei über sich selbst verfügende Frau letztlich durch nichts einzuengen ist, jedenfalls sollte sie das nicht. Die Chronistin beider Lebenswege, Elisabeth Badinter, weiß sich ihnen verpflichtet und möchte sie den Frauen von heute zur Ermutigung näherbringen, als Vorbilder lebendig vermitteln. Sehr kontroverse, aber kraftvolle Vorbilder an Mut, an Trotz, an Selbstbewußtsein, sich weder von Vorurteilen noch von Schwierigkeiten abhalten zu lassen, auch vom Ehemann nicht. Vor allem aber kein schlechtes Gewissen zu haben, wenn Beruf und Bildung, Erfolg und Karriere vielleicht mehr locken als die traditionell weibliche Bestimmung. Als Glück allerdings erachtet Frau Badinter die gelungene Kombination nach jener Kernaussage, wie sie Emilie du Châtelet in einem Brief an Preußens König, Friedrich den Großen, niederschrieb: *Ich bin ein eigener Mensch und mir allein verantwortlich für alles, was ich bin, was ich sage und was ich tue.*

Emilie konnte sich ihre Courage mühelos leisten. Sie hatte einen bemerkenswerten Ehemann, den Marquis, der ihre Eskapaden großzügig finanzierte, bewundernd verteidigte, gelassen tolerierte. So viel Glück hat nicht jede Frau. Deshalb sei die Warnung nicht unterschlagen, die Louise d'Epinay, die andere Protagonistin, einmal einem Kirchenmann ins Stammbuch schrieb: *Man ist nicht ungestraft Hausfrau und Mutter, nichts macht einen so dumm. Glauben Sie mir, Abbé, und werden Sie niemals Hausfrau und Mutter.*

Nicht von ungefähr räumt Elisabeth Badinter dem Mann und seiner unterstützenden Begleitung einen so hohen Stellenwert ein. Zu Emilies gelungenem Leben sagt sie: »Die Liebe, die weit davon entfernt war, eine Quelle der Entfremdung darzustellen, war die Voraussetzung ihrer Emanzipation und sogar ihrer Autonomie.« Geschätzt vom Ehemann und gefördert, sie selbst zu sein und sich ihren eigenen Ambitionen zu widmen, habe sie gewinnen können. Und liefert damit auch den Beweis, daß zärtliche Komplizenschaft keineswegs eine Neuerfindung für heutige Verhältnisse ist, sondern auch früher bereits geübt oder wenigstens versucht wurde.

Wo Frauen die praktizierte Freiheit vorgeworfen, gar erschwert wird, drohe Verlust für beide, Frau wie Mann. Deshalb sei es nötig, »daß das Bild der Mutter, ganz Liebe und Aufopferung, aufhört, das kollektive Unbewußte zu beherrschen, und daß der Männlichkeit, die in jeder Frau ruht, eine Chance gegeben wird, sich auszudrücken«. Wie umgekehrt auch die Weiblichkeit, die jeder Mann in sich hat. Auf dem Weg in die androgyne Gesellschaft.

Auf diesem Weg liegen noch immer zu viele Stolpersteine, die zu Querschlägern für den Paarlauf werden können. Noch immer sind die Lasten zu ungleich verteilt, woran dann das Wunschbild vom dauerhaft gelungenen Leben zu zweit zerbricht. Daß der Mensch seines eigenen Glückes Schmied sei, behaupten stets nur jene, die nie Amboß waren. Und in solchem Kontext, vor diesem Erfahrungshintergrund erscheint mancher Frau das lockende Angebot *EHE* nurmehr als Akronym, eine Abkürzung oder Zusammenfassung der lateinischen Erkenntnis: *Errare Humanum Est* = Irren ist menschlich. Eine Glosse, die das Leben schrieb und täglich wieder schreibt. Man muß da hindurch und sein Lehrgeld zahlen, um schließlich Fersengeld zu geben.

Die Philosophin Badinter setzt solchen Tatsachen ihren Optimismus entgegen. Die jüngeren Männer heute seien aufgeschlossener, wandlungsfähiger, seien die Beziehungsbremsen nicht mehr, die den Frauen die Tour vermasseln. Ihre Söhne, ihre Studenten, so erzählt Mama Elisabeth mit besonderem Vergnügen, hätten sich einen dieser vielbesuchten, sehr beliebten Filme angesehen: *Drei Männer und ein Baby*. Sie hätten davon geschwärmt, ohne sich zu genieren. Das allein beweise doch schon ihre These: Der neue Komplize kann zärtlich sein, mütterlich sein, ohne seine Männlichkeit zu deformieren. Umwälzungen dieser Art seien nicht zum Fürchten. Im Gegenteil, sie lassen Ehen gelingen, sie lockern die Beziehung auf. Elisabeth Badinter wagt sogar die kühne Prognose:

Wir erleben das Ende des Geschlechterkrieges.
Den Beginn des Geschlechterfriedens.

Und die obligatorische Frage, die sich weise Weiber ihrer Kategorie bis zum Überdruß wiederholt gefallen lassen müssen, wie denn ihre Tochter und ihre Söhne die erfolgreiche, berühmte Mutter verkraftet haben und ertragen, pflegt sie so knapp wie kühl zu beantworten: »Den Vater haben sie auch ertragen.«

Lust und lange Weile

Eine gewisse Treue
Simone de Beauvoir und Jean-Paul Sartre

> Was immer geschieht,
> was immer ich werde,
> ich werde es mit Ihnen werden

Die intelligenteste Studentin ihres Jahrgangs begegnet dem blendendsten Kandidaten seiner Generation. Sie büffeln zusammen für die Abschlußprüfung, bestehen beide als Beste das Staatsexamen in Philosophie. Und als Krönung ihrer Leistung schließen sie jenen legendären Lebenspakt ihrer epochalen Partnerschaft, der länger als ein halbes Jahrhundert währt, die heftigsten Krisen inbegriffen, aber gehalten von einer gewissen Treue, so rätselhaft wie beispiellos. Was 1929 begann, endete auch mit dem Tod 1980 nicht. Simone de Beauvoir (1908–1986) und Jean-Paul Sartre (1905–1980), das sonderbarste Paar dieses Jahrhunderts, haben über ihre Zeit hinaus Zeichen gesetzt. Sie gaben ein neues Paradigma für moderne Beziehungen jenseits jeder Konvention.

Sie war einundzwanzig, er vierundzwanzig Jahre alt, als sie nach brillant absolviertem Studium in Paris durch den Luxembourg Park bummelnd das Libretto ihres Lebens entwarfen. Er wollte, das stand für ihn als Kind schon fest, Schriftsteller werden, um von allem Zeugnis abzulegen. Sie wollte schreiben, um das Leben in seiner Fülle der Zeit und dem Nichts zu entreißen. Beide wollten die Welt an der Wurzel packen und ihr die letzten Geheimnisse entlocken. Und gemeinsam würden sie in ständigem Gedankenaustausch, in gegenseitiger Herausforderung, in nie unterbrochenem Dialog niemals der Zukunft allein begegnen, sondern verbündet, aber offen, als einzige Richtschnur die Freiheit.

So sah er aus, ihr gemeinsamer Zukunftsentwurf. Nahezu fünfzig Jahre später wird Sartre 1977 in Betrachtung dieser verwirklichten Gemeinsamkeit gestehen: »Es existiert eine tiefe Verbindung, die es in manchen Momenten zustande bringt, fast eine Individualität zu erschaffen, ein Wir, das nicht aus zwei Du besteht, das wirklich ein Wir ist. Dieses Wir habe ich mein Leben lang mit Simone de Beauvoir gehabt.«

Wie baut sich ein solches Einverständnis auf? Wie behauptet es sich ohne die Klammer legaler Verkettung, die sonst mit dem staatlichen Siegel bei konventioneller Heirat gegeben sein soll? Sie haben nie geheiratet und wilder drauflosgelebt, als sich das mancher heute bei gelockerten Normen träumen mag.

»Wir waren von der gleichen Art«, sagte Simone de Beauvoir, »und unser Einvernehmen würde dauern so lange wie wir selbst...« Die innere Zitadelle, die für dieses Einvernehmen zu entwerfen war, konnte nach keinem vorgegebenen Bauplan konstruiert sein. Es galt, eine neue Seinsweise zu erfinden, ohne Fesseln, ohne Hemmung, ohne Furcht.

Sartre, zur Monogamie nicht begabt, auch nicht bereit, auf die Freuden der Abwechslung zu verzichten, erklärte, daß es sich bei ihnen beiden um eine notwendige Liebe handele, daß es aber für beide unerläßlich sei, daneben auch Zufallslieben kennenzulernen. Solche Liaisons nannte er kontingente Lieben, also zufällige und zweitrangige, die ihrer außerordentlichen Allianz nie den Rang ablaufen könnten. Simone, im hoffnungsvollen Hochgefühl ihrer einundzwanzig Jahre, begierig auf das Leben, war einverstanden: »Warum sollten wir freiwillig auf die Skala der Überraschungen, der Enttäuschungen, der Sehnsüchte, der Freuden verzichten, die sich uns anboten?« Warum sollten sie sich, da sie einander notwendig waren, auf eine einzige Geschichte beschränken und damit ihre Allianz der Zersetzung ausliefern, der Gewohnheit, dem Zwang?

Nein, die bürgerliche Ehe mit ihrer Besitzbehauptung kam nicht in Frage. Simone, der Castor, und Sartre, die Kobra – so ihre Spitznamen unter Freunden –, waren strikt gegen jeden Zwang. Verheiratet zu sein hieß für sie in ihrer lebenslangen Verachtung der Bourgeoisie, wie die Spießbürger zu vertrotten. Die bürgerliche Ehe mit ihren materiellen Zwängen fand speziell Simone höchst unanständig, das klebrige einander Ausgeliefertsein ekelhaft. Sie mußten auch nicht unter dem gleichen Dach wohnen, da »doch die Welt unser gemeinsamer Besitz war«. Sie wähnten sich beide einzig der Freiheit verpflichtet, lehnten die herrschende bourgeoise Gesellschaft ohnehin radikal ab, gaben sich als Anarchisten aus, fühlten sich (ziemlich arrogant) als Erwählte, fühlten »dieses Zwillingszeichen auf unseren Stirnen«, das Simone sagen ließ: »Sartre entsprach genau dem, was ich mir mit fünfzehn schon gewünscht hatte: er war das Doppel, in dem ich alle meine Manien zum Extrem getrieben wiederfand. Mit ihm würde ich immer alles teilen.«

Für den Mann war dieser exemplarische Pakt, den sie selbst (nicht ganz zutreffend) ›eine morganatische Ehe* nannten, sehr angenehm, auch recht bequem und vielleicht so selbstverständlich, wie er heute am Ausgang des sterbenden Jahrtausends unter massenhaft auftretenden Singles und illegalen Beziehungen selbstverständlich geworden ist. Für die Frau war solche Entscheidung in der ersten Hälfte des Jahrhunderts mehr als mutig. Sie stellte sich ins Abseits der Gesellschaft und riskierte als ›sitzengebliebene Jungfer‹, die keinen Mann abbekommen hat, bespöttelt zu werden. Simone indes wollte bewußt so unabhängig leben wie ein Mann. Sie fühlte sich keinem Ort, keinem Land, keiner Klasse, keiner Zunft zugehörig. Und diese demonstrierte Exklusivität erforderte eine einzigartige Kühnheit. Denn noch waren sie beide in den Augen der Welt nichts und niemand, ohne finanziellen Rückhalt, ohne Bestätigung geschweige Ruhm.

Sie waren, wie Simone de Beauvoir behauptet, »zwei kleinbürgerliche Intellektuelle, die sich auf ihr künftiges Werk beriefen«, oft genug keinen Sou mehr in der Tasche hatten, in kümmerlichen Unterkünften hausten, nachlässig gekleidet und beide nicht gerade hübsch. Die Kobra, ein

* eigentlich: Ehe zur linken Hand, nicht standesgemäß, aber legal

schielender, schlampiger kleiner Kerl (157 cm) mit früher Neigung zum Fettansatz, der aber mit seinem hinreißenden Charisma bei Frauen unheimlich gut ankam. Der Castor, so streng wie willensstark, eher hager, fast knochig, dadurch länger wirkend als ihre 160 cm, nach eigener Aussage an stilvoller Kleidung völlig desinteressiert, wurde bezeichnenderweise von ihm stets mit diesem Spitznamen genannt (Castor, zu deutsch: der Biber). Jean-Paul sprühte vor Charme, konnte zynisch, zärtlich, witzig sein, geistreich sowieso. Sie dagegen wirkte sehr gelehrt, belesen, eloquent, dabei jedoch trocken und humorlos, mit einer besonderen Neigung zum Neid, wie sie sich selbst charakterisierte, neidisch vor allem auf die so viel schöneren, charmanteren, eleganteren, erfolgreicheren Frauen, die ihren Sartre wild umschwärmten.

Sex war nicht das Salz dieser exklusiven Allianz (abgesehen vielleicht von der ersten, schnell vorübergegangenen Zeit früher Verliebtheit). »Ich hatte häufig Geschlechtsverkehr«, gestand er einmal, »aber ohne sehr großes Lustgefühl.« Die zärtlichen Momente seien ihm stets wichtiger gewesen als der sexuelle Akt. Was ihn reizte, unablässig bis ins hohe Alter, war der Triumph als Verführer. Und er verführte pausenlos überwiegend sehr hübsche, sehr fragile, sehr viel jüngere Geschöpfe, absolute Gegentypen der herben Simone, die nach eigener Aussage »immer mit geballten Fäusten durchs Leben ging«. Erotische Erregungen, Anfälle von Leidenschaft, heftige Gefühlserschütterungen erfuhren beide kontingent unter anderen Händen, er wohl zahlreicher als sie. Denn immerhin gehörte es auch zu seinem Image von sich selbst, zahllose leidenschaftliche Frauengeschichten zu haben, ein ebenso geistreicher wie potenter Don Juan zu sein. Doch stets gab er seinem lieben Castor Kunde von den Ausflügen in neues Lustgelände, als sei der Genuß erst existent, wenn er in einem detaillierten Bericht an die Hauptfrau den adäquaten Ausdruck dafür fand. »Sie hat mit der Kraft eines elektrischen Staubsaugers an meiner Zunge gesaugt… Sie hat tropfenförmige Arschbacken, unten breiter als oben…« Solche Mitteilungen, indiskret und rücksichtslos den jeweils beteiligten Bettschätzen gegenüber, verletzten den lieben Castor zwar manchmal, bestätigten aber auch ihre Position der Vertrauten, die der Momente seiner fremden Lust teilhaftig wird und zugleich unvergleichlich Aufschluß erhält über das Wesen Mann und besonders über diesen ihren Louis-hinter-jedem-Mädchen-her. »Alles war immer eine Sache der Verführung«, räumte er ein, »und wenn ich die Frau erst einmal verführt hatte, war ich ganz erstaunt, sie am Hals zu haben.« Manche hatte er dann tatsächlich lebenslang am Hals.

Die primäre Allianz indes hielt solchen Herausforderungen stand, trotzte auch der Armut und der frustrierenden Enttäuschung darüber, daß ihre literarischen Produktionen zu lange keine Anerkennung fanden. Simone war nahe daran zu verzweifeln, weil ihr kein erfolgreicher Roman gelingen wollte. Sie verlor die Lust am Schreiben. In solchen Tristesse-Situationen bewährte sich das Zwillingsgestirn, bewährte sich die gegenseitige Inspiration und Ermutigung. Sartre zeigte sich beunruhigt über ihre Resignation. »Geben Sie acht, daß Sie kein Hausmütterchen werden«, sagte er (sie siezten einander lebenslang) und verglich sie mit jenen Heldinnen, die zuerst erbittert um ihre Unabhängigkeit ringen, um am Ende doch nichts weiter zu sein als die zufriedene Gefährtin eines Mannes. Eine solche Unterstellung verletzte Simones Stolz. In den Augen der anderen, vor allem in seinen Augen ein Leben als Zweitwesen, als relatives Wesen zu führen hätte sie erniedrigt, wäre einer Degradierung gleichgekommen. Also schrieb sie weiter, was die Feder hielt, hatte aber dennoch keinen Erfolg, so wenig wie er.

Es ließ sich nicht länger vermeiden. Sie mußten, was sie beide haßten, was sie für unter ihrer Würde und für eine Verfälschung ihrer Sinnsuche erachteten: in den Schuldienst gehen. Leider erhielten sie aber nur Angebote in der Provinz, er in Le Havre, sie in Marseille, achthundert Kilometer von einander entfernt. Eine grauenhafte Vorstellung, derart getrennt von Sartre in die provinzielle Verbannung ziehen zu müssen. Angesichts ihrer Panik überwand er seinen Eheunmut und schlug ihr vor zu heiraten, weil sie dann

wenigstens am selben Gymnasium hätten unterrichten können. Simone blieb standhaft und lehnte ab. Um keinen Preis
wollte sie die Frau sein, die ihre Eigenständigkeit der Liebe
opfert. Ihrer Zeit weit voraus sah sie die Ehe mit zu viel
Ballast, Verpflichtung und Verlust von Ursprünglichkeit
verknüpft. Außerdem sollte Sartre nicht ihretwegen verzichten. »Die elementarste Klugheit verbot mir, eine Zukunft zu wählen, die dieses Gift in sich trüge.« Das Gift, er
oder sie könnten diesen Schritt eines Tages bedauern.

Bei dieser einen Trennung blieb es nicht. Zwölf Jahre lang
mußte sich der Biber in der Provinz durch den verhaßten
schulischen Frondienst wühlen. Zwölf Jahre lang mies ent-
lohnt unter lauter langweiligen Spießern, mißachtet als
weltliche Nonne. Was galten Lehrerinnen denn schon?
Ohne Ehemann, ohne Kinder, ohne Heim, ohne Rang. Alternde Mademoiselles, sitzengebliebene Jungfern. Zwölf
Jahre lang entfernt von ihrem Zwilling. Sie verbrauchten ihr
knappes Geld für Fahrten hin und her. Aber ihr Pakt hielt
auch den langen Trennungen stand. Und den Depressionen,
die sich unweigerlich wiederholten. Und der ärgsten Heimsuchung, die den stolzen Castor jedesmal erneut wie eine
Gallenkolik überfiel, packte, schüttelte: die Eifersucht.

Zum Libretto ihrer notwendigen Liebe gehörte notwendig Offenheit. Das hatten sie sich versprochen und geschworen: Transparenz der kontingenten Liebschaften, die
dem Frauenliebling Sartre überall en masse zuteil wurden.
Obwohl er, noch gänzlich unbekannt, doch eher abstoßend
hätte wirken müssen. »Ein kleiner, fetter und bereits altern-
der Provinzlehrer«, so skizziert seine Biographin Annie
Cohen-Solal den knapp Dreißigjährigen: »Er sah nunmehr
unwiderruflich einem vollgestopften Tabakbeutel, einem
häßlichen dicken und abstoßenden kleinen Buddha ähnlich.« Unzählige Frauen schreckte das nicht. Kapriziöse,
elegante, amüsante Damen säumten seinen Weg, einem un-
unterbrochenen Reigen gleich. Und dem Gebot zur Transparenz getreu blieb Simone auf dem laufenden, oft bis ins
Detail der Intimsphäre diverser Bettgeschichten oder Herz-
romanzen.

Das begann gleich mit der ›anderen Simone‹, genannt Camille, die schon den neunzehnjährigen Jean-Paul mit ihrer narzißtischen Art bezaubert hatte, noch ehe Biber seinen Plan betrat. Simone Jolivet, extravagant, sinnlich, beunruhigend, hatte bereits Furore gemacht, als Schauspielerin im Theater, als Kokotte vor dem Kamin, wo sie Liebhaber gelegentlich nackt empfing, Nietzsche oder Rilke rezitierend. Und Simone de Beauvoir, zutiefst verunsichert, fragte sich, ob sie selbst wohl zu prüde, zu puritanisch sei, um Sartre die Wonnen dieser berückenden Weibsperson zu gönnen.

Bezaubernd, hübsch, gefährlich für die ferne Simone wurde auch Marie Girard, die Sartre während seines Stipendiats in Berlin 1933/34 leidenschaftlich fesselte, die er seine ›Mondfrau‹ nannte. Ein verträumtes Geschöpf, gescheit und inspirierend. Simone reagierte auf die Rivalin, die sie auch auf ihrem Terrain des Geistes und der Ideen als Konkurrentin fürchten mußte, wie sie es schon Camille gegenüber erprobt hatte und bei jeder neuen Gefahr, wenn sie um ihren ersten Platz in Sartres Kosmos fürchten muß, tun wird. Sie ging zum Angriff über, sah sich die je angehimmelten Wesen genauer an und schloß, wenn irgend möglich, mit ihnen Freundschaft, die nicht selten lebenslänglich währte. So formierte sich allmählich ein Ensemble mit wechselnder Besetzung. Der philosophische Don Juan und seine Hauptfrau hatten bereits gegen Ende der dreißiger Jahre einen kuriosen Clan um sich geschart, sie nannten ihn ihre ›kleine Familie‹, bestehend aus Freunden, ›petites camarades‹, Anhängern und abgekühlten Liebschaften, so sie sich integrieren ließen.

Auch Olga gehörte dazu, die kleine Russin, eine Schülerin Simones, um die sich Sartre bald nicht minder kümmerte, und zwar mit einer Heftigkeit, die Simone an seiner Liebe zweifeln ließ, mehr noch an sich selbst. Sie versuchten ein diabolisches Arrangement. Sie versuchten, ihr Duett zum Trio zu erweitern, was zu eruptiven Ausbrüchen aller Beteiligter, zu heftigsten Gefühlskrisen führte, weil nämlich die kleine ekstatische Russin ihre Lyzeal-Lehrerin mehr liebte als den flambierten Philosophen. Olga, das betörende

Kindweib, verlor in diesem expressionistischen Beziehungstheater jeden Halt. Was den sonderbaren Gymnasiallehrer, offenbar bar jeden Verantwortungsgefühls für SchülerInnen, nicht hinderte, ein ähnlich strapaziöses Experiment zwei Jahre später mit Olgas jüngerer Schwester Wanda zu inszenieren. Was ihm wiederum gelang, heiß entflammt.

»Er ist davon überzeugt, daß es nicht ausreicht, eine schwarzhaarige Arlette, eine blonde Wanda, eine künstlich blonde Michèle oder Eveline zu haben«, erklärt Simone de Beauvoir sehr viel später, »es fehlte ihm noch eine Rothaarige, in Brasilien hat er eine gefunden. Da es in Brasilien den jungen Mädchen nicht erlaubt ist, mit einem Mann ins Bett zu gehen, wird dieser verrückte Sartre, wenn er zu weit geht, sie heiraten müssen, um nicht zwölf Kugeln auf den Pelz gebrannt zu bekommen.«

Castor, klug und diplomatisch, lernte, die Casanoviaden zu ertragen, hielt gleichwohl ihren besonderen Primäranspruch aufrecht, sofern es um das intellektuelle Abenteuer ging und nicht um Sex. Sie dokumentierte ihr gemeinsames Leben mit Sartre als Hauptfigur, was ihm sehr gefiel. Sie lernte, auch im eigenen emotionalen Feuerofen ihre Freiheit zu bewahren. Das bestätigte in der Rückschau auf seine nicht gelungene Eroberung Nelson Algren, der schöne Amerikaner und Schriftsteller aus Chicago, der ihre große Liebe werden sollte, auch er kontingent, versteht sich, was er aber überhaupt nicht verstehen konnte, weil er sie für sich allein gewinnen wollte: »Mme. de Beauvoir, die es nicht riskieren wollte, ihre Freiheit zu verlieren, fühlte, daß sie sich auf die Untreue von Jean-Paul Sartre verlassen konnte.«

Ein Rätsel für alle Beobachter, für alle mittelbar oder unmittelbar Beteiligten. Niemand begriff das Rätsel dieses Arrangements, das Gesetz, das dieses sonderbare Paar verband und das sie selbst *eine gewisse Treue* nannten. Mit Treue herkömmlicher Definition hatte ihr Zusammenhalt nichts zu tun. Wohl aber mit dem einmal gefaßten Entschluß, jedes Risiko zu wagen, um dem Geheimnis des Lebens auf die Spur zu kommen. Die abenteuerlichsten Experimente inbegriffen. Auch Experimente mit Menschen, um ihre eigene unterbelichtete Erotik zu illuminieren. Olga beispielsweise bereicherte, so Simone, »diese Welt, die uns schon reichlich abgenutzt erschien«. Abgenutzt und ermüdet erschien ihnen ihre geistig organisierte Welt, auch ihr »konstruiertes Leben«, wie Simone gestand, ihre gelenkte Liebe, in der es an chaotischen Blitzen fehlte und also Langeweile drohte. Da beide, Simone wie Sartre, nicht gerade mit sprühender Sinnlichkeit ausgestattet waren, bedurften sie der aphrodisiakischen Reize dritter und anderer, immer neuer Reize, um dem Leben auf den Leib zu rücken und so sein Geheimnis erkenntnistheoretisch zu entschlüsseln. Philosophen sind da ja fein heraus. Sie können ihre Abenteuer im Fleisch hochgeistig sublimiert als Sinnsuche rechtfertigen, im Sinnlichen das Übersinnliche zu begehren, im Physischen das Metaphysische zu umarmen. Und diese Recherche dient obendrein dem Basteln feiner Romane.

Sie bastelten und suchten und experimentierten immer noch über Massen von Papier. Sie waren beide um die Dreißig und noch immer nicht die berühmten Schriftsteller geworden, noch immer im verdammten Lehrerdasein festgehalten. »Unsere Leben waren ineinander verankert, unsere Freundschaften für immer festgelegt«, befand Simone de Beauvoir, »und die Welt nahm ihren Lauf.« Aber die Welt nahm von ihnen keine Notiz. Sie wurden älter. Melancholie machte sich breit. Sartre konnte sich nicht damit abfinden, wie Castor konstatierte, endgültig erwachsen zu werden. Eine weitverbreitete Krise, wenn man dreißig geworden ist. Gewöhnlich mündet sie in die Sackgasse, eine Familie zu gründen, um mit der Produktion wenigstens eines Kindes vielleicht einen neuen Sinn zu finden.

Aber Kinder, nein, Kinder hätten »die Bande zwischen Sartre und mir nicht fester knüpfen können«, befand Simone, »er genügte sich, er genügte mir, und ich genügte mir«. Außerdem mochte er keine Kinder. In kindlicher Gegenwart fühlte er sich nicht wohl, fühlte nahezu Abscheu. Vor allem aber wollte Simone nicht in jener Falle landen, in der sie sich täglich mit Banalitäten hätte abgeben müssen.

Putzen, waschen, kochen, flicken – derlei demütigende Tätigkeiten lehnte sie kategorisch ab, und tatsächlich unterließ sie jede Hausfrauenaktivität (ausgenommen in den Notjahren der Kriegs- und Nachkriegszeit). »Meine Berufung duldete keine Fesseln und ließ mich kein Projekt verfolgen, das nichts mit ihr zu tun hatte.« Junggesellig wohnten beide in billigen Untermietbuden, kümmerlichen Hotelunterkünften, hatten nie einen gemeinsamen Haushalt, kein Auto, keinen Komfort. Für Kleidung konnte Simone nach eigenem Bekunden ohnehin nie Interesse aufbringen. Sie gab zu: »daß ich zur Dame von Welt entschieden unbegabt war«. Und wenn sie sich ausnahmsweise doch einmal in Sachen Eleganz versuchte, ist es ihr gründlich mißlungen (jedenfalls, soweit sich das von Fotos ablesen läßt, auf denen sie sich eher nachlässig oder maskulin herausgeputzt präsentiert, nie jedoch mit jenem originellen Chic, den sie an kapriziösen Frauen stets bewunderte).

Mit ihrer frühen Entscheidung, nie auch nur eine Stunde mit profanen Beschäftigungen zu vergeuden, niemals ein Fenster zu putzen, Kartoffeln zu schälen, Geschirr zu spülen oder ähnlich niedrige Arbeiten zu verrichten, hatte sie natürlich recht. Sie sparte immens viel Zeit für ihre ›Berufung‹. Nebensächliches hatte sie ein für allemal aus ihrem Leben verbannt, sei es Mahlzeiten zuzubereiten, Wohnungen einzurichten oder Kinder in die Welt zu setzen.

Statt Nachwuchs zu produzieren, nahmen sie und Sartre wahlverwandte, vorzugsweise sehr junge Menschen in ihren Clan auf, für die sie zu maßgebenden Autoritäten anarchischer Lebensart wurden und die ihnen Einblick in manches existentielle Konflikttheater gewährten, einschließlich der einen oder anderen luziferischen Liaison. Da schloß sich ihnen beispielsweise ein begeisterter Schüler Sartres an, der neunzehnjährige Jacques-Laurent Bost, ein strahlend lächelnder Charmeur von königlicher Grazie und narzißtischer Zerbrechlichkeit, der alle Welt bezauberte. Er tändelte mit Olga, die doch Jean-Paul für sich beanspruchte, unternahm mit Simone strapaziöse Wanderungen, nicht ohne faire l'amour im Heu, und pflegte seine Liebe, die eigentlich nur Sartre galt. Ein diffiziles Psychogeschehen zu viert, in dem auch noch andere am Rand mitspielten, krisenträchtig und ruinös für die jungen Beteiligten, aber befruchtend für das legendäre Paar, dessen Zusammengehörigkeit nach zehn Jahren überall Verschleiß zeigte. Diesem Verschleiß entgegenzuwirken war ihnen, war vor allem Simone nahezu jedes Mittel recht. Denn, so ihre Erkenntnis:

Die Harmonie zwischen zwei Individuen ist niemals gegeben,
sie muß immer wieder neu erobert werden.

Anders als ein Paar Bismarckiger Prägung oder nach millionenfachem Muster der Abschottung gegen die Welt haben sich hier zwei nicht in der selbstentworfenen Zitadelle eingeigelt oder ausgegrenzt gegen ihre Mitmenschheit. Sie haben bewußt immer wieder neu die Welt in ihren inneren Kreis aufgenommen und ausbalanciert. Durch diesen Prozeß ständiger Aneignung, ständiger Auseinandersetzung mit neuen Menschen, neuen Weltaspekten kamen sie dem Verschleiß zuvor, entkamen sie der Routine, in die jede Beziehung auf Dauer im Triebroulette wie im intellektuellen Raum geraten muß.

Zu diesen immer wieder neuen Impulsen gehörte der einzige Luxus, den sie sich hemmungslos leisteten: Reisen in jeder freien Zeit, wozu ihnen als Lehrer sehr viel, monatelang Freizeit blieb. Reisen, nicht auf touristische, vielmehr auf die unmittelbare Art, so billig wie möglich und immer improvisiert, oft zu Fuß, oft mit kaum Geld in der Tasche, Unterkunft in primitiven Spelunken, in Scheunen oder im Freien campierend (ohne Schlafsack, ohne Zelt). Ganz Europa in Besitz genommen. Durch Marokko tief in die Wüste hinein. Manchmal mit anderen, meistens zu zweit, manchmal war Olga dabei, manchmal Bost. Er rühmte Simone: »Sie war wie ein Mann, mit ihr konnte man losziehen, sich besaufen, Späße treiben, man brauchte keine Umstände zu machen wie bei anderen Mädchen...« Daß sie mit Bost schlief, bekümmerte Sartre mitnichten. Er billigte ihre kontingenten Lustgeschichten selbstverständlicher, als sie seine sexuelle Kometenbahn durch die Jungweiberwelt akzeptieren konnte, aber zu tolerieren hatte, ihn sogar gegen sich selbst rechtfertigen mußte, wenn ihn doch einmal Skrupel überfielen. »Ich habe es weder je verstanden, mein Sexualleben noch mein Gefühlsleben ordentlich zu führen«, gestand er ihr, die er als sein ›moralisches Gewissen‹ ansah: »Ich fühle mich im Grunde und in aller Ehrlichkeit als Schwein, überdies als eins von kleinem Format, als eine Art akademischer Sadist und beamteter Don Juan, zum Kotzen.« Dem persönlichen Geständnis des beamteten Don Juan entspricht das philosophische Kredo des akademischen Sadisten:

Unser Unglück ist, daß wir frei sind.

Sartres Generalthema der absurden Existenz, sein Bekenntnis zur radikalen Einsamkeit des Individuums, das sich seine Welt selbst entwerfen müsse, seine Forderung, die von Gott verlassene Menschheit habe die volle Verantwortung für sich und ihre Epoche zu übernehmen, seine Monomanien und Experimente erfuhren ihre zynische Korrektur. Abrupt beendete der Kriegsausbruch 1939 die *Freiheit der absurden Existenz.*

Sartre wurde zu den Soldaten abkommandiert, wenn auch auf einen recht ungefährlichen Posten als Wetterbeobachter hinter der Front. Beim Einmarsch der Deutschen geriet er in Gefangenschaft, konnte 1941 ins unbesetzte Südfrankreich fliehen, bald darauf nach Paris zurückkehren, wo er sich im Untergrund als Polit-Stratege profilierte und mit Hilfe des Clans eine Widerstandsgruppe aufbaute: *Socialisme et Liberté.* Noch im Krieg erschien sein philosophisches Hauptwerk *L'Être et le Néant (Das Sein und das Nichts),* wurde sein Widerstandsdrama *Les Mouches (Die Fliegen)* uraufgeführt, schrieb er die ersten Filmdrehbücher (etwa *Les Jeux sont faits).* Zur gleichen Zeit wurde Simone de Beauvoir nach zwölf Jahren Lehrtätigkeit unter dem Vorwurf der Verführung Minderjähriger aus dem Schuldient entlassen. Sie hatte kein Einkommen mehr. Aber sie hatte Sartre; gemeinsame Kasse war seit zwölf Jahren zwischen ihnen üblich. Und sie hatte zum erstenmal Erfolg. Ein Roman wurde angenommen. Die teuflische Triogeschichte ihrer versuchten Ehe zu dritt, literarisch verfremdet. Im publizierten Buch *L'Invitée (Sie kam und blieb)* mußte die junge Rivalin Xavière (Olga) sterben, ermordet von der Hauptfrau Françoise (Simone). »Wenn ich Olga auf dem Papier tötete, entledigte ich mich des Zorns, des Hasses, den ich gegen sie empfunden haben mochte. Ich reinigte unsere Freundschaft von allen schlechten Erinnerungen.« Die Freundschaft blieb. Das Buch verkaufte sich gut. Simone war endlich, was sie immer hatte sein wollen, die anerkannte Schriftstellerin. Sie lernte zusammen mit Sartre berühmte Leute kennen, schloß neue Freundschaften, zum Beispiel mit Albert Camus, mit Jean Genet, mit dem Kumpel-Kollegen Boris Viant, dem Sartre prompt die berückende Ehefrau Michelle ausspannte, um sie dann auch lebenslang am Hals zu haben.

Der Krieg war für beide, Simone wie Jean-Paul, die produktivste Phase ihrer kreativen Arbeit. Durch den Krieg kamen beide zum politischen Engagement, vom Egoismus zur Solidarität. Nach dem Krieg, nach der Befreiung Frankreichs waren sie das populäre Paar, vor allem für die Jugend vorbildhaft in ihrer freien Lebensführung, verklärt im Glorienschein der Résistance. Spätestens jetzt begann ihr Pakt auch nach außen zu wirken. Spätestens jetzt begann auf sie das Versprechen zurückzuwirken, das Sartre seinem lieben Castor zugesichert hatte:

> *Was immer geschieht, was immer ich werde,*
> *ich werde es mit Ihnen werden …*

Sie wurden eine Institution. Sie wurden als Trio zusammen mit Albert Camus die Idole der Jugend, bewundert, diskutiert, nachgeahmt und verrufen. Man war Sartrianer. Oder man schmähte die ganze Richtung total, die als grandioses Mißverständnis namens Existentialismus mit lässigem Lebensstil, snobistischen Attitüden, Tristesse-Marotten in Mode kam. Ausgehend von den Jazzkellern, Kneipen und Cafés in Saint-Germain-des-Prés, ergriff diese Mode die

Nachkriegsjugend der westlichen Welt. Sartres Philosophie, zu faßlichen Formeln reduziert, ging in das Wörterbuch der Umgangssprache ein. Daß der Mensch eine vergebliche Leidenschaft und nichts anderes sei als das, was er aus sich macht. Daß die Existenz der Essenz vorausgehe. Daß der Mensch sich nur auf sich selbst verlassen könne und seine Freiheit gebrauchen müsse, um seine Existenz zu rechtfertigen. Daß er der Absurdität des Daseins die Stirn zu bieten habe. Im Medienrummel, der bald losbrach, verwischten sich die Grenzen zwischen einer Philosophie, die kaum verstanden, wahrscheinlich selten gelesen wurde, und einer Lebensweise, die sich auf Sartres System bezog. Er wurde zum Papst des Existentialismus erkoren, Simone de Beauvoir zur ›Notre-Dame de Sartre‹ oder auch verhöhnt als ›La Grande Sartreuse‹. Obwohl beide mit den rauchig verruchten Nachtclub-Existentialisten nichts gemein hatten, in den Kellerlokalen nur selten gesichtet wurden, galten sie doch als Ober-Bohemiens. Das monströse Mißverständnis hatte sie eingeholt.

Man beschuldigte sie, mit ihrem Beispiel die Jugend zu demoralisieren. Was ist ein Existentialist? Ein Mensch, der sich ekelt, langweilt und vom Leben losgelöst hat. – Verlangen Sie einen Arsen-Cocktail, wenn Sie Ihren Durst nach der Ewigkeit stillen wollen. – Ein Existentialist ist ein Mensch, der Sartre auf den Zähnen hat.

Der Ruhm forderte seinen Tribut. Der nunmehr bekannt gewordene, allerorts durchgehechelte Pakt (Wie leben die eigentlich – völlig wild, ein einziger Karneval jeden Tag?) hatte seine neuen Herausforderungen zu bestehen. Sie hatten immer gern in Bistros gelebt, in Bistros gegessen, in Cafés geschrieben, dort Freunde getroffen, dort diskutiert. Die billigen Hotelzimmer taugten allenfalls zum Schlafen. Jetzt wurden sie umlagert und begafft. Sartre bezog mit seiner Mutter eine gemeinsame Wohnung, sie lebten siebzehn Jahre zusammen, versorgt von einer elsässischen Haushälterin. Simone konnte sich mit dem Geld, das ihr der Prix Goncourt für ihren Nachkriegsroman *Les Mandarins de Paris* 1954 einbrachte, eine eigene Wohnung kaufen, die sie bis zu ihrem Tod 1986 behielt. Und ein Auto leistete sie sich nun auch, verspottet von Sartre, der sich gleichwohl gern chauffieren ließ.

Als renommierte Résistance-Publizisten bereiste zuerst Sartre, dann auch Simone unabhängig voneinander Amerika. Und unabhängig voneinander wurden beide in leidenschaftliche Geschichten verstrickt, die sie ein paar Jahre lang in Atem hielten. Denn beide Beteiligten, die Schauspielerin Dolorès Vanetti und der Schriftsteller Nelson Algren, waren nicht bereit, die jeweils zweite Geige im Haupt-Duett der beiden Berühmtheiten nur eben kontingent zu spielen. Simone und Sartre indes wollten sich nicht aus ihrem kunstvollen Gleichgewicht bringen lassen, auch durch die heißeste Geschichte und die heftigste Leidenschaft nicht, die sie für ihre transatlantischen Eroberungen empfanden. Noch nach Jahren des nervenzerfetzenden Psychodramas beklagte der schließlich doch verabschiedete Algren sich bitter darüber, daß er und seine einzigartige Liebe von dieser Frau vermarktet worden seien. Sie, seine kleine Gallierin, habe aus ihrer Liebe in ihren Büchern ein internationales literarisches Abenteuer gemacht, seine Briefe ausgeschlachtet, seinen Namen genannt. Überall auf der Welt, wenn der Mann Bordelle besuche, ob in Korea oder Indien oder wo auch sonst, machten die Frauen die Tür zu. Aber diese Frau habe die Tür weit geöffnet und alle Welt herbeigerufen. Nelson Algren, den Castor in ihren Briefen »meine einzige Liebe« nennt, »mein Nelson, der mir gehört« oder »mein Frühlingsmann, mein einziger Mann... und jeden Tag begehre ich Sie«, Nelson kann nicht begreifen, daß diese Frau, die ihm beteuert, die Begegnung mit ihm sei das größte Glück ihres Lebens, daß sie trotzdem behauptet, ihre Karriere, ihre Arbeit und Sartre seien wichtiger für sie als ein Leben mit ihm.

Der Vorwurf, ihre Nebenamouren schamlos auszuschlachten, literarisch wie privat, blieb beiden auch von anderen nicht erspart. Simone selbst hat zugegeben, »daß wir uns manchmal anderen Leuten gegenüber nicht sehr korrekt verhalten haben«. Inkorrekt, weil sie die intimsten Details ihrer Sekundärgeschichten preisgaben, weil sie die diversen Bezugspersonen im Clan gegeneinander ausspielten, bewußt anlogen, auch vor Intrigen nicht zurückschreckten und weil sich vor allem Sartre ziemlich mies verhalten konnte. Einer seiner Verführten schrieb er beispielsweise, daß er sie nie geliebt, nicht einmal viel Spaß mit ihr gehabt habe. Und was seine Briefe an sie angehe, die seien nichts weiter gewesen als Übungen in leidenschaftlicher Literatur, »über die wir, der Biber und ich, sehr gelacht haben...« Auch solche infamen Praktiken belebten ihren Pakt ungemein.

Was dieses Paar unzertrennlich zusammenbleiben ließ, begriff kaum jemand, schon gar nicht die jeweils anderen, gerade leidenschaftlich Umworbenen. Diese besondere Symbiose, obwohl oder vielleicht gerade weil sie keine gemeinsame Wohnung teilten, doch in nie unterbrochenem Dialog zu bleiben, sich gegenseitig zugleich kreativ und äußerst kritisch in der Arbeit, im Leben zu kommentieren, anzuregen und beizustehen. Beispielsweise war er es, ›dieser Eiffelturm der französischen Kultur‹, der sie gleich nach dem Krieg dazu brachte, *Le Deuxième Sexe (Das andere Geschlecht)* zu schreiben, ihr frühes Standardwerk über die ungerechte Lage der Frau, das sofort rasende Reaktionen des Pro und Contra auslöste und Simone zur Gallionsfigur einer weiblichen Befreiungsbewegung machte.

Ihre gemeinsame Geschichte war mittlerweile zu einer öffentlichen Angelegenheit geworden. Sie hatten ihre Wirkung zu bedenken, hatten vorausschauend ihr Bild zu formen und zugleich ihrer Absicht treu zu bleiben, kein statisches Ich bzw. Wir zu werden. Das Band zwischen ihnen verfestigte sich durch ihre unermüdlichen Aktivitäten – gegen de Gaulle und Frankreichs imperialistische Politik in Indochina, in Algerien, für die Freiheit des einzelnen, für die Freiheit aller Unterdrückten. Rebellisch bis ins hohe Alter engagierten sie sich vehement mit Manifesten, Protesten, scharfen Polemiken, sie demonstrierten, sie agitierten, wo immer la liberté in Frage stand. Zur Politisierung der jungen Generation trugen sie ihren Teil beträchtlich bei. Und natürlich protestierten sie auch während der '68er Bewegung auf seiten der Studenten, dann auf seiten der bewegten Frauen, die ihre Rechte forderten und sich (fünfundzwanzig Jahre nach Erscheinen von *Le Deuxième Sexe*) auch auf Simone de Beauvoir beriefen.

Trotz eifriger Polit-Aktivitäten und Öffentlichkeitsarbeit, trotz anhaltend ausgedehnter Reisen in alle Winkel der Welt schrieben und publizierten beide wie besessen und ließen neben alldem doch nicht ab, ihre Liebesaffären zur linken Hand zu inszenieren, zu genießen und eifrig einander zu reportieren gemäß der vereinbarten Transparenz. Immer erneute Versuche, ein neues Trio zu kultivieren. Wogegen sich allerdings traditionell besitzergreifende Leute wie Algren oder Dolorès auf das Heftigste sträubten. Wobei sich je länger desto deutlicher die Kuriosität herauskristallisierte, daß der Freibeuter Sartre nicht wie Simone von Rivalitätsgefühlen gebeutelt wurde. Bei ihm keine Spur von Eifersucht, selbst dann nicht, als der liebe Castor, vierundvierzigjährig, ihren siebzehn Jahre jüngeren Geliebten Claude Lanzmann, Redakteur ihrer 1945 gemeinsam gegründeten Zeitschrift *Les Temps Modernes*, bei sich in ihrer Wohnung aufnahm (für sieben Jahre) und sich ihm derart widmete, daß sie selbst fürchtete, ihr Einverständnis mit Jean-Paul könne darunter leiden. Aber: »Das Gleichgewicht, das ich dank Lanzmann, Sartre und meiner eigenen Wachsamkeit hergestellt hatte, war dauerhaft und dauerte an.« Wenn auch nicht ohne Krisen.

Der Clan war beträchtlich angeschwollen, eine mittlerweile ›große Familie‹, nicht selten von Eifersüchteleien untereinander, von Intrigen, Klatsch und Rachegelüsten geschüttelt. Geliebte fungierten als Gefährten und fanden sich nicht immer damit ab. Sartre wie der Hahn im Korb hielt alle bei Laune, häufig vier Frauen gleichzeitig bei der Stange und sämtliche Sinne offen, um bei immer jüngeren Geschöpfen immer erneut seine Verführungskünste zu erproben. Was ihm meist gelang. Und was nicht immer glimpflich endete. Eine neunzehnjährige Schülerin von bezaubernder Grazie, zart, gescheit und empfindsam, die Algerierin Ar-

lette Elkaim, hatte dem alten Hasen derart den Kopf ver-
dreht, daß es beinahe zum Bruch kam zwischen ihm und
dem lieben Biber. Als nämlich der Verdacht auftauchte,
seine kleine Geliebte sei schwanger, da war Sartre bereit,
Arlette zu heiraten. »Das kann er mir nicht antun«, soll die
Hauptfrau im Clan verkündet haben, und angesichts ihres
Zorns begnügte Sartre sich damit, Arlette 1965 zu adoptie-
ren.

Dieses nun war ein fieser Streich. Denn damit wurde die
(Adoptiv-)Tochter bei Sartres Tod 1980, da er kein Testament hinterließ, automatisch seine Erbin und Verwalterin
seines umfangreichen literarischen Nachlasses. »Als Akt
der Aggression richtete sich die Adoption hauptsächlich gegen de Beauvoir, die diesem Mann gegenüber so maßlos
lange so treu ergeben war«, urteilt sein Biograph, der englische Literaturwissenschaftler Ronald Haymann: »De Beau-
voirs Lohn für ihre lebenslange Hingabe bestand darin, mit
ansehen zu müssen, wie die jüngste ihrer Rivalinnen unan-
fechtbar alles bekam, was Sartre jemals geschrieben oder besessen hatte.«

Dieser Verrat konnte freilich Simones einzigartigen Status nicht mindern. Sie war und blieb die Prima inter pares,
klüger, diplomatischer, verständnisvoller und vor allem unabhängiger als sämtliche Nebenfrauen, die alle mehr oder
minder hartnäckig versucht hatten, den triumphalen Verführer seinem lieben Castor auszuspannen. Ihr Pakt hielt
jedem Angriff stand. Allerdings kam das größere Verdienst
daran zweifellos Simone de Beauvoir zu. Sie hat nicht selten
mit zäher Zielstrebigkeit ihren Rang verteidigt und die Verbundenheit immer wieder gefestigt, auch das Bild dieser Le-
bensgemeinschaft in ihren Büchern nachgezeichnet und
festgehalten. Ein persönliches Versprechen, 1929 unter
Ausschluß jeder Öffentlichkeit privat getauscht, kann zur
verpflichtenden Bindung werden, außerordentlich stabil,
wenn einem quasi die ganze Welt über die Schulter schaut
(ähnlich wie im völlig anders gearteten Fall der Wallis Simpson). Eine sehr willensstarke Frau und ein eher nachgiebiger
Mann, der sich (in Grenzen) bestimmen läßt, scheinen für

solches Gelingen nicht die schlechteste Kombination zu sein. Großmut sei dabei als unabdingbar vorausgesetzt.

Großmut in einer Beziehung, die nie besiegelt werden mußte, die nie der gemeinsamen Behausung bedurfte, die aber unter den stärksten Belastungsproben ihre Wandelbarkeit bewies und diese *eine gewisse Treue* lebendig hielt. Im Alter, trotz abstoßender Begleiterscheinungen von Sartres langem Siechtum, seiner Erblindung und Hinfälligkeit, da erst wurde es ihnen, die nie zusammen gewohnt, stets getrennt geschlafen hatten, selbstverständlich, gemeinsam zu übernachten, im wohlberechneten Wechsel mit Wanda, Michelle und Arlette, die sich um den gebrechlichen Greis kümmerten. Im Ansehen der Welt hatte Sartre den Status eines *monstre sacré* gewonnen, in der Obhut seiner notwendigen Lebensliebe war er nur mehr ein hilfsbedürftiges, abhängiges Geschöpf, unheilbar zerrüttet durch lebenslang zerstörerische Arbeitswut, Drogenmißbrauch, Kettenraucherei und zu viel Alkoholgenuß.

In diesem letzten langen Akt des Einvernehmens noch nach einem halben Jahrhundert zeigt sich, daß hier zwei kühn und rebellisch vorweggenommen haben, was am Ausgang des Jahrhunderts die Philosophin Elisabeth Badinter als Optativ für die Nachgeborenen in die Zukunft stellen wird: liebenden Geschwistern gleich zärtliche Komplizenschaft auch dem Tod gegenüber zu beweisen.

Tanzen, daß die Füße fliegen
Rose Maar und Harald Held

Immer müssen
macht auch nicht glücklich

Sie tanzte, wie sie lebte: wild, entfesselt, vogelfrei. Sie empörte und begeisterte ihr Publikum auf allen Kontinenten wegen ihrer Darbietung in durchsichtigen Schleiern, wegen ihrer skandalösen Liebesgeschichten, ihrer unehelichen Mutterschaft. Sie hatte Affären, Amouren, Männer en masse, aber keinen Vater für ihr Kind. Die ganze Person eine einzige Provokation: Isadora Duncan, Tanz gewordenes Symbol femininer Freiheit zu Beginn dieses Jahrhunderts.

Millionen von Mädchen, jungen Frauen nahmen sich diese bahnbrechende Weibsperson zum Vorbild, eiferten ihr nach, wollten leben wie sie. Rose Maar zum Beispiel, geboren 1925, richtete ihr Leben lange nach diesem Vorbild aus, ohne sich der unterschwelligen Lebensregie bewußt zu sein. Sie wollte tanzen, daß die Füße fliegen, wollte rund um den Globus über alle Kontinente tanzen, wollte frei sein wie ihr Idol. Denn in der Kunst wie im Leben hat Isadora Duncan einem Grundrecht, das die Frauenbewegung jener frühen Jahre forderte, leibhaft Ausdruck gegeben. Die sinnliche Liebe, meinte Isadora, müsse stets ein ekstatisches Erlebnis sein und bleiben. Folgerichtig lehnte sie es ab, einem Herrn allein auf Dauer zu gehören. Mit langer Dauer könne Leidenschaft sich nie vertragen.

Das klang Rose Maar, der kleineren Nachfolgerin, mitten aus Herz und Bauch gesprochen. Und sie meint, da habe sich für Frauen von sinnlicher Virilität seit 1900 nicht maßlos viel verändert. Die Frage sei doch virulent geblieben: Wie vereint man lodernde Leidenschaft und längeres Zusammensein, wenn man denn zusammenbleiben möchte? Wie kann man miteinander alt werden und dennoch lustig bleiben? Solange einen die erotischen Bedürfnisse bedrängen, sei dies doch der entscheidende Widerspruch. Lust erlahmt in langer Weile. Und wohin dann mit den Triebgelüsten?

Isadora Duncan hat für diese Frage wenn schon nicht den Stein der Weisen, so doch ihren eigenen Ausweg gefunden. Erst verspätet, auf der Höhe ihres Ruhms, als die Anmut ab-, die Taille etwas zugenommen hatte, war die tanzbesessene Mänade bereit, ihrem Temperament ein wenig Ruhe, dem Glück zu zweit vielleicht Dauer zu gönnen. Sie heiratete einen jungen enthusiasmierten Dichter, Sergeij Jessenin. Was Eheglück im Alter heißt, hat sie dann freilich nie erfahren. Die größte Tänzerin ihrer Zeit wurde keine fünfzig Jahre alt. Vielleicht blieb ihr auf diese Weise die größte Enttäuschung erspart und auch jene Prüfung, die den Dichter Theodor Storm zu der Weisheit inspirierte:

> *Die Liebe ist ein gar lieblicher Dunst;*
> *doch in der Ehe, da steckt die Kunst.*

Das Dilemma ist bekannt. Lust, wenn es darauf ankommt, läßt sich nicht auf Jahre konservieren und häppchenweise in sparsamem Hausgebrauch konsumieren. Das Triebmoment, so belehrt uns die Anthropologie, lebt in der Anarchie, giert um so heftiger, je höher das Hindernis, je aufstachelnder die Schwierigkeit, je neuer der Reiz ist, und verkümmert im Trott.

> *Wen Gott strafen will, den läßt er heiraten.*

Diesem Urväter-Sprichtwort traute Rose Maar in ihrer Frühzeit mehr als flüchtigen Gefühlen. Gemäß ihrem Vorsatz, sich tanzend die Welt zu erobern und sich in derselben tanzend zu bestätigen, hatte sie sich ausbilden lassen, hörte auch nie auf, stets Neues zu erlernen, unterstützt übrigens von ihrer Mutter, die bereits zu Beginn der dreißiger Jahre auf die Begabung der Tochter gesetzt und sie einem Ballett-Tanzinstitut anvertraut hatte. Die Tochter entfaltete ihr Talent überzeugend (wenn es auch nie die Höhe einer Isadora Duncan erreichen sollte). Mit fünfzehn entdeckte Rose das andere Geschlecht in Gestalt eines hinreißend schönen, schwärmerisch veranlagten Jungen, Harald Held, hochgewachsen, ein Jahr älter und genauso schwarzhaarig wie sie. Beide noch ziemlich scheu, fielen sie in eine bittersüße Sehnsuchtsgeschichte, bangend und hoffend und zitternd im Seelenschmelz der Jugend. Eine Geschichte ohne Bett und Defloration (das besorgte viel später ein anderer). Ihr Held hielt das Mädchen in Ehren, wie es sich damals gehörte, gab seinen Gefühlen musikalisch Ausdruck, er zupfte die Klampfe, überschüttete sie mit selbstgebastelten Gedichten, mit selbstgepflückten Blumen, kleinen Angebinden. Sie brachte ihm das Tanzen bei, um wenigstens beim Walzer, Tango, Cha-Cha-Cha einander berühren und näherkommen zu können. Und sie schwooften wie füreinander geschaffen. Nie habe sie mit einem anderen Mann derart gut tanzen können, meint Rose Maar: »Und das sagt ja einiges über ein Paar, diese Harmonie in der Bewegung, diese gleiche Wellenlänge, dieser gemeinsame Rhythmus.«

Aber der Krieg donnerte dazwischen und trennte sie. Ihre Eltern flohen samt Tochter nach Südfrankreich. Er wurde Soldat, war lange vermißt. Erst 1946 begegneten sie einander zufällig, ohne das Wiedersehen gesucht zu haben. Und nun, im rauhen Alltag der Nachkriegsnot, entdeckten sie einander neu und fanden im Pulsschlag des anderen, wie Rose sagt, »den Sehnsuchtsruf unserer Jugend, dem wir damals nicht gefolgt waren. Das Nicht-Gelebte brach über uns herein. Es war wie ein Trommelwirbel des Schicksals, daß wir füreinander geschaffen seien, für die Lust, den Rausch, das Selbstvergessen in der Liebe.«

Eine stürmische Geschichte mitten im Elend der Trümmer- und Hungerzeit. Heiß und verzehrend auch deshalb, weil beide in den Jahren der Trennung ihre je eigenen Erfahrungen gesammelt hatten, wild, wahllos, immer dem Tod ausgesetzt, der das Lebendige desto hitziger entfacht. Hier aber, da sie einander wiedergefunden hatten, gesellte sich der aufgeblühten Sinnlichkeit der Zauber ihrer verlorenen, betrogenen Jugend bei, als könnten sie nun zusammen noch einmal ganz neu beginnen.

Doch ehe die Geschichte ihre Fortsetzung fand, kam wieder eine Unterbrechung dazwischen, diesmal von Rose Maar ausgelöst. Ohnehin von tiefer Skepsis gegen die Institution Ehe erfüllt, wollte sie um keinen Preis *nur Nebensache* sein wie Bismarcks better half, nicht einmal diesem Held zuliebe. Sie ließ nicht ab von ihrem Traum, über alle Bretter der Welt zu tanzen, hatte freilich damals in der Nachkriegszeit nur drittklassige Gelegenheiten zu tingeltangeln. Aber es bot sich ihr die Chance, nach Amerika zu gehen. Und auf diese Chance wollte sie nicht pfeifen. Tatsächlich machte sie dort Karriere, wenn auch nicht glamourös, doch immer amüsant, begleitet von aufregenden Amouren, leichtgewichtigen Affären, wie Isadora Duncan Männer en masse, ganz international während diverser Tourneen durch Lateinamerika, Skandinavien, die Levante.

Gleich zu Beginn ihrer amerikanischen Laufbahn hatte sie mit dreiundzwanzig Jahren eine Tochter geboren, sich aber dadurch in ihrem Reigen rund um den Globus nicht beeinträchtigen lassen. Sie nahm das Kind überall mit hin. Zigeunerleben, zügellos, ganz international. Erst zwölf Jahre später brachte ein Engagement sie in die Bundesrepublik zurück.

Auch diesmal hat sie die Begegnung mit ihrem Jugendschwarm nicht gesucht. Er entdeckte ihren Namen auf einem Plakat, besuchte eine Vorstellung, suchte die Tänzerin in der Garderobe auf. Und abermals packte beide ›der Trommelschlag des Schicksals‹, heftiger noch als zuvor, brennend und hemmungslos, da beide, Anfang Dreißig, in der Reife der Erotik, gewürzt mit dem Reiz langer Zugehörigkeit, bereit waren, sich zu verschwenden. Daß ihr Held mittlerweile verheiratet war, Familie hatte mit zwei Kindern, erwies sich als zusätzliches Stimulans. Das Hindernis, weil er der Schuft nicht sein wollte, der die Frau mit zwei kleinen Kindern sitzenläßt, das Hindernis schürte die Leidenschaft ihrer geheimen Zusammenkünfte. Der Kitzel, im Fremdgelände zu wildern, nicht offen operieren zu können, nicht legal gebunden zu sein, das Verschwörerische daran war Rose Maar gerade recht. Im nachhinein verhehlt sie auch nicht, daß sie mächtig geschmeichelt war, eine derartige Leidenschaft ausgerechnet bei diesem Mann zu entfesseln, der doch nach traditionellem Verständnis ›einer anderen gehörte‹. Nach sieben Jahren Ehe war bei ihm im familiären Bett nicht mehr viel los, genauer gesagt, der Ehe-Sex war erlahmt, ermüdet im Trott.

Was langgebundenen Eheleuten bekannt sein mag. Was auch von ehrlichen Gemütern stets eingeräumt, sogar einkalkuliert wurde und dennoch nicht wenige bedrängt. Bedingungslos beweist die Geschichte, daß die Menschheit der Ehe stets die Treue hielt, ohne die eheliche Treue zu halten. Die älteste Institution der Welt war, wenn sie länger währte, nie die Heimstatt heißer Triebekstase, geschweige das Tollhaus permanenter Leidenschaft. Die Lust war Untermieter, heimatlos und unbehaust. Die niedere Minne fand ihre Sporen außer Haus. Gefeiert wurde der illegale Sex zwar selten, dafür aber um so fideler genossen. Als Laster verschrien, als Ehebruch geahndet, behauptete er sich gleichwohl unsterblich und vital durch die Jahrhunderte, teils heimlich vollzogen, teils öffentlich propagiert, zuzeiten bieder betrieben und gelegentlich mit elegantem Flair garniert. Romeos Verzückungen und ein bequemes Ehebett, Tristans Rausch und ein geregelter Sexualhaushalt sind unter einem Dach nicht zu vereinen. Damit nicht genug. Es kommt noch schlimmer, je länger zwei zusammenbleiben. Der Poet und Mediziner Gottfried Benn hat es auf die prägnante Formel gebracht:

Die Ehe ist eine Institution
zur Lähmung des Geschlechtstriebes.

Trotz solcher Allerweltswahrheit, die jeder Ehemensch am eigenen Leib begreifen kann, wenn er nur treu genug ausharrt, hält sich hartnäckig das Leitbild der Ihr-sollt-sein-ein-Leib-Verbindung, das Gebot der Ausschließlichkeit, der unbedingten Treue, des für die Ewigkeit gegründeten Bundes.

Dabei wird diese Ewigkeit in unserer Zeit von Jahrzehnt zu Jahrzehnt immer noch etwas ewiger, weil die Alten immer älter werden. Heutzutage ist *bis daß der Tod uns scheidet* eine verteufelt lange Zeit, wie der Londoner Humanbiologe Alex Comfort nachgerechnet hat, »so daß die strenge Monogamie der christlichen Überlieferung, die früher häufig durch eingetretene Tode zur Polygamie wurde, heute mehr Belastungsproben ausgesetzt ist als je zuvor«. Die Rolle, die früher der Tod übernommen hat, spielt heute oft genug die Scheidung. Sie ermöglicht die serielle Monogamie: sich von Zeit zu Zeit immer wieder neu zu paaren.

Denn wenn die verteufelt lange Zeit zu zweit obendrein von zunehmendem Lustverlust begleitet wird, so fragt man sich doch nach dem Zweck der Übung. Was haben die beiden davon, den störrischen Trieb zum Schweigen zu bringen und sich selbst – unfreiwillig, vielleicht wider Willen – zum Sexmuffel zu mausern? Sollte in der Tat die absolute Monogamie der Gipfel aller Liebe und das letzte Ziel der ehelichen Vereinigung sein, so gebührt, wie bereits Friedrich Engels vorgeschlagen hat, »die Palme dem Bandwurm, der in jedem seiner fünfzig bis zweihundert Proglottiden oder Leibesabschnitte einen vollständigen weiblichen und männlichen Geschlechtsapparat besitzt und seine ganze Lebenszeit damit zubringt, in jedem dieser Abschnitte sich mit sich selbst zu begatten«.

Wenn das ein Mann von gestern sagte, was soll dann erst die Frau von heute machen, die kein Bandwurm zu sein oder zu werden begehrt. Sie möge sich zur Lösung des Problems auf die Seite der Revolte schlagen, hatte ihr bereits C. G. Jung, der Seelenvater, vorgeschlagen. Für ihn gehörte die Überschätzung der sexuellen Treue bzw. die Verteufelung der Untreue in den Bereich der finstersten Tradition, die für die Gegenwart (seine Gegenwart von 1955) kein Ideal mehr sein könne, vielmehr gerade von der Frau geöffnet werden müsse. Womit er zweifellos nicht unrecht haben konnte.

Denn was nützt ihr, der lustbegabten Frau, ein sexgelähmter Bettgeselle, der womöglich pro Woche höchstens einmal noch kann oder mag. Zumal der unbeeinträchtigte Genuß fleischlicher Begierden schwerlich des Teufels sein kann. Satan nämlich ist eine späte Erfindung des homo religiosus. Die Lust aber ist älter als der Mensch.

Und der Mensch in seiner Mehrheit scheint, was die Ehe betrifft, ein stockkonservatives Stück Altsteinzeit oder Nachkomme braver Graugänse zu sein. Das sei doch nicht zu fassen, das müsse sich doch ändern lassen, meinten Leidende und Bedürftige mit C. G. Jung, der denn auch der weiblichen Seite des Psychogramms einiges mehr zutraute an Mut zum Aufbruch. Unbewußt sei sie schon längst zur Rebellion bereit und hege den Wunsch »nach Lockerung der Ehe«.

So wäre das die Lösung für alle, die verheiratet und dennoch wackere Lustmolche bleiben wollen? Heiße Geschichten draußen und drinnen die Geborgenheit?

Den (weiblichen) Aufbruch ins Reich der erotischen Freiheit haben wir miterlebt (sofern wir nicht erst 1970 oder noch später geboren sind). Das ließen wir uns nicht zweimal sagen, was die Kapazitäten da weltweit verkündeten, die uns auf einmal (anders als noch ihre Kollegen im vorigen Jahrhundert) nicht allein Geschlechtsgefühle bescheinigten, sondern auch den fleißigen Gebrauch derselben sehr empfahlen. *Coito ergo sum.*

Da konnte so mancher Biedermann, der hoffnungsfroh ausgezogen war, eine traute Trude heimzuführen, das Gruseln lernen. So hatte er sich die Ehe nicht gedacht. Das hatte er nicht gewollt, vom Thron seiner Männlichkeit gehoben und zum Sexspiel wie zu einer Dienstleistung ermahnt zu werden, von der Kür zur Pflicht. Plötzlich war die Welt verkehrt. Die Frau verlangte, wo er Ergebenheit erwartete.

Ahnungslos und ungewarnt war er freilich nicht von den entfesselten Fähigkeiten der Frau überfallen worden. Er war seit langem darauf vorbereitet, eines Tages statt des Heimchens am Herd eine Katze auf dem heißen Blechdach vorzufinden. Bereits der Altmeister der Sexologie Theodor Hendrik van de Velde hatte ihn davor gewarnt, die Büchse der Pandora zu öffnen, die Frau als aktives gleichwertiges Geschlechtswesen anzuerkennen, weil das weibliche Leistungsvermögen dann meist das männliche übertreffe:

»Dann wird der Gatte die Geister, die er rief, nicht wieder los.«

Das Zauberlehrlings-Dilemma nicht nur prophezeit, sondern unmißverständlich festgestellt hatte auch schon Soziologie-Professor David Riesmann: »Die Frauen stellen auf sexuellem Gebiet Forderungen und bieten Fähigkeiten an, von denen ihre Mütter sich niemals hätten träumen lassen oder eben nur geträumt haben.« Eine Behauptung, die man (zweifelnd) hinnehmen muß, weil man sie schwerlich widerlegen kann – zu Zeiten unserer Urgroßmütter gab es keinen Sexreport à la Kinsey und Konsorten. Aber es gab zu allen Zeiten uneheliche und außereheliche Kinder. Auf so ziemlich jeder familiären Ahnentafel lassen sich weibliche ›Fehltritte‹ rekonstruieren. Und Frauenkenner wie etwa Honoré de Balzac oder Theodor Fontane haben die unerhörten Fähigkeiten, zumindest Wünsche unserer Urahnen übermittelt. Das allerdings war Literatur. In der Wirklichkeit beschworen Seelenforscher und Soziologen den postmodernen Weltbürger, daß die Sexualität für ihn, den Hochhausmenschen von heute, »das letzte Abenteuer« (David Riesmann) und ein »Vehikel persönlicher Selbstwertbestätigung« (Helmut Schelsky) in seinem manipulierten Massendasein sei.

Das letzte Abenteuer war einst in den Handbüchern klerikaler Sexophobie als Todsünde detailliert beschrieben und verdammt worden. Da war es festgelegt: Todsünde begehen Ehegatten, wenn ihr Liebesspiel nicht auf den Zeugungsakt abzielt, wenn sie etwa labiale Masturbation betreiben, wenn sie die eheliche Pflicht nicht in der natürlichen Stellung erfüllen, wenn der Mann seine Frau in der Art der Tiere von hinten nimmt, wenn sie nach Art Onans oder mit einer englischen Kapuze koitieren – all das sei Todsünde, hatte der Papst entschieden. Die Ehegatten könnten sich nicht auf die Freiheiten in der Ehe berufen, um solche Unzüchtigkeiten zu entschuldigen. Entsprechend gediehen die Komplexe und Verklemmungen der katholischen Mehrheit.

Aber dann, gut hundert Jahre später, half keinerlei Entschuldigung mehr, wenn einer der Partner die Todsünde von einst nun verweigerte. Selbst Gerichte befanden, Ehegatten müßten ihre Ehepflicht nicht allein regelmäßig ableisten, sie müßten auch mit Lust bei der Sache sein.

Und so geriet das letzte Abenteuer in den Ruch und Rang eines Massensports. Ob einer wollte oder nicht, er hatte das Gefühl, müssen zu müssen. Auch keine Lösung.

Früher, bemerkte nun der US-Psychiater Sandor Lorand bestürzt, früher hätten die Leute gelitten unter dem Druck paulinischer Prüderie: »Wehe, ihr amüsiert euch!« Dagegen drohe nun die neue Genußmoral genauso grimmig: »Wehe, ihr amüsiert euch nicht!« Das eine sei so schlimm wie das andere.

Die gute alte Ehe hat es schwer. Alles wurde in sie hineingepackt. Alles soll sie halten und gewähren, als sei sie das Reich namens Paradies. Das Streben nach Glück, als ein unabdingbares Recht des Menschen 1776 von den Amerikanern in ihrer Unabhängigkeitserklärung ausgeschrieben, der Anspruch auf Glück erreichte rund zweihundert Jahre später das Postulat einer verdammten Pflicht und Schuldigkeit. Und ausgerechnet in der »Institution zur Lähmung des Geschlechtstriebes« soll sich dieses Recht realisieren. In Permanenz und immer subito.

Das konnte nicht gutgehen. Das ging auch nicht gut. Im monogamen Lustgemach begegnen die gepaarten Glücksritter einander je länger desto eher gereizt, frustriert, ertappten Schwindlern gleich. Beide wissen genau, wie man es machen muß, und wissen zugleich, der andere weiß das auch. Erwartete Feuerwerke, die nicht losgehen, strapazieren und enttäuschen mehr als ehrlich eingestandene Müdigkeit.

Was tun? Viel fiel den Monogamieverfechtern ein, um dem strapazierten Bund neue Glanzlichter aufzusetzen. Ein Licht zum Beispiel, eines der vornehmeren, hieß, liberal zu sein, freizügig, offen. Und einer, von dem man das nie vermutet hätte, wie schon erwähnt, setzte sich dafür ein. Der kompromißlose Sozialrevolutionär, der gleichwohl nach den Regeln der Gesellschaft, die er zu erneuern gedachte, vorbehaltlos geheiratet hatte: Rudi Dutschke, den einen als antiautoritärer Anarchist verdächtig, den anderen ein Gewissen der außerparlamentarischen Opposition. Der Anarchist mit dem Mönchsgesicht wollte die Ehe als Besitz am anderen Menschen aufgehoben wissen. Auch die Frau, bis dato, wie er meinte, »totales Objekt des Mannes«, wollte er in einem revolutionären Transformationsprozeß verwandelt sehen zu jener Frau, in der sich der Mann wiedererkennen könne und die ihm ihrerseits keine Schwierigkeiten mache, weil sie sich die gleichen Rechte nehme. Es ging ihm darum, daß der Mensch seine Sexualität endlich als ungeschmälerte Lust erleben könne, daß die frigide Gesellschaft heraustrete aus den Zwängen. Das könne monogam ebenso stattfinden wie promiskuitiv.

Derart sprach Dutschke damals in jener wilden Zeit der verwilderten Jahre Mitte der Sechziger. Jahre, von denen manche Zwanzigjährigen heute sagen könnten: Was waren unsere Alten doch für geile Typen.

In der Tat, die geilen Typen ließen nichts aus, um ihre alten Ehen aufzumöbeln, ohne sie dadurch gleich zu gefährden. Die Einsichtigeren jedenfalls wollten das mit durchaus ehrlichem Bemühen. Und manche(r) will das heute noch, wie der Wiener Schlawiner André Heller singt:

> *Daß der Engel in dir den Teufel in mir*
> *nicht zu Tode langweilt …*

Daß der Pfeffer der Promiskuität die tägliche Hausmannskost rosenscharf würzt.

Aber nun sollten, im Unterschied zur üblichen Fremdgängerei von vorgestern, Eros und Ehe gleichermaßen kultiviert oder befreit werden. Also hieß die neue Variante: zusammen fremdgehen. Pikanterien und Delikatessen zu dritt, zu viert, in Gruppen. Exzessive Experimente in nicht ganz qualfreien Sex-Kommunen oder bürgerlicher im Bekanntenkreis hinter geschlossenen Gardinen. Wo aufgeschlossene Freunde oder Nachbarn fehlten, kündeten Kleinanzeigen von »gleichgesinnten Ehepaaren«, die ebensolche zwecks Kontaktaufnahme suchten, manchmal sogar fanden. Das und manches Kuriose mehr wurde wild durchexerziert.

Doch leider wich die erwartete Ekstase beim Gruppensex auf muffigen Matratzenlagern überwiegend der Ernüchterung, dem Katzenjammer, bestenfalls der Einsicht: Auch die totale sexuelle Ungebundenheit bietet am Ende dem Trieb weder Auftrieb noch jene Abwechslung, die sich die Phantasie versprochen hat. Auch gemischte Doppel en masse enden in Banalität oder in herzzerreißenden Konflikten.

Und diese Negativ-Bilanz ist nun keineswegs generationstypisch oder etwa das Merkmal verbohrter Bourgeois-Moral, die sich am Morgen danach bitter rächt. Sogar freisinnigste Freiheitsapostel werden von jenem Übel gepeinigt, von jenem Laster heimgesucht, daß sie an anderen als Spießerattitüde geißeln: Eifersucht. Die Kronzeugin solcher Heimsuchung war und ist bis heute die unübertroffene Chef-Propagandistin der ›freien Ehe‹, wie sie selbst ihre mehr als fünfzig Jahre dauernde Beziehung gerühmt und allen Geschlechtsgenossinnen (vor allem jüngeren) als Muster einzigartiger Weibserfüllung empfohlen hat. Simone de Beauvoir, Rebellin aus geistiger Leidenschaft, wußte auch um den Lohn solcher Entscheidung: *Die Liebe wird um so wahrer sein, je mehr die Frau zu einer gleichwertigen Gefährtin des Mannes wird und je vollkommener sie ihn begreifen kann.*

Begreifen aber soll sie ihn in freier Freundschaft und nicht im gesegneten Zwangsverhältnis, das die Frau erniedrige. Schon als Studentin (um 1925) fand die Großbürgers-Tochter den legalen Bund »peinlich« und »obszön«, weil das materielle Tauschprinzip die Liebe ersetze, die im Pflichtkorsett die Schwindsucht bekomme.

Frankreichs femme savante wußte, was sie sagte. Sie hat die Probe aufs Exempel, hat das von keinem Gesetz geschützte Konkubinat wenn auch nicht populär, so doch berühmt gemacht. Sie hat auf alle sozialen Sicherheiten verzichtet, um des genialen Monsters Gefährtin in Freiheit zu sein – weil er das wollte. Erfolg ihrer Großmut: »Etwas in meinem Leben ist mir zweifellos gelungen: mein Verhältnis zu Sartre.«

Die Kardinalfrage indes für alle Interessierten muß bei Beginn eines solchen Experimentes offen bleiben: Kann die ständige Begleiterin in Freiheit die Liebe lebendig und das Sinnenglück vital erhalten, vielleicht auch fünfzig Jahre lang, ohne Krampf und faulen Kompromiß?

Simone, ehrlich in der Selbsterkenntnis, blieb die Antwort nicht schuldig. Zu Beginn ihrer Beziehung sei das Sexuelle packend, für sie offenbarend gewesen, dann aber abgeflacht, und Wesentlicheres habe sich statt dessen konstituiert bis zum Ende. Gleich zum Auftakt, da haben sie ihren Pakt geschlossen, einander nie zu belügen, sich keiner Konvention zu beugen, sich erotische Abenteuer nebenbei nicht zu versagen und einander die Freiheit einzuräumen, auf die Sartre nicht verzichten mochte. Großzügig akzeptierte Biber das Konzept der Offenheit, war aber dann doch zutiefst verstört, als er praktisch nutzte, was sie als Theorie verstanden hatte; als er mit Genuß und Gefühl vollzog, was für sie nur ein Gedanke war.

Sie mußte mit sich ringen, den Schmerz zivilisieren. Und es gelang ihr nie, so oft sich die Affären wiederholten. Das taten sie, beständig, meist mehrere zur gleichen Zeit. Und meist mit Jüngeren. »Jeden Tag, an dem ich mich mit Olga verglich, wurde ich an mein Alter erinnert.« So Simone über sich, als sie dreißig war. Der Verstand argumentierte kühl. Vernunft plädierte für Verständnis. Das Herz tat weh. Tapfer trainierte die Freundin der Weisheit das Prinzip Toleranz und blieb doch nie vor Verletzungen gefeit. Obwohl sie niemals eifersüchtig sein wollte, gestand sie schließlich, es gebe etwas an der Eifersucht, das vollkommen gültig sei: *Wenn A mit B etwas erlebt hat, und B erlebt das gleiche mit Z, wird sich A ausgeschlossen fühlen; etwas Gemeinsames zerbricht, etwas Unersetzliches wird zerstört.*

Trotzdem ließ sich ›Notre-Dame de Sartre‹ nicht entmutigen, geschweige zum Abbruch der Beziehung hinreißen. Auch bei der ärgsten Enttäuschung nicht. Sie war, unvermindert vernünftig, zu jeder Konzession bereit. Und zum Lernen. Sehr spät erst (etwa mit vierzig) hat sie die Lust zum fremden Herrn entdeckt. Und dann sehr lange nicht davon lassen mögen. Wenn Simone mit einem ihrer Auserkorenen zusammenlebte, gab es keine Schwierigkeiten. Sartre, schreibt ihr Biograph Axel Madsen, »besaß eine seltene innere Unabhängigkeit, er empfand keine Eifersucht«. Umgekehrt kam Simone nie von ihrem Besitzanspruch los und wurde noch jedesmal auf das heftigste gebeutelt. Aber sie hat es ausgehalten.

Die Dauer-Dyade konnte dauern und auch das letzte Drama überstehen, als Sartre die Tochter-Geliebte Arlette vor allen anderen privilegierte. Gebannt war das Problem der gewissen Treue freilich erst, als es sich mangels Dampf auf natürliche Weise von selbst auflöste.

Eine Lösung auch für Leute, die weniger erwählt, vor allem weniger vernünftig sind? Bei aller Libertinage, die das hohe Paar sich lebenslang geleistet hat, sollte doch eines nicht unterschlagen werden: Die beiden hatten über den Tod hinaus eine ganze Menge mehr und für sie Wichtigeres gemeinsam als nur das Bett und was man darin anstellen kann. Dieses gemeinsame Potential dürfte wohl das entscheidende Bindemittel sein, das gerade auch die Zerreißproben libidinöser Fremdgänge aushält. Wobei die Wechselwirkung von erotischer Anregung durch neue Reize und geistiger Mobilität im Miteinander nicht unterschätzt werden sollte. Das wissen wir doch, wie sehr ein Feuer im Leib die Lebensgeister bewegt.

Aber Feuer kann leider auch gefährlich werden. Tatsächlich haben jene Paare, die ihre silberne, gar goldene Hochzeit erreichen, sich weitgehend in Bescheidung eingerichtet und selten bis nie oder nur heimlich mit dem Feuer gespielt. In der Lust genügsame Leute, das sind die erfolgreicheren Ehemeister.

Eine gewisse Abgeklärtheit, Souveränität und Distanz zueinander bewertet denn auch die Berliner Psychologie-Professorin Eva Jaeggi als wesentliche Faktoren für langwährende Beziehungen. Sie plädiert für ein variables Partnerschaftsverhalten. Der Clou ihrer Lebenshilfe, der so neu nicht ist: Nicht schwärmerische Passion, nicht dramatisches Kampfgetöse, sondern verständnisvolle Freundschaft sei entscheidend. »Vielerlei kann hier Platz haben«, meint Eva Jaeggi unmißverständlich, »unter anderem auch der Verzicht auf eheliche Sexualität.«

Das hört sich hart an, gehört aber mehr oder minder zum Ehealltag nach längerer Zeit. Und die miteinander altgewordenen sind es (oft) durchaus zufrieden. Philemon und Baucis bumsen nicht.

Es soll auch flotte Alte geben, die ihren Spaß im Lotterbett behalten. Gewiß. Doch sollte die Wahrheit nicht verschleiert werden, die da trotz gelegentlicher Aufschwünge insgesamt heißt: In langjährigen Lieben ist libidinös nicht viel los. Übereinstimmend bestätigen diverse Umfragen, Untersuchungen, Reports: Wer seit zehn bis fünfzehn Jahren (und länger) zusammenlebt, hat mit Sex nichts mehr im Sinn oder eine geruhsame Route gefunden oder sowieso nie sonderlich über die Stränge geschlagen. Weniger als zehn Prozent meinen, daß ein erfülltes Sexualleben ihre Zweisamkeit zusammenhält. Mehr als neunzig Prozent nennen andere Pluspunkte. Dazu gehören Kriterien, die man früher der sogenannten Kameradschaft zuerkannt hätte: Durch dick und dünn gemeinsam alle Schwierigkeiten meistern, zusammenhalten und sich stets aufeinander verlassen können.

Ein Fazit, das so nüchtern klingt wie wenig einladend für sexbesessene Feuerteufel: In langjährigen Ehen herrscht Langmut bis Langeweile. Der Trieb hat sich getrollt. Aber offenbar ist genau das eine gewisse Gewähr für Beständigkeit. Und gerade für die vielgeforderte Frau, die ehrgeizig ihre Laufbahn verfolgt, keine fade Aussicht. Im Gegenteil, eher verlockend. Wer draußen ohnehin strapaziöse Streß-Sachen im Job-Theater laufen hat, will nicht auch noch drinnen Zirkus en suite und immerfort die liebestolle Lola bringen. Da möchte etwas Muße schon gern sein.

So gesehen hat Isadora Duncan, die wilde entfesselte Tänzerin, wahrscheinlich nicht den schlechtesten Kompromiß gefunden: Erst allein auf allen Tischen tanzen und sich dann zu zweit an einen setzen. Auf gut altdeutsch gesagt: Erst getrennt die Hörner abstoßen und dann zusammen die ruhige Kugel schieben.

Zumal Männer (allgemein) gar nicht so selten den Standpunkt vertreten: *Immer müssen macht auch nicht glücklich*. Solche Herren begrüßen die Ehe als beschaulichen Port mit der genehmen Aussicht: Was lange währt, wird endlich still. Wenn man einigen Prominenten glauben darf, setzt so mancher ab einem gewissen Alter auf einige Abstinenz. Sagte Karl Lagerfeld, King der Couturiers: »Ich bin nicht vom Sex besessen. Ich habe alles ausprobiert, nur um zu wissen, daß es nichts für mich ist.« Oder Altmeister Yves Montand: »Ich denke, ein verheirateter Mann darf zwei oder drei Affären haben. Aber drei ist das absolute Maximum, sonst fängt er an zu betrügen.« Und Senior-Star Omar Sharif: »Ich wünschte, ich wäre impotent. Ich habe genug Frauen gehabt. Wer will da schon noch mal durch.« Kleindarsteller Mickey Rourke befand sogar im mittelreifen Alter von vierunddreißig Jahren: »Ich mache mir nichts mehr aus Sex. Ich ziehe Motorräder vor.«

Und wie nun hielt es Rose Maar mit ihrer doch so unbändigen Fleischeslust?

Sie gab ihr nach, gönnte sich alles, Techtelmechtel, Tändeleien. Und mit gehörigen Unterbrechungen den Fortsetzungsroman zwischen Rose Maar und Harald Held. Sie vergleicht diese Affektion mit *Tristan und Isolde*. Die erste große Liebesgeschichte der westlichen Welt sei die Geschichte einer Revolte gewesen, einer Verweigerung in ihrer Zeit. In ihrer Liebe habe dieses hohe Paar gegen alles Vorgeschriebene rebelliert, gegen die sozialen Gesetze, gegen die religiösen und moralischen Gebote, gegen die Reglements von Rittertum und Minnedienst. Sie schleuderten die Herausforderung ihrer Liebe einer ganzen Gesellschaft entgegen. In dieser Rebellion, gesteigert durch die immer wieder auferlegten Trennungen, sei die Liebe lebendig geblieben. Ähnlich, wenn auch ins Profane übertragen, habe sie auch empfunden und die Überzeugung gewonnen:

Eine Person, die sich allzu beflissen der Gesellschaft
> *anpaßt,*
sich deren Gesetzen fügt, kann Liebe womöglich nie
> *erfahren.*

Die illegitime Intimität, solange Harald verheiratet war, währte drei Jahre. Dann trat wieder eine Trennung dazwischen, als Rose Maar, die eben nie *nur Nebensache*, nur seine heimliche Geliebte nebenbei sein wollte, einem Ruf nach Nahost folgte, danach diverse Stationen in fernen Gefilden.

Im Umbruch der späten sechziger Jahre wurde Harald Helds Ehe geschieden, weil die Frau es wollte, nicht er. Als Rose Maar Anfang 1970 in Westdeutschland landete, um hier allmählich etwas seßhafter zu werden, um sich einen beständigeren Boden für das kommende Alter zu planieren, war die Wiederbegegnung mit ihm nicht mehr zufällig. Auch er liebäugelte mit einer gründlichen Veränderung seiner Existenz. Bis dahin auf kaufmännischem Feld tätig gewesen, mehr wider Willen und nie mit Begeisterung, wollte er noch einmal umsatteln, noch einmal das ganz andere wagen.

Da kam, er sagt, »wie ein Geschenk des Himmels« die Tänzerin Maar genau im richtigen Moment. Sie fanden ihre Liebe, was Wunder, unverbraucht. Sie taten sich zusammen, ganz legal mit Trauschein und Brimborium, gründeten gemeinsam eine Tanzschule (nachdem er sich in einem Schnellehrgang hatte ausbilden lassen) und schwärmen beide vom Zauber der Metamorphosen, der ihr Leben so variationsreich begleitet habe. Die Tanzschule wurde mittlerweile (nach zwanzig Jahren) auf jüngere Leute übertragen. Sie beide begnügen und vergnügen sich nur noch mit der gelegentlichen Leitung von Tanzgruppen für alternde Paare. Darüber hinaus aber achten sie auch im hohen Alter noch darauf, im Miteinander nicht einzurosten. Man müsse ständig auf Trab bleiben, sich etwas einfallen lassen, die Phantasie bemühen gemäß jener Formel, wie sie Friedrich Dürrenmatt formuliert hat:

Ehe ist immer ein Kunstwerk, ein kreativer Akt.

Und was Tristan und Isolde betrifft, da meint Rose Maar: »Wer sagt denn, daß die beiden ewig japsen müssen?« Sie räumt aber auch ein, daß die Gewöhnung ein alles erstikkender Staubhauch sein könne, vor allem wenn er sich auf den Elan noch junger Leute ablagere; ein heimtückischer Widersacher, gegen den es unablässig zu improvisieren gelte. Und natürlich hält sie ihre Machart für die beste Methode: Wer lange genug ungebunden durch die Welt (Männerwelt) gewirbelt ist, wird in reiferen Jahren etwas Ruhe sehr begrüßen. Ihr Fazit nach zwanzig Jahren, die sie nun immerhin auch schon verheiratet ist: Sehr viel Nähe braucht auch sehr viel Distanz.

Eros im schwarzen Rock
Monika Kramer und Pater Theodor

> Das Gesindel lebt sich aus,
> und wir müssen entbehren.

Als Mädchen hat sie lange dem Gedanken angehangen, Nonne zu werden. Eines Tages ins Kloster zu gehen, dem Irdischen entsagend, einzig dem Heiligsten geweiht, altersgrau und doch jungfräulich zu Grab getragen, ruhend in Gott und sonst gar nichts – das schien ihr in jungen Jahren der Inbegriff des für sie bestimmten, erfüllten Lebens zu sein.

Es ist alles ganz anders gekommen.

Sie war ein frommes Kind, 1941 in einem weltabgeschiedenen kleinen Kaff geboren, wo jeder jeden kennt und Hochwürden der Hauptmann der Gemeinde ist, streng katholisch erzogen zwischen Beichte, Buße und Gebet, sittsam sündenbewußt, ein folgsames Kind. Die Schwärmereien, Exaltationen, die Hingabe des jungen Herzens galten der Madonna. Sie himmelte die Gottesmutter an, natürlich auch den Herrn Jesus, den Himmelsbräutigam. Sie sei damals sehr »nicht ganz von dieser Welt gewesen«, sagt sie, Monika Kramer (der Name ist geändert).

Mit vierzehn, fünfzehn Jahren begannen die Gleichaltrigen in ihrer Umgebung sich merkwürdig zu benehmen. Dieses Schäkern, Anbändeln, Anmachen, dieses zunächst zögernde, immer etwas peinliche, von Zoten begleitete Geschlechterspiel mißfiel dem Mädchen Monika. Sie fand die Begleiterscheinungen teils albern und primitiv, teils auch obszön und ziemlich niedrig, den Tieren gleich. Liebe, ja, wenn es denn Liebe wäre, müßte etwas sehr Hehres sein, dem Himmel nah und fast schon Gottesdienst. So anspruchsvoll empfand, so weltfremd dachte sie.

Rein bleiben und reif werden – das war es, das war wie in ihr Herz graviert.

Sie merkte wohl, daß man ihr mit einer gewissen Geringschätzung begegnete, sie für etwas verschroben hielt, vielleicht auch zickig oder scheu. Zwar galt sie unter Erwachsenen, die nach heiratswürdigen Töchtern für ihre Söhne Ausschau hielten, als anständiges Mädchen, hätte sich also mühelos vermählen können, und zwar materiell sehr gut. Doch unter ihresgleichen, den heranwachsenden Mädchen und Jungen, stand sie recht abgesondert da. Das bekümmerte sie aber nicht sonderlich, unterstrich eher noch ihren Status, im Essentiellen das Besondere zu meinen. Sie hätte sich fast schon damit abgefunden, eines Tages vielleicht doch eine ehrbare Ehefrau und produktive Familienmutter zu werden, um einen anerkannten Platz in der Welt einzunehmen. Aber just zu diesem Zeitpunkt traf sie, wie sie es damals verstand, verstehen wollte: »ein Wink des Himmels«.

Einem geist- und sinnsuchenden Mädchen mitten in der muffigen Ära der Adenauerzeit (den fünfziger Jahren), noch dazu in einem kleinen erzkatholischen Kaff, bot sich als Ort nur die Kirchengemeinde. Ohnehin gläubig engagiert, war Monika dort vielfach tätig in Kinder-, Jugend-, Bibel- und sonstigen Gruppen. Der hauptamtliche, bereits altersgraue Priester schätzte die fromme Tochter. Für die jungmännlichen Belange der Gemeinde setzte er auf einen jungen Theologiestudenten, Sohn des Ortes, Kriegswaise, der sich dem Pfarrer als einer Art höherem Vaterersatz zugehörig fühlte, stark von ihm beeinflußt wurde. Theodor Toepfer (der Name ist geändert), geboren 1935, hatte früh schon sein Leben Gott geweiht und wollte den Kirchendienst mit seinem Einsatz als Geistlicher bereichern. Während der Semesterferien und jeder freien Zeit wohnte er im Pfarrhaus und machte sich dort unter der Ägide seines Ersatzvaters nützlich. Einheimische Männer überragte er um Haupteslänge und war auch sonst wohlgefällig anzusehen, äußerlich.

Es blieb nicht aus, daß sie einander recht regelmäßig trafen, miteinander zu tun hatten in der Jugendarbeit, bei Wanderungen, Spielkreisen, Kirchenfesten. Und da begab es sich, daß sie bei einer gemeinsamen Exkursion (sie sollten einen Zeltplatz inspizieren) auf dem Rückweg zu zweit gegen Abend in ein Gespräch gerieten, das sich – für Monika – mit keinem anderen Gespräch sonst vergleichen ließ. Nicht, was sie sprachen (über Gott und die Welt und auch das eigene kleine Selbst), war entscheidend, sondern wie: »als würden wir einander die Türen ins Innerste öffnen«.

Sie saßen auf einer Anhöhe unter Kastanien, sahen vor sich das dämmernde Land, sahen die Sonne untergehen, die Nacht heraufsteigen. Und von da an war für Monika nichts mehr, wie es vorher war. Als sie ihm von ihrer Beziehung zur Muttergottes erzählte, in bewegenden Worten wahrscheinlich, hat er sie, wohl mehr im Scherz, ›meine kleine Madonna‹ genannt. Für sie aber war das kein Scherz. Sie wußte von diesem Augenblick an, daß kein anderer Mann ihr jemals etwas würde bedeuten können, nicht einmal vernünftiger- oder profanerweise. Sie fühlte sich, ausgelöst durch dieses abendliche Seelengespräch, ohne die geringste unkeusche Regung, wie sie sagt, ohne jeden unsittlichen Gedanken – mit Theodor vermählt, auf eine übersinnliche Weise, versteht sich. Vor dem Antlitz Gottes Mann und Frau.

Von nun an wußte sie, was sie sollte (oder wollte). Sie richtete ihre Ausbildung konsequent daraufhin aus, als eine jener unentbehrlichen weiblichen Kräfte im Kirchendienst tätig sein zu können. Unauffällig, aber zielstrebig suchte sie danach, in seiner Nähe beschäftigt zu werden. Er hatte mittlerweile promoviert, eine recht einflußreiche Position in einem kirchlichen Institut erreicht. Und sie hatte es über mehrere Etappen allmählich geschafft, erst in derselben Institution, dann in seinem Büro angestellt zu werden als Sekretärin, Korrespondentin, Managerin, Gemeindereferentin, als seine rechte Hand.

Nun, Mitte der sechziger Jahre, waren sie täglich zusammen. Ihre Zwiegespräche hatten nichts von der Leuchtkraft eingebüßt. Das gegenseitige Vertrauen vertiefte sich. Monika fühlte sich immer mehr mit ihm vermählt, auf überirdische Weise, versteht sich.

Aber das ›Unkeusche‹ rumort störrischer, als selbst der

geistlichste Mensch meinen mag. Es begann allmählich, sehr unverdächtig zunächst. Gewisse Blicke, gewisse Gesten, eine wie zufällige Berührung, eine Umarmung aus herzlicher, um Gottes willen nicht fleischlicher Rührung. Sie gewöhnten sich an solche Vertraulichkeiten, die freilich mit der Zeit – es handelte sich schließlich um zwei ausgewachsene, geschlechtsreife Menschen – ein Begehren entfachten, welches im Zölibat nicht vorgesehen ist. Als sie das Stadium der Küsse erreicht hatten, beschwichtigten sie sich noch mit raffinierten Reden von Bruderkuß, Friedenskuß und daß Jesus aus Nächstenliebe auch geküßt habe. Pater Theodor und seine kleine Madonna entwickelten eine derart ausgefeilte Strategie religiöser Rechtfertigung ihres triebhaften Tuns, daß sie sehr allmählich in kaum wahrnehmbaren, doch stimulierenden Steigerungen in das Stadium des Petting hineinglitten, woselbst sie über eine lange Weile verweilten, oft genug unterbrochen von Zeiten der Enthaltsamkeit aus Gewissensgründen in der besten Absicht, nun aber endlich wieder rein zu werden. Was allerdings das Begehren beiderseits erst richtig zum Kochen brachte. Bis es sich nicht mehr halten ließ. Und als sie schließlich nach drei Jahren solcher verzögernd hinhaltend aufreizender Lustbarkeit doch nicht anders konnten, als den Koitus zu vollziehen, da war ihnen das wie eine Offenbarung, als habe Gott persönlich sie gesegnet.

Sie hatten, ohne es zu wollen, eine Methode der Lustpotenzierung gefunden, das Verlangen zu erhitzen, in Glut zu halten, in immer höhere Hitze zu treiben, um die sie jedes sinnenfrohe Monogamiemitglied beneiden möchte. Und Monika erinnerte das Sprichwort:

> *Wer mit dem Teufel frühstücken will,*
> *muß einen langen Löffel haben.*

Den hatte sie und die diabolischen Komplizen des Vergnügens dazu, die einen Katholiken arg beuteln können. Schlechtes Gewissen ist nur eine Metapher. Wenn es stimmt, was manche Experten behaupten, dann können Schuldgefühle dem Sex erst den richtigen Pfeffer geben.

Aber der Pfeffer seinerseits würzt desto schärfer das Sündenbewußtsein. Sie wurden beide, Monika wie Pater Theodor, in Seelenängste versetzt, die das verheißene Fegefeuer vorwegfabulierten. Hatten sie nicht doch ihren Gott beleidigt mit dem schandhaften Treiben, das sie selbst freilich als geheimnisvolle Vereinigung im Höchsten erlebten – Unio mystica. Die Heilige Hochzeit. Als sei Gottes Atem in sie gefahren und habe die Himmel geöffnet und sie herausgerissen aus der Erdenfron. Einerseits konnte Monika sich nicht vorstellen, daß dieses beseligend ekstatische Gefühl des Teufels sein sollte. Doch andererseits wurde sie und der Pater erst recht vom Schuldkomplex derart geschüttelt, daß sie sich zerrissen fühlten zwischen gipfelgleicher Hochstimmung und tiefster Zerknirschung. Denn war nicht ihr Gott ein zürnender, rächender Herr, eifersüchtig jeden Fehltritt und Abfall von der ausschließlichen Anbetung verfolgend? Der moralische Masochismus hielt sie gepackt, gebannt von kaum abzuschüttelnden Ängsten, was sie dann allerdings auch wieder um so heftiger einander in die Arme trieb, weil nur sie beide ihre Not kannten und nur einander Trost gewähren konnten. So geriet ihre wilde Ehe immer auswegloser in einen wütend bewegten Wirbel, was Monika zu der Schlußfolgerung führte:

Zu lieben bedeutet, zwei zu bleiben bis zur Zerrissenheit.

Um aus einer Sackgasse herauszukommen, muß man eine andere wählen. Heuchelei, Selbstverleugnung, Selbstbestrafung, Doppelmoral – die Strategien variieren. Der Überbau bleibt sich gleich, wie ihn beispielsweise der britische Philosoph Bertrand Russell charakterisiert hat als »schwarzberockte Ehrbarkeit«.

Der Bürger am Ausgang dieses Jahrhunderts mag sich frei wähnen vom rigiden Reglement, das seine Vorfahren zur Zeit einer Queen Victoria, eines Krupp, Bismarck, Sigmund Freud in arge Bedrängnis gebracht haben mochte. Im orthodoxen Milieu indes waltet auch heute noch unvermindert der manichäische Moralkodex, demzufolge der Pfahl im Fleisch zu verachten, der Trieb zu unterdrücken, die Begierde zu kultivieren sei. Wenn jemand wie etwa die bundesdeutsche Theologin Elga Sorge den ›Ehebruch in Gottes Namen‹ empfiehlt und rechtfertigt, dann wird ihr (1989) kirchenbehördlicherseits der Prozeß gemacht. Da nützt es auch dem Pater Theodor nichts, sophistisch zu argumentieren:

Liebe ist die Krankheit, die gepflegt, nicht geheilt werden will.

Wo Liebe zum Verrat am Zölibat verführt, drohen die Furien heiliger Verdammnis mindestens so fürchterlich wie bei Beleidigung der Dreifaltigkeit oder bei sonstiger Todsünde. Dem Gläubigen ist Todsünde bereits das minder schlimme Delikt, sich außerhalb der Ehe libidinös zu tummeln. Sogar sündige Gelüste, die lediglich in Gedanken ihre Veitstänze vorführen, ausschließlich in der Phantasie ihre Bocksprünge vollbringen, können die bedrängte Kreatur in tiefste Zerknirschung stürzen. Der tolle Bismarck hat von solcher Verzweiflung Kunde gegeben. Sein Zeitgenosse William Edward Gladstone (1809–1898), der nicht weniger erfolgreich englische Premierminister, griff sogar zur Peitsche, um sich selbst zu geißeln ob seiner sexuellen Sehnsüchte, die er im Ehebett allein nicht zu stillen imstande war.

Die Gattin nämlich, seine sehr geliebte Catherine, konnte zu oft seine drängenden Gelüste nicht befriedigen, aus Gründen, die er selbst verursacht hatte: Sie wurde immer wieder schwanger. Und er hielt es nicht für gegeben, diese unliebsamen Umstände seinerseits zu verhindern. Statt dessen richtete er aus scheinbar philanthropischen Bemühungen sein Augenmerk und einige eifrige Missionsarbeit auf Prostituierte, die zu retten er sich anschickte, die freilich mehr noch seine sexuellen Phantasien auf das äußerste stimulierten, was ihm herzzerreißende Gewissensqualen bescherte und seitens seiner politischen Gegner den Vorwurf: »Er weiß seine missionarische Emsigkeit mit seiner glühenden Wertschätzung eines hübschen Gesichts zu verbinden.« Aber man habe noch nie gehört, daß Gladstone auch nur eine einzige Dirne vom East End gerettet hätte.

Die Ehe, auch wenn sie aus Liebe zustande kam und in

Liebe fortgesetzt wurde, bewahrte ihre Gefolgsleute keineswegs vor der sittengefährdenden Herrschaft des Fleisches. Sie brachte vielmehr manchen wie etwa den gescheiten Spötter George Bernard Shaw zu der Erkenntnis, die Ehe sei die liederlichste aller Institutionen. Hinter ihrer Fassade des Wohlanstands erlaube sie, heimlich zu tun, was man offiziell zu lassen hatte, beispielsweise reihenweise Dienstboten zu schwängern und sich der ›gefallenen Mädchen‹ dann mit Entrüstung zu entledigen. Die feinen Leute und gebildeten Kreise wiederum pochten auf ihre Ehrbarkeit, gaben vor, sich die gemeinen Freuden tunlichst zu versagen, reagierten den tierischen Trieb in Arbeitswut und Bigotterie ab, hielten die Verdrängungspraktiken für Kultur und riskierten so neurotische Leiden mit allen Folgen von Übellaunigkeit, Herrschsucht und ehelichem Ungemach.

Das Gesindel lebt sich aus und wir entbehren…

So schrieb nicht ohne gewissen Neid ein eifersüchtig reizbarer, gebieterischer Liebhaber am 29. August 1883 an seine junge und damals auch von anderen sehr umworbene Braut Martha Bernays. Sigismund Schlomo Freud, so hatten die Eltern den Knaben genannt, gebrauchte das abfällige Epitheton *Gesindel* sein Leben lang, vorzugsweise um eine rare Elite, zu der er sich zählte, vom triebbesessenen Mob abzugrenzen. Schön und erhebend sei das nicht, erklärte er seinem keuschen, kapriziösen Mädchen Martha, wie sich das gemeine Volk vergnüge. Sie dagegen, die gebildeten Bürger, sie entbehrten, um sich ihre Integrität zu erhalten. »Wir heben uns für etwas auf, wissen selbst nicht für was – und diese Gewohnheit der beständigen Unterdrückung der Triebe gibt uns den Charakter der Verfeinerung.«

Das Paradoxon des schwarzberockten Eros hätte dieser Freud an sich selbst studieren können. Die Gewohnheit der beständigen Verdrängung der Triebe mag vielleicht manches an ihm verfeinert haben, zeitigte aber auch einen eklatanten Verlust. Der als Entdecker des Unbewußten und Diagnostiker der Seele weltberühmt gewordene Nervenarzt, privat so prüde wie autoritär, gestand schließlich von sich selbst: »Die sexuelle Erregung ist für einen wie ich nicht mehr zu brauchen.« Da war er, mittlerweile mit Martha verheiratet, vierzig Jahre alt und gab den Geschlechtsverkehr bald für immer auf, um fortan nur der süchtigen Ersatzbefriedigung des Kettenrauchens zu frönen, weshalb »ich natürlich auch bei meiner Hausfrau nicht den Ruf der größten Nettigkeit genieße«, wie er einmal gestand (in: *Die Traumdeutung*), und sich im übrigen mit Arbeit zu betäuben, vierzehn bis sechzehn Stunden täglich während seiner langen produktiven Zeit. Seine homoerotischen Neigungen hat er verdrängt. Doch seine Doktrin, derzufolge Sexverteufelung und Unterdrückung der Libido den Menschen neurotisch, krank, kriminell machen könne, seine Botschaft verbreitete sich über den Globus. Prompt entwickelte sich eine neue umgekehrte Heilslehre: Befreiter Sex macht Menschen froh, glücklich, gut.

Vorausgesetzt, der Mensch vermag sich zugleich der moralischen Fesseln, der Gewissensketten zu entledigen. Pater Theodor vermochte das nicht und blieb doch in sündhafter Verstrickung seiner Madonna verfallen. Da aber der liebe Gott in seinem unerforschlichen Tun das schandhafte fleischliche Treiben unabdingbar mit der Fortpflanzung des Menschengeschlechts verknüpft hat, blieb Monika die kreatürliche Konsequenz nicht erspart und dieselbe ausschließlich an ihr hängen.

Daß der sündenbeladene Mensch, wenn er denn schon in Dreiteufelsnamen den verdammten Geschlechtsakt vollführt, keinerlei Praktiken zur Folgenverhinderung veranstalten darf, dieses Gebot hat der gläubige Pater folgsam eingehalten. Zölibatär oder nach Art Onans oder auf die feinere französische Weise verkehrt hat er nicht. Prompt wurde Monika schwanger. Abtreibung kam so wenig in Frage wie die Angabe des Erzeugers. Theodor war schließlich der Gottesmann, dessen Integrität Monika zu schützen hatte, wie sie meinte. Also suchte sie allein, ohne seinen Beistand, heimliche Wege, die Schande zu vertuschen. Ohne irgendwem irgend etwas zu verraten, begab sie sich rechtzeitig, ehe ihr Zustand entdeckt werden konnte, in die Obhut eines weit entfernten frommen Hauses, wo ›gefallene Mädchen‹ ihre Niederkunft hinter verschwiegenen Mauern bewerkstelligen können, um anschließend gleich das Kind zur Adoption freizugeben. Das Geheimnis bleibt gewahrt.

Allerdings war dabei mit Monika eine Veränderung geschehen. Durch den Akt der Geburt fühlte sie sich nun noch unlösbarer mit Pater Theodor verbunden. Andererseits sehnte sie sich verzehrend nach diesem Kind, das irgendwo lebte, wovon sie aber nichts wissen, auch nie danach forschen durfte. Das unbekannte Kind, das sie doch geboren hatte, das doch das Unterpfand dieser außerordentlichen Liebe war, hielt ihre Emotionen derart besetzt, daß sie zwei Jahre später einen mutigen Entschluß faßte, wiederum allein. Bei der zweiten Schwangerschaft war sie nicht mehr bereit, das Kind zu opfern, um des Erzeugers geistlichen Status zu retten. Sie wollte das Kind gebären und leben lassen in aller Offenheit, wollte sich zu diesem Kind bekennen und hoffte insgeheim, der Vater wollte das auch.

Wenn ein gekröntes Oberhaupt bereit ist, ein Königreich herzugeben für eine Frau, sollte ein irdisch liebender Priester wohl auch ein Gottesreich opfern können, möchte man meinen. Prinz Charming alias King Edward hat es getan. Pater Theodor blieb in seinem respektablen Amt. Und Monika rechtfertigt ihn noch heute in Gottes Namen. Ihm drohte immerhin ein Disziplinarverfahren, Exkommunikation und Verlust sämtlicher Bezüge, das Prestige des Priesters sowieso. Und da die Kirche ihren amtierenden Hirten weder Renten- noch Arbeitslosenversicherung zahlt, stünde er bei fristloser Entlassung ungeschützt und ungesichert in einer ihm fremden Arbeitswelt. Könnte sie solche Opfer verantworten? Sie konnte und sie kann es nicht.

Enttäuschungen faszinieren zuweilen ungemein. Monikas Liebe blieb nicht nur unerschütterbar. Eher wuchs die Liebe noch, wenn das überhaupt möglich ist. Man möchte vermuten, daß sie ihrem Theologen hörig war und ist. Aber wer will da die Grenze ziehen zwischen seelisch durchsetzter Lustbarkeit und dem, was die übliche plumpe Gebrauchsmenschheit gemeinhin Liebe nennt. Von dieser aber haben keineswegs die Dümmsten behauptet, daß sie, die Liebe, der ideologische Knochen sei, den man Frauen vorwerfe, um sie am Trog und unter der Knute zu halten, um sie von ihrer Machtlosigkeit im Leben abzulenken. In diesem Sinn resümierte George Bernard Shaw (in: *Man and Superman*) seine Erkenntnis in einem Satz:

Die Verwechslung von Ehe mit Moral hat mehr dazu beigetragen, das Gewissen des Menschengeschlechts zu zerstören, als das je einem einzigen Irrtum gelungen ist.

Pater Theodor konnte (oder wollte) seiner Madonna auch während der zweiten Schwangerschaft wieder nicht raten, geschweige beistehen. Sie aber wollte das Kind. Als ihr Zustand offenkundig wurde, verlor sie fristlos ihren Arbeitsplatz in der ehrenwerten katholischen Institution. Sicher hätte sie klagen können gegen die Kündigung; es gab immerhin bereits den Mutterschutz. Aber sie wollte die Publizität vermeiden, nicht um ihretwillen, sondern dem übersinnlich sinnlichen Mann zuliebe, dessen Ansehen zu gefährden ihr nicht anstand. Sie verlor nicht nur ihren Arbeitsplatz. Mit Schimpf und Schande flog sie auch bei ihren Eltern raus, weil der Vater von dieser liederlichen Tochter fortan nichts mehr wissen wollte und die Mutter sich nicht durchsetzen konnte. Ohne Einkommen, ohne Unterkunft, in der gesamten Umgebung als Hure diffamiert, begann für Monika ein demütigender Spießrutenlauf durch eine gottesfürchtig feindliche Mitwelt. Der fromme Mann konnte (oder wollte) ihr nicht helfen, um seine Beziehung zu diesem Weib nicht zu offenbaren. Finanzielle Unterstützungen kamen von ihm nur sehr gelegentlich und stets nur sehr geringfügig, weil ja alles streng geheim bleiben sollte. Monika mußte die niedrigsten Verrichtungen, Aushilfsarbeiten unter üblen Begleitumständen auf sich nehmen. Den Schwierigkeiten war sie nicht gewachsen. Sie verlor das Kind. Fehlgeburt. Und der innere Zensor mit allen Stimmen der Gewissenspein, die nicht nachließ, sie zu quälen.

Die Liebe im Leidensornat dramatisch verklärt, die Liebe und der tyrannische Trieb hielten Monika und Pater Theodor wie festgeschmiedet zusammen. Mittlerweile waren in den siebziger Jahren die Zeiten sittenmäßig etwas zahmer geworden, etwas toleranter. Monika fand wieder leidlich angemessene Arbeit und Pater Theodor weiterhin geheime Möglichkeiten der Zusammenkunft. Eine Tochter wurde 1978 geboren, ein Sohn 1980, beide gesund. Und beide kennen Pater Theodor als einen wohlwollenden geistlichen Herrn, der recht regelmäßig die Mutter besucht. Ihren Vater kennen sie nicht. Noch immer zögert der Gottesmann, sein irdisches Treiben zu bekennen.

Doch allmählich, meint Mutter Monika, werde es Zeit, Tochter und Sohn die Wahrheit zu sagen. Spätestens in der Pubertät hätten sie ein Recht zu erfahren, woher sie stammen und wer ihr Vater ist.

Daß er sie nun noch auf weltliche Weise heiratet, was sie sich insgeheim lange gewünscht hat, glaubt sie nicht mehr. Aber das sei ohnehin nur eine Äußerlichkeit. Darauf komme es nun nicht mehr an. Wenn er – anders als der König von England – sein Reich Gottes nicht einbüßen mag, ihr soll es recht sein. Ihrer Liebe zu ihm tue das keinen Abbruch und auch nicht ihrer Lust, die noch immer brenne wie von Gott geschenkt, die sie noch immer genieße im Schatten der Schuld. Womit immerhin Sigmund Freud recht behalten hat, als er die Erkenntnis zum besten gab: Es bedürfe eines Hindernisses, um die Libido in die Höhe zu treiben. Und vielleicht die Liebe auch. Das Hindernis kann Ferne sein, Trennung oder das Verbotene, die Sünde, der Teufelspakt. Fragt sich nur, ob jede(r) für mehr als dreißig Jahre innigster und gierigster Verbundenheit einen solchen Preis bezahlen möchte, wie ihn Madonna Monika hat zahlen müssen.

Aber jede Ehe, auch die wilde, ist eine subjektive Geschichte, die sich ihre eigene Dramaturgie erfindet. Was daran anderen als bizarr, gar unzumutbar erscheinen mag, kann den Betroffenen gerade zu ihrer ganz persönlichen Genugtuung gereichen. Wenn jene langfristigen Beziehungen als gelungen gelten, in denen beide Partner über das Szenario, in dem sie agieren, einig sind, so beurteilt Monika ihr Verhältnis zu Recht als gelungen, als »größtes Glück, das mir im Leben widerfahren konnte«. Sie möchte so und nicht anders mit ihrem Gottesmann verbunden bleiben. Sie sieht sich in diesem ungleichen Kampf mit dem Dämon Sinnlichkeit letztlich als Siegerin.

Was lernen wir daraus? – Liebe macht auch Madonnen blind.

Sexuelles Kollektiv
Helene Weigel und Bertolt Brecht

So erwirbt der Apfel seinen Ruhm,
indem er gegessen wird.

Von Wien war sie an die Spree gekommen, engagiert vom
Intendanten des Staatstheaters Leopold Jeßner. Die Kritik
rühmte das junge Talent: »Eines der größten dramatischen
Genies, die jemals geboren wurden.« Hübsch war sie nicht,
aber hochbegabt, ausdrucksstark, theaterbesessen. Helene
Weigel, unabhängig, unerschrocken, geboren 1900 in großbürgerlich jüdischem Milieu. Die Mutter besaß ein Spielwa-
rengeschäft. Der Vater war Prokurist einer Textilfirma. Die
Tochter hatte gegen den Widerstand der Familie durchgesetzt, Schauspielerin zu werden. Dreiundzwanzigjährig
warf sie sich in den Hexenkessel Berlin wie Cortez unter die
Azteken, um sich im Asphaltdschungel der Metropole
einen Namen zu machen.

Von Augsburg war er in die Hauptstadt gekommen, die
er fortan Mahagonny nannte, die mythenträchtige, groß-
mäulige, wo alles erlaubt und alles zu haben ist, vor allem
Erfolg, Ruhm, Geld. Genau das wollte er, grenzenlos ehrgeizig, berühmt werden um jeden Preis. Als Dramatiker,
Regisseur, Bühnenexperimentator wollte er die Welt in Erstaunen setzen. Bertolt Brecht, geboren 1898 (im Jahr, als
Bismarck starb), äußerlich ein unscheinbar spilleriges Kerl-
chen, hatte früh schon, knapp neunzehnjährig, seine Selbsteinschätzung zum Ausdruck gebracht: Es kann keinen Gott
geben, weil ich es sonst nicht aushielte, kein Gott zu sein.
Er stromerte durch Spree-Athen, hatte keine Bleibe für die
Nacht, besuchte seinen Freund Arnolt Bronnen, der ihm
sehr ergeben war und versprach, die Bekanntschaft mit dieser bemerkenswert begabten Staatsschauspielerin Helene
Weigel zu vermitteln. Brecht wartete die Vermittlung nicht
ab, ging schnurstracks hin, brachte sich ein und blieb über

Nacht. Was Freund Bronnen, dem die Beziehung zu B. B. wichtig war, als Verrat empfand, doch angemessen einordnete: »Eine Bindung hatte aufgehört, eine neue, größere, trächtigere hatte begonnen.«

In der Tat, diese Bindung Weigel–Brecht dauerte dreiunddreißig Jahre und darüber hinaus, überstand die finsteren Zeiten der deutschen Misere, Exil, Krieg, Nachkriegsnot und die ärgsten Zumutungen, die ein Mann einer Frau nur aufladen kann. Ihre Solidarität und ihre Sorge um ihn bildeten das verläßliche Gerüst in seinem umtriebigen und hektisch wechselreichen Leben. Er wußte, was sie ihm war, und tat doch ständig, was sie zutiefst kränken mußte, und rühmte sie nach dreiunddreißig Jahren aufreibender Zusammengehörigkeit, sie, die Verläßliche, die Unerschrockene, die Freundliche und Verständige, die ihre Kinder zu Freundlichen gemacht, zu Verständigen und Warmherzigen erzogen habe.

Als er 1923 bei ihr vor Anker ging in der Spichernstraße, wo sie ein Atelier gemietet hatte mit warmwasserversorgtem Bad, wo sie ihre Freunde verwöhnte mit einer vortrefflichen Wiener Mehlspeisküche, da widerstand sie zunächst noch seiner erfolgreichen Masche, sich durch gespielte Hilfsbedürftigkeit anderer Leute Gunst und Beistand und Freundschaftsdienst zu sichern. Oder etlicher Frauen prompte Hingabe. An diesem ersten Abend durfte er zwar in Helenes Atelier übernachten; als er aber gleich seine bewährte Strategie zur Anwendung bringen wollte, an die Tür ihrer Schlafkammer klopfte und klagte, es sei so kalt und er fühle sich so allein, da blieb ihm in dieser Nacht ihr Schlafgemach noch verschlossen.

Das änderte sich rasch. Und es trat ein, was sich verblüffenderweise bei nahezu jedem Kontakt begab: »Es war diese Magie um Brecht, daß man ihm helfen mußte«, wie Freund Bronnen gestand, »was er sah, wovon er hörte, wollte er haben.« Und er bekam, um was und wen er buhlte, spannte jeden für sich ein, spielte alle gegeneinander aus, setzte sich überall durch zum Erstaunen seiner Umwelt. Dieser komische Kauz, schmächtig, schüchtern, schlecht rasiert, verwahrlost gekleidet, fahles Gesicht, stechende Punktaugen, struppiges Haar, billige Nickelbrille auf höckriger Nase, wie er übereinstimmend von Zeitgenossen gezeichnet wird, dieser dürre, trockene Mensch vermittelte sofort den Eindruck, daß er so unbedarft nicht war, wie er aussah. Auch war er keineswegs der arme Schrapp, als der er gern auftrat in proletenhafter Lederjoppe, zerschlissene Schildkappe auf dem Kopf, »eine Kreuzung aus einem Lastwagenchauffeur und einem Jesuitenschüler«, wie ihn Kollege Carl Zuckmayer charakterisierte. Brecht hatte es gern, wenn man ihn für einen gefährlichen Burschen hielt, ein enfant terrible der Gosse, aus der er nicht kam, der Augsburger Bürgersohn, dessen Vater als Direktor einer Papierfabrik zu den Betuchten zählte. Waren die einen diesem sonderbaren Wicht auf Anhieb verfallen, so lehnten andere ihn ob seiner groben, unflätigen Art total ab. Mit seinem exzentrischen Äußeren und seiner oft absichtlich zur Schau getragenen Arroganz, schreibt sein Biograph Martin Esslin, »erregte Brecht bei vielen seiner Zeitgenossen Gefühle physischen Ekels und heftigster Abneigung. Und eben das war es, was er beabsichtigte«. Aber das war es nicht allein.

Er konnte charmant sein, wenn er wollte, liebenswürdig, zutraulich, amüsant. Er konnte aber auch schneidend hochmütig reagieren, wenn es ihm opportun erschien, bösartig hochfahrend, hämisch bis zur Tyrannei. »Vor Publikum«, so der Kritiker Ludwig Marcuse, »ging er prophylaktisch in die (bis zu den Zähnen bewaffnete) aggressive Defensive.« Das leibhaftige Kontrastprogramm.

Und dieser kategorische Kauz begegnete nun im brodelnden Berlin Ende 1923 der Unbestechlichen, Unerschrockenen, die kaum sonst etwas im Sinn hatte als ihre Kunst und Politik. Helene Weigel, überzeugte Kommunistin, hatte in Wien ein renommiertes Mädchen-Gymnasium besucht, dessen Direktorin, die frühe Frauenrechtlerin Genia Schwarzwald, mit entschiedenem Einsatz zu beweisen trachtete, daß Mädchen das gleiche intellektuelle Niveau wie Jungen erreichen können, daß Frauen mit ihren Fähigkeiten, ihrem kreativen Talent nicht im Schatten der Männer stehen müssen. Und mit dieser zielstrebigen Absicht hatte die progressive Pädagogin jedenfalls bei ihrer Schülerin Helene zweifellos Erfolg. Die Weigel habe in ihrem Leben und Schaffen diese These triumphal unter Beweis gestellt, urteilt Esslin: »Sie wurde nicht nur eine der großen Schauspielerinnen ihrer Generation, sondern darüber hinaus eine Persönlichkeit von großer geistiger Potenz und überragendem Organisationstalent.«

Und sie wurde rasch, bald nach ihrer ersten Begegnung Ende '23, Brechts Geliebte.

Dabei hätte sie gewarnt sein können. Der Kauz war bereits berüchtigt, nicht nur in Augsburg, auch in München und Berlin. Man warnte einander, man warnte Mädchen vor ihm. Im Umgang mit Freunden und Frauen benahm er sich skrupellos, schreckte auch nicht davor zurück, seinem besten Freund (Otto Müllereisert) die Liebste auszuspannen und den Freund aufzufordern, hinfort von diesem Mädchen Abstand zu nehmen.

Eugen Berthold Friedrich Brecht, als Kind und Junge nur Eugen gerufen, stilisierte bereits als Gymnasiast mit sechzehn seinen Namen, zuerst zu Berthold Eugen, später zu Bertolt oder Bert Brecht; intime Briefschaften unterzeichnete er als bidie. Und er profilierte sich bereits als Schüler mit flink verfertigten Balladen und Bänkelliedern, die er effektvoll zur Gitarre sang. Trotz knarrender Blechstimme konnte er seine Zuhörer betören. Vor allem, so Kollege Lion Feuchtwanger, »wurden die Weiber schwach«. Jugendfreund und Bandenbruder Otto Müllereisert: »Neunzig Prozent seiner Frauen hat er so bekommen.«

Bekommen und genommen und stets mehrere Beziehungen zur selben Zeit unterhalten und sich ziemlich rüde über die Kümmernisse der je betroffenen Mädchen hinweggesetzt und auch noch geprahlt mit seinem schlechten Ruf:

> *... Und fragst du mich, was mit der Liebe sei?*
> *So sag ich dir, ich kann mich nicht erinnern*
> *Und doch, gewiß, ich weiß schon, was du meinst.*
> *Doch ihr Gesicht, das weiß ich wirklich nimmer*
> *Ich weiß nur mehr: ich küßte es dereinst...*

Er küßte viele und ließ nicht locker, bis er zu den vielen wieder eine Neue hinzuerobert hatte. Er buhlte um die Gunst dreier Buchhändlerinnen, während er zugleich dem treuen Otto das hübsche, blasse Mädchen Paula Banholzer wegnahm, nebenbei Sophie Renner umgarnte, mit Rose-Maria Aman schäkerte, Therese Ostheimer heiße Liebesbriefe schrieb und Ernestine Müller den Kopf verdrehte. Ein vielbeschäftigter Mann, noch nicht zwanzig, aber sehr geschickt in der Kunst, Menschen zu manipulieren, meint sein Biograph Ronald Haymann, »war er rücksichtslos gegen Mädchen«. So rücksichtslos, daß für die meisten Frauen Sex mit Brecht zum Salto mortale wurde. »Ich war natürlich nicht vorsichtig, kein bißchen«, rühmte er sich in einem Brief an Freund Rudolf Casper Neher. Nein, vorsichtig, um das Mädchen nicht zu schwängern, mochte dieser Spiddelpint nicht sein; es hätte der Heiterkeit geschadet, wäre unästhetisch gewesen und außerdem: »Ich kann meine Trümpfe nicht so zurückhalten…«

So kam es, daß Paula Banholzer, von ihm Paul Bittersweet genannt oder Bi, im Herbst 1918 schwanger wurde, was ihn nicht hinderte, zur nämlichen Zeit die Medizinstudentin Hedda Kuhn zu verführen und zu seiner (vorübergehend) Favoritin zu küren. Mochte das Mädchen Bi in Schande geraten, wie eine ledige Mutter damals noch eingestuft wurde, und zwar drastisch mit allen Folgen sozialer Verachtung, sie deshalb zu heiraten findet der Bänkelsänger unter seiner Würde und seinen Möglichkeiten. Er war mittlerweile Medizinstudent in München, sein Vater kam für die Kosten auf, und zwar nicht schlecht.

Paula Bi muß sich auf dem Land verbergen, weil ihre Eltern einen Skandal in Augsburg fürchten. Als sie ihren Sohn Frank im allgäuischen Kimratshofen austrägt (geboren am 30. Juli 1919), spielt die Studentin Hedda Kuhn gerade noch die erste Geige im erotischen Alltag des bidie, der sich aber schon um die Sopranistin Marianne Zoff bemüht, die seit September 1919 im Augsburger Stadttheater auftritt. Um das Kind mußte sich die Mutter kümmern, die nach der Geburt immer magerer wurde und schwer an Tuberkulose erkrankte. Kinder waren dem Erzeuger eine Last. Er war viel zu beschäftigt mit seinen Amouren und Produktionen. Er schrieb gerade ein Stück: *Spartakus*, das später den Titel *Trommeln in der Nacht* bekam.

»Mit Kindern kann man…, mit Ausnahme von fotografieren, wenig anfangen«, bemerkte er, ließ aber nicht ab, wie er selbst gestand, »im Bett genießend und ohne Verantwortung, betrügerisch vielleicht, fähig, über meine Verhältnisse hinauszustoßen, ziemlich kalt« zu sein. Sehr viel später, nachdem er mit seiner *Dreigroschenoper* und anderen Stükken international erfolgreich war und hohe Summen kassierte, bat Paula Bi ihn einmal, den gemeinsamen Sohn etwas zu unterstützen; Frank wollte eine Lehre als Dentist absolvieren (damals mußte dem Lehrherrn noch Lehrgeld gezahlt werden); doch der mittlerweile berühmte, hochvermögende Vater B. B. schrieb zurück, er könne sich solche Unterstützung des Sohnes nicht leisten.

Als er noch der kleine, unbekannte Spinner war (nach Meinung honoriger Augsburger Bürger: ein spinnerter Uhu), wollte er zu gern reich werden, ein Auto fahren, ein Landhaus haben und viel Geld. Es wurmte ihn nicht wenig, daß sich die ebenso schöne wie elegante und viel umschwärmte Marianne Zoff einen großzügigen Lebensstil leisten konnte, auch reich beschenkt wurde von wohlhabenden Verehrern; ein vermögender Fabrikant namens Recht wollte sie partout heiraten. Marianne indes war ehrgeizig, wollte unbedingt Karriere machen, was ausgerechnet Brecht ihr übel ankreidete: Sie »schielte auf die glänzende Karriere wie der Gockel auf den Strich«. Und da er auch weiterhin »im Bett genießend und ohne Verantwortung« seine Trümpfe nicht zurückhalten konnte oder wollte, wurden im selben Jahr 1921 Marianne und Paula (erneut) geschwängert. Obwohl er wußte, daß Marianne schon einmal »fast zugrund gerichtet durch einen Abortus« der Schonung bedurfte und Paula ein zweites Kind nicht verkraften konnte.

Während beide Frauen, verzweifelnd in ihren Umständen, auf einen Ausweg hofften, spielte er sie gegeneinander aus, erzählte Paula, was er mit Marianne trieb, zeigte Marianne Fotos von Paulas Sohn Frank, woraufhin sie in Tränen ausbrach. Beide Frauen lösten das Problem auf ihre Weise heimlich. »Durch Zufall oder so« habe Marianne das Kind verloren, berichtete ihr standhafter Verehrer Recht, der in der fraglichen Nacht bei ihr gewacht und ihr beigestanden hatte. Auch Paula ließ Brecht im November 1921 wissen, daß nun alles in Ordnung sei, sie habe sich selbst helfen können. Was Abtreibungen der Hintertreppenart damals für Frauen bedeuteten, ist bekannt.

Brechts Reaktion auf die Nachricht von Mariannes Elend: »Ich könnte das Mensch erwürgen. Es ist das Schmutzigste, was ich erlebt habe... So entlädt sich die schwangere Hure!«

Auch Paula mußte sich zur gleichen Zeit von ihm beschimpfen lassen, weil sie es gewagt hatte, einmal mit einem anderen ins Café zu gehen: »und ich ertappe sie, die schmal und eilig daherschießt, die dumme Geiß!«

Auch Hedda Kuhn bekam ihr Fett ab, als ruchbar wurde, daß sie mit einem anderen Mann anbandelte. Brecht, dieser Jongleur der Promiskuität, war außerordentlich besitzergreifend, konnte es nicht ertragen, daß die diversen Frauen seiner Wahl, die er sich stets mehrgleisig im Kollektiv hielt, ihm nicht als einzigem ausschließlich ergeben waren. Er duldete, so Hedda Kuhn, »keinen anderen Mann neben einer Frau«, die er sich ausersehen hatte. Hedda freilich widersetzte sich seinem Besitzanspruch und heiratete 1922 einen jungen Arzt der Berliner Charité.

In diesem Jahr erlebte der kommende Dramatiker in München die Uraufführung seines Stücks *Trommeln in der Nacht*. Premiere am 29. September 1922 mit Plakaten im Zuschauerraum: *Glotzt nicht so romantisch*.

Nun wurde man auch in Berlin auf ›diese neue Stimme‹ aufmerksam und wollte weitere Dramen von ihm spielen, den *Baal* und *Im Dickicht der Städte*.

Marianne Zoff hatte in Wiesbaden ein Engagement bekommen für eine Gage von 10 000 Mark (damals eine horrende Summe). Sie hatte aber den Vertrag gebrochen und

Wiesbaden verlassen, weil der Augsburger Uhu sie unbedingt bei sich haben wollte. Und wieder wurde sie ungewollt schwanger. Und wieder hatte er nicht im geringsten Lust, das Verhältnis zu legitimieren, jetzt schon gar nicht, da er begann, in der Welt Fuß zu fassen. Aber Marianne drohte, ihren standhaften Galan Recht zu ehelichen, der sie auch mit Kind genommen hätte. »Es störte Brecht«, so Ronald Haymann, »daß Recht für Marianne alles einsetzte, er selbst dagegen überhaupt nichts.« Da er die Rivalität nicht ertrug, erst recht nicht den Besitzverlust, war er schließlich doch noch unter Druck bereit zu heiraten. Hochzeit am 3. November 1922. Sie bezogen eine miese, muffige Zweizimmerwohnung in der Münchner Akademiestraße. Dürftigste Verhältnisse. Geld, so Freund Bronnen, »war allmählich für Marianne Zoff schwer auftreibbar geworden«. Ein Engagement hatte sie nicht und der junge Ehemann kaum Einkünfte, aber ständig seine Kumpane, seine Bande, Logierbesuch bei sich in den engen Kammern, lärmende Leute, die bis spät nachts blieben oder bei ihm übernachteten und die Hausfrau nicht schlafen ließen. Am 12. März 1923 wurde Tochter Hanne geboren. Das Babygeschrei vertrieb den Vater, »diesen gemeinsten aller Gemeinen« (Marianne an Arnolt Bronnen). Dabei hatte er sich stets seines ausgeprägten Vermehrungstriebes gerühmt. »Laßt sie wachsen, die kleinen Brechts«, war laut Bronnen einer seiner Lieblingssprüche. Aber es war weit angenehmer, die kleinen Brechts bei ihren Müttern wachsen zu lassen und selbst unbehelligt zu bleiben.

Ein ganz akzeptabler Mann? Als solchen hat man ihn im nachhinein zu stilisieren versucht.

Wenn ein Jean-Paul Sartre sich nicht vermehrte, weil er sich selbst genügte, so konnte ein Bert Brecht gar nicht genug von sich bekommen. Seine Fortpflanzung war und blieb so emsig wie seine poetische Produktion. Weil er ja schließlich seine Trümpfe nicht zurückhalten konnte. Und weil er es für sein Recht erachtete, allem und jedem (jeder) seinen Stempel aufzudrücken.

Dieser Mann also, Ehemann seit knapp einem Jahr, Vater

einer halbjährigen Tochter, eines vierjährigen Sohnes, trat Ende 1923 in das Leben der Helene Weigel, die gerade dabei war, die Weltstadt Berlin zu erobern. Und schon machte er ihr den Vorschlag, eine Woche mit ihm in Paris zu verbringen, während Frau und Tochter, knapp bei Kasse, daheim in München hockten. Er aber segelte durch die Welt, genial und unstet, ein Beziehungsvirtuose, überall einen Schwarm von Weibern um sich herum, die ihm absolut treu zu sein hatten. Waren sie das nicht, konnte er unausstehlich werden, tyrannisch, hundsgemein.

Helene hätte gewarnt sein können. Bereits nach wenigen Wochen, Januar 1924, war sie schwanger. Laßt sie wachsen, die kleinen Brechts. Und damit war wieder einmal die verheißungsvolle Karriere einer bemerkenswerten Frau (zumindest vorerst) unterbrochen.

Ein Verdacht drängt sich auf. Mit untrüglichem Blick bevorzugte Brecht ungewöhnliche Frauen, die sich deutlich vom Durchschnitt abhoben durch Begabung, Schönheit, Intelligenz, die ihm ebenbürtig in geistiger Auseinandersetzung Anregung und Antwort waren. Und die bemerkenswerteste war zweifellos Helene Weigel, an geistiger Potenz von gleichem Rang, an Kraft ihm überlegen, diese Person von zäher Fragilität, Gestalt und Gesicht wie von Käthe Kollwitz gezeichnet. Es heißt, sie habe ihren politischen Einfluß geltend gemacht und ihn erst wirklich zum Kommunismus überzeugt. Solche Frauen faszinierten einen Brecht. Und je mehr er fasziniert war, um so nachhaltiger mußte er seinen Besitzanspruch geltend machen und der ebenbürtigen, starken Person ihren Rang anweisen, sie auf ihren Platz im weiblichen Revier verweisen mit der eindeutigen Marke seiner Prägung. Das funktioniert am besten, wenn man der Frau ein Kind macht. Laßt sie wachsen, die kleinen Brechts! Schon sind die Positionen klar festgelegt, die Frauen gezeichnet. Der Mann hat seine Spur hinterlassen und kann weiterziehen.

Während Helene in Berlin das Kind austrug und, solange irgend möglich, auf der Bühne stand, gondelte er, »bidie mit dem leicht schurkenhaften Anstrich« (Brecht über Brecht), mit Frau Marianne und Kind Hanne nach Capri, nach Neapel und Rom, dann zwischen München und Augsburg hin und her. Im September übersiedelte er nach Berlin, bekam eine Stelle als Dramaturg am Deutschen Theater, quartierte sich bei Helene in der Spichernstraße ein. Sie war bereits hochschwanger, er brauchte sehr viel Platz, entfachte wie immer heftigen Trubel, wie immer eine bewundernde Bande um sich geschart in ihrem Atelier.

Und hier nun begann das Szenario, wie es gültig bleiben sollte für diese Partnerschaft und wohl auch wesentlich war für deren Gewähr. Helene, die er bezeichnenderweise zu Helli verniedlichte, übernahm selbstverständlich sofort den Part taktvoller Toleranz, paßte sich seinen Bedürfnissen nahezu unterwürfig an, räumte das Feld, überließ ihm das Atelier und suchte sich eine Unterkunft in der Babelsberger Straße. In ihrem Zustand ein mühsames Unterfangen; in der Hauptstadt herrschte Wohnungsnot.

Am 3. November 1924 wurde Sohn Stefan geboren. Im gleichen Monat begann bidie mit dem schurkischen Anstrich seine nahezu zehn Jahre währende Liaison mit einer blonden Sächsin, der Anglistin Elisabeth Hauptmann, die er als Assistentin, Geliebte und Mitarbeiterin gebrauchte, etwa beim Übersetzen englischer Texte, die er für seine Stücke verwendete. Zum Beispiel entdeckte sie *The Beggar's Opera*, eine Balladenoper von John Gay aus dem Jahr 1728, und übersetzte sie für Brecht, der etliche Stellen ihrer Übersetzung wörtlich in seine *Dreigroschenoper* übernahm. Der Titel stammte von Kollege Lion Feuchtwanger, die Musik von Kurt Weill. Brechts Werke sind zu einem gut Teil Gemeinschaftsarbeit. So meisterlich er seine Mitarbeiter zu dirigieren wußte (und zu erwähnen vergaß), so bravourös manipulierte er auch die Mitglieder in seinem sexuellen Kollektiv. Ohne Skrupel, versteht sich, nach Brechtscher Überzeugung:

> *So erwirbt der Apfel seinen Ruhm,*
> *indem er gegessen wird.*

Vernascht wurde zu der Zeit auch die Schriftstellerin Marieluise Fleißer, die wie der werdende Meister jung aus der Provinz, aus Ingolstadt über München in die Metropole gekommen war. Brecht hatte das ›Theater der Zukunft‹ im Sinn. Und genau dafür wollte sie schreiben und für ihn, der sie unter seine Fittiche nahm, sie auch anspornte und trimmen wollte auf seinen Stil. Sie erkannte den Menschen-Dompteur. »Mit Worten schwang er die Peitsche.« Sie erkannte sein Gesetz der Härte um Macht, um Erfolg. Und sie fühlte *die Fröste der Freiheit*, was heißen will: »Sie muß lernen zu frieren«, lernen, sich allein durchzuschlagen und ihre Aufbruchsphantasien nicht an den Mann zu hängen, ihren Traum nicht an den Heros zu delegieren. Doch das Provinzmädchen, hingerissen vom Glanz der Großstadt, meinte, als Brechts Protegé zur Avantgarde zu gehören. Sie fand ihn »genial, frech wie ein junger Gott und eines Maschinenzeitalters liebstes Kind«.

Zum sexuellen Kollektiv zählte bald auch Carola Neher, die ungemein attraktive Schauspielerin, vermählt mit dem Dichter Klabund, der, an Tuberkulose erkrankt, 1928 starb. Carola bewährte sich in vielen Brecht-Rollen.

Und dieses Quartett hervorragender Frauen hegte einige Hoffnungen, jede für sich, als im November 1927 die Ehe Zoff-Brecht geschieden wurde. Marianne heiratete später den Schauspieler Theo Lingen, der auch die Tochter adoptierte. Hanne Hiob bekundete noch im Alter, daß dieser Mann ihr ein fürsorglicher Vater gewesen sei. Theo Lingen hat dann auch während des ›Dritten Reiches‹ dem Druck der Nazis standgehalten und sich nicht von seiner halbjüdischen Frau Marianne scheiden lassen. Da war also wieder ein Mann, der alles einsetzte, Brecht dagegen überhaupt nichts.

Das virtuos geknüpfte Beziehungsgeflecht, in dem jede Dame sich irgendwie als seine Favoritin fühlen mochte, wurde einer argen Zerreißprobe unterworfen, als bidie am 10. April 1929 überraschend Helene Weigel heiratete. »Es war unvermeidlich, aber es hat nichts zu bedeuten«, so erklärte er diesen Schritt. Für die betroffenen Damen hatte es einiges zu bedeuten. Carola Neher schlug dem Schubiak die Blumen ums Haupt, die er ihr zur Begrüßung mitgebracht hatte, kündigte aber nicht ihre Mitgliedschaft im Kollektiv. Elisabeth Hauptmann unternahm einen Selbstmordversuch, konnte gerettet werden und blieb auch weiterhin seine treue, sehr effektive Mitarbeiterin. Nur Marieluise Fleißer erhielt eine Sonderbehandlung. Ihr Theaterstück *Die Pioniere von Ingolstadt*, das Brecht inszeniert und dadurch ziemlich verkorkst hatte, erwies sich als totaler Reinfall. Die Premiere geriet zum Skandal. Die Presse fiel über die Autorin her. Zu Hause bei den Eltern erhielt sie Hausverbot. Der Regisseur ließ die Autorin fallen. Mit Versagern will der kommende Mann von Berlin nichts zu tun haben. Die eigene Niederlage (als Regisseur) wird geleugnet. Die Geliebte wird aus seiner Gunst verstoßen. Verstört flieht die Fleißer zurück nach Ingolstadt.

Daß die Eheschließung mit Helene nichts bedeute, stimmte insoweit, als der Ehemann mitnichten monogam wurde, vielmehr seine polygame Politik exzessiv weiter betrieb, sein Kollektiv ständig neu belebte und umbesetzte. Die Aussage stimmte nicht, was die Ökonomie des Lebens, des Alltags betrifft. Helene Weigel entwickelte und bewies sofort, was die Basis dieser aufreibenden Beziehung ausmachte und unerläßlich war für seine Arbeit: ihr überragendes Organisationstalent. Sie ordnete das Chaos, glättete die Wogen der Eifersüchteleien im Kollektiv, stiftete Frieden bei den oft verletzten Mitarbeitern, den gekränkten Geldgebern. Denn der Augsburger Bänkelsänger mit seiner eruptiven Arbeitsweise, Überrumplungstaktik und Experimentierfreude, so Kollege Feuchtwanger, »ist die Verzweiflung der Verleger und Theaterdirektoren«.

Er mochte geahnt, vielleicht auch gewußt haben, daß niemand sonst als diese Verläßliche sich nicht nur derart mit ihm und seinem Werk identifizieren würde, sondern auch das Zeug dazu hatte, sich vorbehaltlos für ihn stark zu machen und dabei so ziemlich alles hinzunehmen, was er ihr zumutete und auferlegte. Die heroische Hausfrau im Dienst eines genialen Schmarotzers. Das soll ja so selten nicht vorkommen, daß ein Mensch es braucht, gebraucht zu werden, daß die gewährte Hilfe dem/der Helfenden ebenso sehr hilft wie dem vermeintlich Hilfsbedürftigen. Helenes Fähigkeit sich unterzuordnen, wenn es B. B. und seiner Sache diente, übertraf womöglich ihr Selbstbewußtsein, das sich durchaus mit ihrer erstaunlichen Selbstlosigkeit vertrug. Sie kam, so schien es Beobachtern, nie mehr auf den Gedanken, überhaupt noch an sich selbst zu denken. Sie schirmte ihn ab, wenn irgendwelche Leute ihn zu sehr heimsuchten und seine Zeit beanspruchten, aber sie drängte sich nie auf. In Berlin wohnten sie weiterhin in getrennten Wohnungen. Ihr Einfluß indes verstärkte sich. Bei der Theaterarbeit und in der politischen Überzeugung. Der Kommunist entwickelte sich zum Marxisten. Man sagt, sie sei sein politisches Gewissen gewesen, versierter in der theoretischen Auffassung, klarer in der Erklärung, unbeirrt in der Überzeugung. Sie gab seiner tiefsitzenden Antipathie gegen die Bourgeoisie und deren Kunstdarbietung die ideologische Basis. Auch von ihrer Bühnenerfahrung profitierte er bei seinen dramatischen Arbeiten, übernahm einige ihrer Stilmittel für seine Praxis der Verfremdung, erwähnte aber ihren Beitrag nie.

Mittlerweile war ganz Berlin vom *Dreigroschenoper*-Fieber ergriffen. Auf den Straßen wurden Kurt Weills Melodien gepfiffen. Der Erfolg drang über die Grenzen, packte die Hauptstädte der Welt. In Paris kannte der jüngere, noch ganz unbekannte Jean-Paul Sartre die Songs auswendig, pfiff die Weisen, berief sich oft auf das Zitat: *Erst kommt das Fressen, dann kommt die Moral.* Für 40 000 Mark konnten Brecht und Weill die Filmrechte verkaufen. Der Marxist wurde dank des kommerziellen Erfolgs reich genug, sich nun ein piekfeines Fünf-Zimmer-Atelier mit Wintergarten in der Hardenbergstraße, nahe Kurfürstendamm, zu leisten. »Das Mobiliar war neu, zweckmäßig«, wie Bernhard Reich mitteilte, »herb im Stil der Neuen Sachlichkeit, wie es das Dessauer Bauhaus propagierte.« Dazu gesellte sich ein schickes Steyr-Automobil, in dem der Augsburger Uhu zum Schrecken von Mitfahrern und Passanten atemberaubend lebensgefährlich durch Metropolis preschte. Das enfant terrible der zwanziger Jahre war ein gemachter Mahagonny-Mann, während die Arbeitslosenzahl in Deutschland auf sechs Millionen stieg, das Elend grassierte, die NSDAP bei den Reichstagswahlen am 14. September 1930 mit 107 Sitzen zweitstärkste Partei wurde (nach SPD mit 143 Sitzen) und Helene Weigel ihre zweite Niederkunft erwartete. Geburt der Tochter Maria Barbara am 10. Oktober 1930. Brecht arbeitete derweil mit Elisabeth Hauptmann verbissen an dem Lehrstück *Die heilige Johanna der Schlachthöfe*, zu welchem Zweck er auch mehrfach mit Elisabeth verreiste in anregende Gegenden wie etwa die Provence.

Daß Helene Weigel nicht eifersüchtig war, kann schwerlich behauptet werden. Gutgläubig und selbstlos bis zur Selbstverleugnung ließ sie sich immer erneut mit der Ausrede abspeisen, er, der eminent produktive und vielseitig beschäftigte Mann, könne ohne seine Mitarbeiterin (die je wechselte) nicht kreativ sein. Was sogar stimmte. Was sich außerdem noch im Arbeitsverhältnis abspielte, hielt er tunlichst verborgen. Jeder Frau im Kollektiv vermittelte er trickreich und gleißnerisch das Gefühl, die heimliche Hauptfrau zu sein. Seine legale Liaison mit der Weigel gab ihm bequem das Alibi, etwaige Forderungen mit dem Hinweis, bereits verheiratet zu sein, beschwichtigen und abwehren zu können.

Ihre Berufung, die einmal so vielversprechend begonnen hatte, vernachlässigte Mutter Helene keineswegs, nur den Vorrang konnte ihre Kunst nicht mehr haben. So wie sie selbst die chaosordnende Frau im Hintergrund war, geriet auch ihre Laufbahn ins Hintertreffen. An ihrem Lebensabend erzählte sie einmal, als sie in jener Zeit kaum oder gar nicht auftreten konnte, habe sie nie daran gedacht, etwas Wesentliches zu versäumen, »weil es wirklich eine vernünftige, praktische und wichtige Sache gab: daß Brecht arbeiten konnte und daß die Kinder aufwuchsen«.

Daß Brecht arbeiten konnte, dafür verlangte sie sich Zugeständnisse ab, die ihre Großmut nicht selten über Gebühr strapazierten. Als Brecht 1931 sein Stück *Mutter* (nach Maxim Gorki) im Theater am Kurfürstendamm inszenierte und Helene Weigel die Hauptrolle übernahm, mußte sie mitansehen, wie er als verliebter Gockel einer kleinen, zarten Amateurschauspielerin heftig den Hof machte, um sie herumgirrte, ihr unter den Rock griff und ständig um ihre Aufmerksamkeit buhlte. Margarete Steffin, dreiundzwanzig Jahre jung, lebhaft und glühend, ein Arbeiterkind, schon als Schülerin Kommunistin geworden, spielte eine unbedeutende Nebenrolle als Dienstmädchen, entfachte aber eine derart heftige Leidenschaft in ihm, daß niemand das Techtelmechtel übersehen konnte. Die emphatischen Kritiken und Lobeselogen, die Helene Weigel für ihre Darstellung zuteil wurden, trösteten sie nicht darüber hinweg, wer hier den ersten Platz einnahm. Es kam zu wiederholten Auseinandersetzungen. Und Brecht, entwaffnend impertinent, verteidigte seine Freiheiten stets mit dem Hinweis auf seine so schwierige Arbeit, bei der er Verstimmungen nicht brauchen könne. Er fürchtete Privatkonflikte, Szenen und Mißstimmungen, die ihn zu sehr erschöpften. Sie müsse doch wissen, daß er ihr immer nahestehe. Als er aber Margarete Steffin, von ihm Muck genannt, bereits an Tuberkulose erkrankt, auch zu seinen schriftstellerischen Arbeiten heranzog, quasi als proletarisches Korrektiv, und als er sie bei sich wohnen lassen wollte, weil er sie in ihrem Zehlendorfer Zimmer nicht ungestört besuchen konnte, da protestierte die Ehefrau. Und erhielt von ihm die Auskunft: »Du solltest daraus keine große Sache machen... Ich habe dich gern und nicht weniger als je.«

Er wußte warum. Die Verläßliche bewährte sich laut Zeugenaussagen als vorzügliche Hausfrau, geschickt in der Organisation, eine fabelhafte Köchin, eine fürsorgliche Familienmutter. Vorübergehend kümmerte sie sich auch um seinen Sohn Frank, der bei wechselnden Pflegeeltern auf dem Land herangewachsen war, nicht Dentist werden konnte, sondern kaufmännischer Angestellter und als Soldat 1943 in Rußland fiel.

Der Marxist wurde unterdessen Grundbesitzer, kaufte sich ein Haus mit Garten am Ammersee, später eines im

Tessin, noch später eines in Dänemark. *Nur wer im Wohlstand lebt, lebt angenehm.*

Als die Nationalsozialisten im Januar 1933 an die Macht kamen und sofort Massenverhaftungen von Kommunisten vornahmen, verließen die Brechts am Tag nach dem Reichstagsbrand (28. Februar) eiligst Deutschland und gingen über Prag, Wien, Zürich nach Dänemark ins Exil, das mehr als vierzehn Jahre dauern sollte. Auf jeder Station des unfreiwilligen Wanderlebens bewährte sich die Weigel als Managerin bei der Wohnungssuche, den Umzügen (mit einer umfangreichen Bibliothek), beim Hauskauf, der Einrichtung und Organisaiton des Alltags. Sie verhandelte mit Maklern. Sie sorgte dafür, daß ihre Besitztümer aus Berlin nachgeschickt wurden. Sie wachte darüber, daß Brecht stets ein Zimmer für sich allein haben konnte, daß dieser Arbeitsraum morgens früh bereits geheizt war, weil der Herr spätestens um acht Uhr zu schreiben begann und sich stets vor Erkältungen fürchtete. Ohne ihre Umsicht hätte er nie so produktiv sein können, meint sein Biograph Ronald Haymann: »Er wurde im Exil zwar unabhängiger von Mitarbeitern, dafür aber um so abhängiger von Helene, die gern auch seine Mitarbeiterin gewesen wäre, aber nie sein durfte.«

Ihm zuliebe hatte sie sogar gelernt, auf der Schreibmaschine zu tippen, weil er ohne Schreibkraft beim Diktieren nicht auskam. Aber mit Margaretes professioneller Sekretärinnenkunst konnte sie es nicht aufnehmen. Da Elisabeth Hauptmann aus dem Kollektiv ausgeschieden und lieber gleich nach Amerika ausgewandert war, bestand entschieden Bedarf.

Auch in der Emigration büßte Brecht nichts von seiner Gabe ein, einen Stab treuer, vornehmlich weiblicher Assistenten um sich zu scharen, die sich der mühsameren Kleinarbeit am Werk annahmen. Noch nicht häuslich eingerichtet auf der dänischen Insel Fünen, lernte das heimatvertriebene Ehepaar die Dänin Ruth Berlau kennen, eine gutaussehende Schauspielerin und Journalistin, sprachbegabt, unternehmungslustig, verheiratet mit dem zwanzig Jahre älteren

Arzt Robert Lundt. Mit der roten Berlau verbündete sich bidie flugs, um Margarete Steffin nachkommen lassen zu können. Margarete wurde bei Ruth einquartiert, denn Mutter Helene weigerte sich entschieden, die Tuberkulosekranke unter einem Dach mit ihren Kindern wohnen zu lassen. Aber sie half der Rivalin, ein Zimmer in der Nähe einzurichten, versorgte sie sogar mit warmem Essen, das B. B. ihr zu bringen hatte. Dank der ergebenen Frauen, die wiederum in einem diffizilen Beziehungsgeflecht eingebunden waren und gegeneinander ausgespielt wurden, war Brecht der Mühsal enthoben, Dänisch und Englisch lernen zu müssen. Worauf er denn auch verzichtete. Ruth und Margarete übersetzten ihm abwechselnd, was er an fremden Texten brauchte, und übertrugen seine Schriften in andere Sprachen, so daß seine Stücke gelegentlich sogar in Dänemark aufgeführt werden konnten. Mit den Liebesverhältnissen zu den jüngeren Frauen konnte Helene sich – mit einiger Selbsttäuschung – eher abfinden, wenn ihr das Motiv der Zusammenarbeit zwingend erschien. Hauptsache, das Genie gestaltet sein Werk.

In den Jahren des skandinavischen Exils konnte Helene Weigel ein paarmal in Paris, Prag, Kopenhagen Gastspiele mit Brechts Stücken geben. Und jedesmal brillierte sie in ihrer Kunst. »Helli ist besser als je«, schrieb Brecht begeistert. Sie habe nichts eingebüßt durch die Pause. Ihr Spiel sei das Beste und Reinste, was bisher an epischem Theater irgendwo gesehen werden konnte. Und ein andermal: »Die Arbeit bekommt ihr, sie hat mindestens zehn Pfund zugenommen.« Dann aber schickte er ihr eine Resolution nach Prag: »Werte Genossin, der Gatten- und Söhnerat hat beschlossen, Dich aufzufordern, nach Erledigung Deiner Obliegenheiten *ohne Verzug* zurückzukehren und Deine Tätigkeit hier wieder aufzunehmen. Du hast Dich also baldmöglichst bei Untigen zu melden. Mit revolutionärem Gruß – Steff, bidie.« Die Genossin hatte sich dem verbannten Mahagonny-Mann unentbehrlich gemacht.

Nicht wenige seiner überzeugendsten Frauengestalten hatte er ihr auf den Leib und in die Seele geschrieben. Das

Stück *Die Gewehre der Frau Carrar*, gestand der Dichter bei der Uraufführung, habe er für die Weigel geschrieben, und zwar so, daß es allein mit ihr ginge. Erst recht für die *Mutter Courage* war sie das Modell der unerschrockenen, geschäftstüchtigen Marketenderin, die auf ihren Irrfahrten durch verwüstetes Land der Not, der Grausamkeit, der Gewalt (des Dreißigjährigen Krieges) trotzt und doch alles verliert. Der zeitlose Erfolg seiner *Mutter Courage* beruht nach Meinung mancher Kritiker nicht zuletzt darauf, »daß die Gestalt durch Spannungen und Widersprüchlichkeiten bereichert wurde, die aus seiner doppelwertigen Einstellung zu Helene Weigel und den Juden im allgemeinen herrührten«. Es war die kapitalistische Händlergesinnung, die er in diesem Stück anprangern wollte mit der Grundthese, wie mörderisch Handel und Profitgesinnung sind. Daß Helene Weigel außerordentlich geschäftstüchtig war, zum Beispiel das Haus in Dänemark mit Gewinn zu verkaufen verstand, bewertete er als ›typisch jüdisch‹, obwohl er selbst am meisten davon profitierte und der Hauptnutznießer ihres Managements war. Diese Ambivalenz indes prägte seine Einstellung und bereicherte die Rolle, die vom Publikum zu seinem steten Erstaunen nie als die der schuldigen Kriegsgewinnlerin verstanden wurde, sondern als Inkarnation mütterlicher Anklage gegen den Krieg.

Als die Deutschen sich ausdehnten auf dem Kontinent, grollte auch für Brecht »der ferne Donner der manövrierenden Schiffsgeschütze des Dritten Reiches«. Die dänische Idylle mit der selbstlos ergebenen Frau und zwei Kindern, mit zwei Geliebten in der Nähe, zu treuer Mitarbeit bereit, konnte nicht dauern. Der Donner näherte sich. Also Flucht nach Schweden. Ein Jahr später weiter nach Finnland. Die Mühen des Flüchtlingslebens, noch dazu mit zwei schulpflichtigen Kindern, lasteten auf Helene. Lapidar heißt es in des Dichters Arbeitsjournal: »Helli fuhr mit einem Lastauto herum und holte sich in zwei Stunden die nötigen Möbel zusammen...« Oder: »Ich fürchte, daß das Kochen für Helli schwierig wird, es ist nötig, den Ofen zu heizen, und das Wasser ist nicht im Haus.« Außerdem hatte sich

Margarete Steffins Krankheit verschlimmert, sie mußte nun mit im Haus gepflegt werden. Auf Drängen Brechts verließ Ruth Berlau ihren dänischen Ehemann, weil Brecht sie für seine Arbeit brauchte und weil er ihr versprach, sie hinfort in alle seine Pläne miteinzuschließen.

Helene Weigel aber war nicht bereit, ihre Toleranz gegenüber der kranken Margarete nun auch auf die rote Berlau auszudehnen. Also beschaffte sich die adrette Dänin ein Zelt und schlug es im Garten vor dem Haus der Emigranten auf, wo Brecht sie regelmäßig aufsuchte. Sie hatte eine Schreibmaschine mitgebracht. Helene Weigel, durchaus nicht altruistisch, setzte sich zur Wehr und verlangte, Ruth Berlau nicht ins anstehende Exil nach Amerika mitzunehmen. Doch der Hahn im Korb tröstete die Geliebte, er gehe nicht ohne sie.

Was auch geschah, als das Asyl in Finnland nach einem Jahr auch aufgegeben werden mußte. Es war, als seien die Deutschen ihnen persönlich auf den Fersen. Flucht mit Familie und zwei Geliebten. Über Helsinki mit der transsibirischen Eisenbahn nach Moskau. Margarete, die als einzige Russisch sprach, fungierte als Dolmetscherin, war aber von den Strapazen der letzten Zeit derart geschwächt, daß sie ins Krankenhaus eingeliefert werden mußte. Sie starb am 30. Mai 1941, dreiunddreißig Jahre alt.

Über Wladiwostok und von dort per Schiff gelangte die Familie mit Ruth Berlau nach Kalifornien. Es begannen harte Jahre der Entbehrung. Brecht konnte sich mit dem american way of life nicht arrangieren. Möbel und Kleidung für die Kinder mußte Helene bei der Heilsarmee erhandeln. Ruth Berlau, die sich als heimliche Hauptfrau verstand, verlangte immer fordernder mehr Aufmerksamkeit, begann zu trinken, wurde schwanger. Die Geburt des Sohnes Michael am 3. September 1944 wurde vor Helene Weigel geheimgehalten. Das Kind starb nach wenigen Tagen. Bemerkung des Regisseurs Joseph Losey über den Brecht jener Jahre: »Er aß sehr wenig, trank sehr wenig und hurte sehr viel herum.«

Ein ganz akzeptabler Mann?

Nach dem Verlust ihres Kindes war Ruth Berlau immer

labiler geworden. Sie wurde für mehrere Monate in eine Nervenklinik eingeliefert. Nach ihrer Entlassung bezog Brecht mit ihr eine gemeinsame Wohnung. Helene Weigel wurde angedroht, er werde sie verlassen, falls sie nicht bereit sei, die hilfsbedürftige Berlau bei sich aufzunehmen. Eine Zumutung für die Weigel, die sie bezeichnenderweise mit einem Kompromiß beantwortete. Sie besorgte der Rivalin ein Zimmer in der Nähe. Und sie verteidigte weiter ihren Egozentriker von Mann. Das FBI interessierte sich längst für den Kommunisten. Er wurde observiert. Helene ging entschlossen auf einen der Agenten zu, der im Auto das Haus beobachtete, und bat ihn, doch bitteschön hereinzukommen. Auch am Telefon narrte sie Lauscher, indem sie auf polnisch Kochrezepte vorlas.

Im September 1947 wurde auch Brecht vor den berüchtigten ›Ausschuß für unamerikanische Aktivitäten‹ zitiert, der die Behauptung zu beweisen trachtete, daß Hollywood von Kommunisten unterwandert sei. Brecht konnte sich schlau herausreden, hatte nun aber endgültig die Schnauze voll von god's own country.

> *Jeden Morgen, mein Brot zu verdienen*
> *Gehe ich auf den Markt, wo Lügen gekauft werden.*
> *Hoffnungsvoll*
> *Reihe ich mich ein zwischen die Verkäufer.*

Seine Bemühungen hatten ihm letztlich nichts eingebracht. Zweieinhalb Jahre nach der Niederlage der Nationalsozialisten wollten die Emigranten endlich wieder zurück nach Europa, wo sie allerdings zunächst nur Not erwartete. Sohn Stefan war in Amerika geblieben, um sein Studium an der Harvard Universität zu beenden. Nach etlichen Zwischenstationen und Provisorien fanden die Heimkehrer endlich eine künstlerische und existentielle Heimstatt in Ostberlin. Die rote Berlau war auch dabei. Anfang April 1949 gab das Politbüro bekannt, es werde ein besonderes Ensemble gebildet unter der Leitung von Helene Weigel. Dank ihrer Tatkraft konnten nun hier zuerst am Deutschen Theater, dann im Theater am Schiffbauerdamm Brechts Stücke en suite dem interessierten Publikum dargeboten werden. Zur gleichen Zeit indes bewies Brecht sein bewährtes Doppelspiel, aus verschiedenen Möglichkeiten Vorteile zu ziehen und seine persönlichen Ansprüche geltend zu machen. Er stellte einen Antrag auf österreichische Staatsbürgerschaft, die er wenig später auch erhielt, womit er jederzeit im Westen herumreisen konnte. Und er übergab das Copyright seiner Werke dem West-Verleger Peter Suhrkamp, was ihm finanzielle Reserven in der Bundesrepublik sicherte. Seine Theatertriumphe aber erlebte er in der alten Reichshauptstadt. Man empfing ihn wie einen Dichterfürsten. Das enfant terrible von einst war aufgestiegen zum grand old man des deutschen Dramas. Und als solcher genoß und nutzte er die Privilegien im Arbeiter- und Bauernstaat: Landhaus in der märkischen Schweiz, von viel Park umgeben, und Stadtwohnung in der Chausseestraße am alten Hugenottenfriedhof, wo Hegel begraben liegt. Er logierte oben, Helene Weigel mit Tochter Barbara, ebenfalls Schauspielerin im Berliner Ensemble, im Stockwerk darunter.

Jetzt mit fünfzig Jahren konnte die Verläßliche, die Unerschütterbare zeigen, daß die Mutter Courage der Flüchtlingsjahre, der Notzeit auch die Führungsqualität und Willenskraft besaß, erfolgreich ein Theater zu leiten, und dabei vor stets ausverkauftem Haus ihre schauspielerische Kunst voll zu entfalten wußte, ungebrochen, unbeirrt, die große Mimin, zugleich der ruhende Pol im Getriebe Brechtscher Unrast. Selbst er, der alte Uhu, mit Lob sonst eher sparsam, mußte eingestehen: »Das Berliner Ensemble... stellt eine riesige Leistung der Weigel dar, die die Mittel beschaffte, ein Bürogebäude mit Probebühne ausbaute, Pässe, Wohnungen und (in der Zone) Möbel für die Wohnwagen der Schauspieler besorgte, dazu Sonderessen für das ganze Personal – unbeschreibliche Anstrengungen in der Ruinenstadt.«

Privat indes ließ er auch jetzt als abgewrackter Mann nicht davon ab, seine vertrackten Mehrfachgeschichten zu inszenieren. Er lebte zeitweilig mit der Berlau zusammen, reiste mit ihr in den Landen herum und umgockelte junge Geschöpfe, die ihm manchmal zu Gefallen waren, sich aber manchmal auch nur amüsierten. Ruth Berlau hielt das nicht aus. Helene Weigel hielt sich zurück, Auseinandersetzungen blieben nicht aus.

Bis zu seinem Tod am 14. August 1956 hatte sie beständig durch seine amourösen Machenschaften ausgelöste Konflikte auszugleichen. Wahllos nahm er Frauen, die ihm gefielen und die er haben wollte, ins Ensemble auf. Wolfgang Harich, Professor für marxistische Philosophie an der Humboldt-Universität, einem Gleichgesinnten, spannte er die Frau aus und stellte Isot Kilian als seine persönliche Assistentin ein. Gleichzeitig bandelte er mit der jungen Schauspielerin Käthe Reichel an, umwarb die junge Leipzigerin Käthe Rülicke, die prompt seine Regieassistentin wurde. Das Ensemble geriet zum Harem. Theater im Theater mit turbulenten Privateinlagen. Die beteiligten Frauen lieferten einander bühnenreife Szenen. Brecht kontrollierte alle, besitzergreifend wie eh. Der Tyrann im sexuellen Kollektiv. Helene Weigel setzte sich diskret und selbstbeherrscht für ihn und das Ensemble ein. Einen Gastregisseur (Konrad Swinarski) beispielsweise, der es gewagt hatte, mit Isot Kilian zu flirten, bat sie unter vier Augen, solches doch bitte zu unterlassen, da Brecht es nicht vertrage, wenn andere Männer den von ihm bevorzugten Frauen schöne Augen machten.

Die bemerkenswerte Frau überlebte den Augsburger Bänkelsänger um fünfzehn Jahre. Und sie war noch immer die zierliche, zähe Person, die unübertroffene Mutter Courage und zugleich über seinen Tod hinaus die lebendige Verkörperung seines Wortes:

> *…so scheint die Liebe Liebenden ein Halt.*

Kenner deuten die über Gebühr lebenslang bewiesene Loyalität der Weigel als ausgeprägten Masochismus. Mag wohl sein. Doch wer sagt, daß Masochismus nicht befriedigt, wenn eine Person es braucht, gebraucht zu werden, und gleichwohl ihre Integrität bewahrt.

Wir in der Welt

Geborgtes Glück
Virginia und Leonard Woolf

> Du bist mir alles gewesen,
> was ein Mensch einem Menschen sein kann.

Wie jeden Tag brachte er ihr auch an diesem kalten Freitagmorgen (28. März 1941) das Frühstück ans Bett. Später gegen elf Uhr vergewisserte er sich, daß sie in ihrem Arbeitszimmer saß und schrieb, ruhig, gefaßt, konzentriert, wie ihm dünkte. Da schrieb sie aber ihren Abschiedsbrief. Um eins läutete die Haushälterin Louie zum Lunch. Er kam sofort, hatte gleich eine düstere Ahnung, rannte hinunter zum Fluß, suchte bis zum Abend, fand sie aber nicht. Erst drei Wochen später entdeckten Kinder die Leiche, im Fluß treibend. Drei Wochen andauerndes Grauen, das ihn innerlich betäubte, wie er schrieb: »Es war, als hätte man mich so geschunden und geschlagen, daß ich mir wie ein gehetztes Tier vorkam, das sich vor Erschöpfung nur noch instinktiv in seinen Bau schleppen kann.«

Mit diesen drei Wochen endeten dreißig Jahre nahezu symbiotischen Zusammenseins. Die Intensität dieser beispiellosen Ehe von Virginia und Leonard Woolf spricht aus ihrem Abschiedsbrief, in dem sie bekennt, daß er ihr das größtmögliche Glück geschenkt habe, daß er ihr alles gewesen sei, was ein Mensch einem Menschen nur sein könne: *Wenn jemand mich hätte retten können, wärest Du es gewesen... Ich glaube nicht, daß zwei Menschen glücklicher hätten sein können, als wir es waren.*

Ein geborgtes Glück, immer auf Widerruf gegeben. Fast dreißig Jahre lang hat Leonard dieses fragile, dieses sehr fragwürdige Glück dem Wahnsinn abzutrotzen versucht.

Die Welt bewundert das Werk von Virginia Woolf. Von *raids on the inarticulate*, Vorstößen in das Unaussprechbare, hat ihr Dichterkollege T. S. Eliot gesprochen. Entdeckungsfahrten in die visionäre Welt wurden ihre Bewußtseinsromane genannt, mit denen sie die spirituelle Realität habe erspüren wollen. In ihr erkannte und anerkannte man, was äußerst selten sei: das weibliche Genie. Unterschlagen wird bei solcher Würdigung gern die Tatsache, daß diese zwischen Genie und Wahnsinn angesiedelte, stets gefährdete Person in ihrer labilen Existenz, ihrer hochnervösen Sensibilität viel früher bereits durch Selbstmord umgekommen oder in einer psychiatrischen Anstalt dahingesiecht wäre, ihr Werk also nicht hätte zu Papier bringen können, hätte sie nicht diesen Mann mit seiner unermüdlichen Aufmerksamkeit, seiner hingebungsvollen Pflege an ihrer Seite gehabt. Und was da über drei Jahrzehnte auf ihn zukommen würde, worauf er sich einließ, das hat Leonard Woolf bei seiner Werbung 1911 nicht gewußt, darauf hat ihn auch niemand hingewiesen. Und er hat es dennoch ausgehalten, treu, geduldig, unnachgiebig zu sich selbst und von Anfang an überzeugt, ein Genie geheiratet zu haben, obwohl es für diese Annahme lange keine Beweise gab.

Das zerbrechliche Ich in seiner früh ausgeprägten, doch erst spät produktiven Genialität war nicht ausgestattet mit jener Kraft, die es braucht, das Leben praktisch zu bewältigen. Eine Mimose, die zu früh zu viel auszuhalten hatte. In der großen Kathedrale, die sich Kindheit nennt, wie Virginia Woolf Raum und Zeit ihrer frühesten Erfahrungen einmal beschrieb, in dieser Kathedrale ereigneten sich derart widersprüchlich verwirrende Szenarien, die ein empfängliches Gemüt verstören konnten. Obwohl die äußeren Bedingungen beneidenswert anregend und förderlich und befruchtend zu sein schienen. In der großen Kathedrale der geistreichen Mitgift gedieh die Neurose.

Adeline Virginia Stephen, als siebtes von acht Geschwistern am 25. Januar 1882 geboren, war dreifach begünstigt. Drei familiär gegebene Traditionen: Schönheit, Geist, Geld. Die Mutter Julia eine landbekannt attraktive Lady, edel nach Art hochgezüchteter Rassepferde, mit schmalem Langschädel, feingliedrig und immer etwas unterernährt, eine Schönheit von präraffaelitischem Charme. Der Vater ein Privatgelehrter von Rang. Und im Haus stets ein Menschengewimmel erlesener Geselligkeit. Die Brüder studierten in Cambridge. Die Töchter wurden in der Familie unterrichtet, waren aber wissensbegierig genug, sich Bildung anzueignen. Verglichen mit ihren privilegierten Brüdern fühlten sie sich gleichwohl benachteiligt, intellektuell verunsichert. Bei Virginia, ohnehin scheu, entwickelte sich ein ausgeprägter Minderwertigkeitskomplex. Was allerdings ihre trendtypische Attraktivität für Außenstehende nur erhöhte, ihr Image als scheue Schönheit von rätselhaftem Reiz.

Leonard Woolf, der mit einem der Stephen-Söhne studierte, lernte die Schwestern Vanessa und Virginia kennen, als sie ihren Bruder Thoby in Cambridge besuchten. In einem Rückblick schildert er den Eindruck, den sie hinterließen: »Sie trugen weiße Kleider, große Hüte und Sonnenschirme in der Hand, und ihre Schönheit verschlug einem buchstäblich den Atem. Man war wie vom Blitz getroffen, und alles, einschließlich des Atems, kam für eine Sekunde ins Stocken... Als Mann konnte man gar nicht anders, als sich in sie zu verlieben, und ich glaube, ich tat es sofort.«

Das war im Sommer 1901, als Virginia neunzehn, Vanessa zweiundzwanzig, Leonard noch nicht ganz zwanzig Jahre alt waren. Wenig später bewarb er sich um ein Staatsamt, wurde als Kolonialbeamter nach Ceylon geschickt und verschwand für sieben Jahre aus der Londoner Intellektuellen-Szene, um irgendwo im Dschungel für britische Ordnung zu sorgen. In der Zwischenzeit kristallisierte sich um die Stephen-Geschwister, was dann unter dem Stichwort Bloomsbury den so berühmt wie berüchtigten Londoner Künstlerzirkel zu Beginn des Jahrhunderts bildete, eine lose Gruppe britischer Snobisten hoher Intellektualität, frivol, apart und gegen die Moral der viktorianischen Ära gerichtet. In der Zwischenzeit zerbröckelte aber auch das Fundament dieser elitären und solipsistischen Existenz, in der Virginia schrittweise jeden Halt verlor. Jeder Verlust beraubte sie zunehmend der ohnehin brüchigen Gewißheit, hier beheimatet zu sein. »Über den Stephens hing ein Verhängnis«, urteilte später ihr Neffe Quentin Bell: »Irrsinn lauerte überall.« Die Verluste häuften sich. Tod der Mutter, Tod der mütterlich stellvertretenden Schwester Stella, Tod des Vaters, Tod des sehr geliebten Bruders Thoby. Und als Vanessa 1907 heiratete, blieb Virginia mit ihrem jüngeren Bruder Adrian zurück. Die beiden verstanden sich freilich nicht sonderlich.

Unter dem Zugriff des Todes zerfaserten die Relikte der Realität. Jeden Verlust beantwortete Virginia mit Nervenzusammenbruch. Versuche, sich mit dem Tod zu vermählen. Von da an galt sie für Insider als selbstmordgefährdet. Jede Störung wurde als unmittelbare Bedrohung empfunden. »Die Gegenwart«, schrieb sie später, »muß mechanisch, gewohnheitsmäßig verlaufen. Aus diesem Grunde versetzt mich auch jede Unterbrechung – wie zum Beispiel ein Wohnungswechsel – in höchste Erregung, weil sie den Ablauf des Lebens zerstört; sie zerbricht, sie verflacht und spaltet die Tiefe in harte, dünne Splitter auf.«

Die gespaltene Tiefe stand täglich hinter allen Dingen. Zu viele Schrecken, die sie nicht beschwichtigen konnte. Zuviel Bedrohung, der sie nicht gewachsen war. Zum Beispiel dieser Zwang, unbedingt heiraten zu müssen – ein beängstigendes, unentrinnbares Schicksal, das irgendwann über sie hereinbrechen würde. Bewerber gab es genug. Aber es gab auch die abschreckende Horrorvorstellung, die Erinnerung an den miterlebten Leidensweg ihrer Mutter, die in der Ehe mit dem ichbesessenen, anspruchsvollen Vater verbraucht und aufgezehrt sich zu früh erschöpfte und siebenundvierzigjährig starb. Der Tochter graute vor einem solchen Los. Um wirtschaftlich versorgt zu sein, dafür brauchte sie keinen Mann. Sie hatte ein paar Aktien geerbt, von denen sie wenn auch nicht üppig, so doch sorglos leben konnte. Das Geld war es nicht, sondern der Status einer ledigen, sitzengebliebenen Frau, der sie quälte, wie sie 1911 ihrer Schwester Vanessa einigermaßen verzweifelt mitteilte: »Neunundzwanzig sein und unverheiratet – ein Versager – kinderlos – dazu geisteskrank und kein Schriftsteller.«

Zu diesem Zeitpunkt hatte sie noch nichts publiziert, aber früh schon mit Schreiben begonnen. Zu diesem Zeitpunkt kam Leonard Woolf von Ceylon nach London, um seinen Jahresurlaub in der Heimat zu verbringen. Er hatte die schönen Schwestern in den Jahren seiner Abwesenheit nicht vergessen. Er bat Virginia, ihn zu heiraten. Sie zögerte lange mit der Antwort, artikulierte dann recht deutlich ihren Vorbehalt. Nein, er übe auf sie keine körperliche Anziehungskraft aus; sie empfinde nicht mehr als ein Stein, wenn er sie küsse. Es sei die sexuelle Seite, die sich in die Vorstellung schiebe, daß er ihr ein guter Kamerad sein und Kinder schenken und für ein geschäftiges Leben sorgen werde. Sex stand für sie auf dem Index. Aber etwas anderes empfahl Leonard, den Freund des mittlerweile verstorbenen Bruders, ihm geistesverwandt und also für Virginia brüderlich vertraut: die vage Hoffnung, das ihr notwendige geschwisterliche Einvernehmen fortsetzen zu können. Kein Zweifel, sie mochte ihn. Doch sie fürchtete die Unvermeidlichkeiten einer ehelichen Bettgeschichte mit den üblichen Konsequenzen von Kindern, Haushalt, täglicher Routine. Sie fürchtete den Wechsel der Existenz, die unerquicklichen Anforderungen der Ehe. Reaktion: Sie wurde krank, wurde in eine psychiatrische Klinik eingeliefert, schrieb ihm exzentrische Briefe, die er offenbar als skurrile Nachrichten aufnahm: »Ich werde Dir wunderbare Geschichten von Verrückten erzählen. Nebenbei, sie haben mich zum König gewählt. Darüber gibt es keinen Zweifel. Ich berief ein Konklave ein und verlas eine Proklamation über die Christenheit.«

Dergleichen und ähnlich Ungewöhnliches schreckte Leonard nicht. Allerdings hatten ihn die Angehörigen auch nicht über den wahren Sachverhalt des latenten Irreseins aufgeklärt. Möglicherweise hätte auch das ihn nicht gehindert. Er war bereit, wie er schrieb, jedes Risiko einzugehen. Denn: ...*ich liebe Dich nicht bloß, weil Du so schön bist – – ich liebe Deinen Geist, Dein Wesen... Mag sein, daß Du eitel, egoistisch und unaufrichtig bist, aber das alles ist nichts verglichen mit Deinen anderen Eigenschaften als: Großartigkeit, Intelligenz, Witz, Schönheit, Spontaneität.*

Er ließ nicht locker. Sie konnte sich lange nicht entscheiden, verabschiedete aber allmählich den tiefsitzenden Abscheu, den sie in der Beobachtung so vieler Ehen gewonnen hatte, und überzeugte sich schließlich, daß er ihr die Beständigkeit gewähren könnte, die sie brauchte, um sich der Gefährdungen zu erwehren. Jedenfalls teilte sie einer Freundin im Sommer 1912 mit, daß sie Leonard heiraten werde: »Er ist Jude und hat keinen Pfennig. Ich bin glücklicher, als je jemand für möglich gehalten hat...«

Mit dieser Heirat am 10. August 1912 begann allerdings eine Geschichte, die ihren spezifischen Stellenwert hat gerade bei der allgemeinen Betrachtung jener Komponenten, die eine Ehe auch unter schwierigsten Bedingungen überleben lassen. Hier nun zeigt sich der extrem seltene Fall, daß der Mann für die Frau zu leisten bereit ist, was herkömmlich durch die Zeiten die Frau für den Mann auf sich genommen hat und noch immer auf sich nimmt: die Garantie, daß er unbehelligt von Alltagsbelästigungen und unterstützt in seinen vitalen Bedürfnissen seine Lebensarbeit, seine Karriere bewältigen und vorantreiben kann. Wobei dann ihre Leistung im Hintergrund, ihr Verzicht zu seinen Gunsten kaum je Erwähnung fand oder findet. Die Steigbügelhalterin des männlichen Genies, wie etwa Alma Mahler-Werfel ihre Funktion verstand, taucht allerorten zu allen Zeiten in allen Schichten als Stütze berühmter, erfolgreicher oder sonst anonym schuftender Männer auf. Sie hat ihr Leben ganz nach seinen Erfordernissen auszurichten, ihm zu folgen bei Versetzungen, ihm Unliebsames (störende Kinder) vom Hals zu halten, seiner narzißtischen Selbsterhöhung zuliebe eigene Aktivitäten aufzugeben, wie etwa Gustav Mahler seiner komponierenden Frau Alma bereits vor der Hochzeit unmißverständlich befahl: »Du hast von nun an nur einen Beruf – mich glücklich zu machen! Verstehst Du, was ich meine, Alma? Die Rolle des ›Komponisten‹ fällt mir zu – Deine ist die der liebenden Gefährtin und verständnisvollen Partnerin.« Alma hat verstanden, das Komponieren aufgegeben und sich wie die weit überwiegende Mehrheit ihres Geschlechts an das Gebot gehalten.

Frauen im Schatten, von keinem Lexikon erwähnt, selten

mit Dank bedacht, noch seltener selbst hervorgetreten – es fällt auf, daß die großen, ungestümen Weltbeweger oder auch weniger hochgreifende Herrenschreiber sich häufig ein solches Wesen wählen, hilfreich und dienstwillig, gefügig und selbstlos bis zur Selbstpreisgabe. Diese Wesen übernehmen die lästigen Widrigkeiten im Alltag, halten jede Störung vom großen Meister fern, halten zugleich die Kinder in Zucht, führen die Korrespondenz, die Telefonate, die Terminkalender, den Haushalt, schreiben die Manuskripte ab, erledigen oft das Geschäftliche – wie Katia Mann, die sich beim Verleger energisch durchzusetzen wußte.

Solche scheinbaren Liebesverhältnisse wurden längst als Produktionsverhältnisse diagnostiziert oder drastischer noch als Ausbeutungsverhältnisse, in denen der Mann samt seinem Werk, seiner Laufbahn profitiert. Gelegentlich zu gewissen Sondertagen schenkt er ihr dafür (wenn sie Glück hat) ein paar Blumen und schöne Worte. Beispielsweise Thomas Mann anläßlich seines eigenen siebzigsten Geburtstages an die Adresse von Frau Katia gerichtet, für deren Tapferkeit und unendliche Geduld er sich bedankte und zum Dank Entschädigung im Jenseits versprach: »Wir werden zusammenbleiben auch im Schattenreich. Wenn irgendein Nachleben mir, der Essenz meines Seins, meinem Werk beschieden ist, so wird sie (Katia) mit mir leben, mir zur Seite. Solange Menschen meiner gedenken, wird ihrer gedacht werden…« Sehr schön. Im Diesseits freilich, und nicht erst im Schattenreich, kennt man Frau Katias späten Seufzer: »Ich habe in meinem Leben nie tun können, was ich wollte.« Ein Schicksal, das sie mit Anna Grigorjewna Dostojewski, mit Gertrud Jaspers, Elfriede Heidegger (um nur diese wenigen der unzähligen zu nennen) und Millionen weniger bis gar nicht Prominenter teilte. Die Anordnungen des Herrn schon im voraus erahnend zu befolgen. Seiner Lebensplanung absolut Priorität einzuräumen. Seiner Willkür, seinen Launen widerspruchslos nachzugeben und sich jede Demütigung, jede Gewalt gefallen zu lassen, etwa die totale Despotie, wie sie beispielsweise Sigmund Freud gleich vier Frauen gegenüber herrschen ließ: Ehefrau Martha, Schwägerin Minna, Tochter Anna, die er bezeichnenderweise Antigone nannte, und Perle Paula Fichtl, die als Wirtschafterin im Haushalt der Wiener Berggasse 19 nicht einmal eine dürftige Schlafkammer zugewiesen bekam, sondern wie ›ein getreuer Hund‹ im Durchgangsflur vor dem Gemach des Psycho-Patriarchen auf einer Bank zu nächtigen hatte. Im hohen Alter lobte Freud: »Mit meiner Frau bin ich wirklich gut ausgekommen.« Kein Wunder. Sie hat sich gefügt. Allzeit bereit zu Diensten des Herrn. Schattenleben. Sklavenexistenz.

Die Rücksichtslosigkeit und Eitelkeit, die schwierigen Ansprüche zwischen kreativem Rausch und tiefster Depression so mancher großer Männer führten häufig zu Lebensverlust und Identitätsproblemem der dazu gehörenden Frauen. Und äußerst selten nur läßt sich eine umgekehrte Partitur verzeichnen und die Gleichung aufstellen: So wie etwa Helene Weigel der ruhende Pol im Getriebe der Unrast eines Bert Brecht war, so war Leonard Woolf der ruhende Pol im Getriebe der Angst seiner Frau Virginia.

Dabei hat ihn nichts für diese zermürbende Rolle als Hüter des durch Wahnsinn gefährdeten Genies prädestiniert. Von Haus aus unvermögend und skeptisch gegenüber der britischen Upper Class, der Virginia entstammte, mußte er, der Jude und eines von neun Kindern einer alleinstehenden verwitweten Mutter, ohne Erbschaft und einflußreiche Beziehungen eine gesicherte Laufbahn im Staatsdienst anstreben, um ein Auskommen zu haben.

Als Student in Cambridge gehörte er zum engsten Freundeskreis des brillanten Thoby Stephen. Und den Schwestern gegenüber charakterisierte Bruder Thoby ihn als einen erstaunlichen Burschen, der fortwährend am ganzen Leibe zittere, sehr exzentrisch, außergewöhnlich sei. Es gehöre zu seinem Wesen, so heftig, so wild die gesamte menschliche Rasse zu verachten. Die meisten Menschen, meinte Thoby, fänden sich mit allem ab. Woolf aber täte das nicht, was wiederum Thoby grandios fand und bei Virginia einige Neugier weckte: »Ich war natürlich von tiefstem Interesse an diesem wilden, zitternden, misanthropischen Juden beseelt, der bereits seine Faust gegen die Zivilisation erhoben hatte und der im Begriff war, in die Tropen zu verschwinden, so daß keiner von uns ihn je wiedersehen würde.«

Er verschwand in die Tropen und sicherte sich seine Existenz als Kolonialbeamter mit Karriere-Aussicht auf das Amt eines Governors. Dann aber verzichtete er sofort und ohne Bedenken bei der Heirat auf die sorgenfreie Stellung, verzichtete ausschließlich Virginia zuliebe. Denn ihr war die Übersiedlung nach Ceylon nicht zuzumuten. Den Staatsdienst zu quittieren, bedeutete den Verlust garantierter Einkünfte und Pensionsansprüche (ähnlich wie Frauen zugunsten der Familie nicht selten Stellung, Verdienst, Rente in den Wind schreiben). Zunächst verdiente er seinen Lebensunterhalt mit wechselnden Gelegenheitsjobs. Bald profilierte er sich als Rezensent politischer Bücher beim *New Statesman*, als Schriftsteller, schließlich als Verleger der kleinen, feinen, sehr exklusiven Hogarth Press. Der Labour Party, den Sozialisten, den Antifaschisten zugewandt, übernahm er, der Kriegsdienstverweigerer und Pazifist, gut fünfzig Jahre lang eine nicht unbedeutende, beratende, anregende Funktion im Hintergrund, ohne je etwas von sich herzumachen. Ein bescheidener Bursche, nicht gerade charismatisch, eher vorsichtig agierend, vielleicht auch hölzern wirkend und ausgestattet mit einigen berechtigten Vorbehalten gegenüber der noblen Welt, zu der die Stephens gehörten. Diese Welt, die »in einer besonderen Atmosphäre von Einfluß, Auftreten, Ansehen« stand, beneidete er zwar »um ihre anmaßende Urbanität«. Aber er verachtete ihre stets spürbare Arroganz, die einen wie ihn verunsicherte. »Ich habe Angst, mich lächerlich zu machen.« Ihr Snobismus war es denn auch, den er als Virginias Hauptfehler empfand. Ein Snobismus, den sie auch seiner Familie gegenüber zum Ausdruck brachte, ihre Abneigung nicht verhehlend. »Ich mag die jüdische Stimme nicht, ich mag das jüdische Lachen nicht«, schrieb Virginia Woolf und monierte die Manieren ihrer Schwiegermutter, die nie einen brillanten Satz von sich gegeben habe, und die mangelhafte Bildung ihrer Schwägerinnen: »Nichts Schönes, nichts genau

Umrissenes, höchst seltsam, daß die Natur diesen Typus in solcher Fülle hervorbringt.«

Die feine englische Art zeigt in Virginias Charakterbild einige Risse. Ihre spitze Zunge war gefürchtet, ihre Bosheit auch. Sie klatschte gern und nicht zu knapp, mischte sich in anderer Leute Angelegenheiten und stiftete mit ihren Indiskretionen nicht selten Zwistigkeiten und Mißstimmungen, die Leonard mit Mühe ausgleichen mußte. Durch ihre Tagebücher zieht sich leitmotivisch eine Spur von manchmal erschreckender Arroganz vor allem dem einfachen, arbeitenden Volk gegenüber. Sie spricht von »Kretins«, von »elenden Kreaturen mit blödem Grinsen… Sie sollten wirklich getötet werden«. Auch elegante Damen der eigenen Klasse verurteilt sie als »verabscheuenswerten Haufen von Kreaturen«. Menschen als Menge findet sie ekelhaft; »sie stinkt, sie klebt… eine laue Masse Fleisch, die kaum die Form menschlichen Lebens hat«. Die Arbeiten und Erfolge anderer Schriftsteller verfolgt sie mit Neid, etwa Katherine Mansfield: »billige Sentimentalität«. Es muß schwierig gewesen sein, mit dieser launischen, zänkischen, oft gehässigen Frau im Alltag auszukommen. Leonard hat es ohne Murren, ohne Kritik ertragen.

Eine kontroverse Kombination, in der sein nahezu bürokratisches Organisationstalent um den Preis des Selbstverzichts offenbar einige Befriedigung fand und sich ihre Abhängigkeit von ihm in dem Maß steigerte, als sie tatsächlich dem praktischen Leben zunehmend nicht gewachsen war, früher oder später also in einer Heilanstalt (oder im Tod) hätte Zuflucht suchen müssen. Jedenfalls versäumte sie in ihren Aufzeichnungen nie, ihr anhaltend tiefes Verlangen nach seiner ständigen Nähe zum Ausdruck zu bringen. Wenn er nicht da sei, fände ihr Ich kein Echo, um alle ihre Schwingungen aufzunehmen, notierte sie. Allein sei sie wie »eine Violine, die des Orchesters oder des Pianos beraubt« worden sei. Also tat er alles, um sie möglichst selten und dann nur kurz allein zu lassen und ansonsten einen absolut geregelten Lebensplan und Tageslauf zu gewährleisten, um das Gespenst der gespaltenen Tiefe zu bannen.

Dieses Gespenst erhob sich sofort, kaum daß sie verheiratet waren. Der mit der Ehe unvermeidliche Wechsel auf dem Hintergrund der schon voraufgegangenen Verluste brachte für sie zuviel an Unruhe, Anstrengung, Belastung und insgesamt eine Irritation, die ihre Nerven flattern ließ und ihre ohnehin brüchige Lebenskraft überforderte. Dabei schlingerte sie gerade in seelischen Schwierigkeiten durch gefährdende geistige Anspannung, wie immer, wenn sie über der Arbeit an einem Roman saß und jedesmal bis zur äußersten Belastung ihre ganze Persönlichkeit einbrachte, ohne abschalten zu können, mit unerbittlicher Beharrlichkeit und Konzentration in einen Zustand geistiger Erschöpfung geriet und dabei stets erneut Gefahr lief, völlig zusammenzubrechen. »Ihr Wahnsinn und ihr Schreiben«, bekannte Leonard, »standen in einer engen und komplizierten Verbindung.« Mit einer »Art gemarterter Intensität« habe sie sich kompromißlos zu Meisterleistungen gepeitscht, habe ihre Manuskripte mehrfach, oft bis zu zwanzigmal vollkommen neu geschrieben und dabei zugleich unter einer Schwäche gelitten, einer fast pathologischen Überempfindlichkeit gegenüber Kritik, »so daß eine immer quälender werdende Angst sie belastete, je näher sie dem Ende ihres Buches kam und der Notwendigkeit, es und sich selbst den Kritikern zum Fraße vorzuwerfen«.

Die peinigenden Inferioritätsgefühle fußten auch in der vagen, noch durch kein Echo bestätigten Absicht, das traditionelle Terrain literarischer Produktion zu verlassen und gleich zu Beginn mit ihrem ersten veröffentlichten Roman *The Voyage Out (Die Fahrt hinaus)* dichterisch zu experimentieren, statt realer Handlungsabläufe die seelischen Prozesse und inneren Perspektiven in flutenden Impressionen quasi pointillistisch aufzuzeichnen, innere Wirklichkeiten wiederzugeben. Ohne zunächst voneinander zu wissen, mühten sich damals kurz vor dem Ersten Weltkrieg drei noch Unbekannte um eine neue Prosa, die später alle drei als Wegbereiter und Vollender dieser epischen Atomisierung berühmt werden sollten. In Paris erschien 1913 der erste Band *(Du côté de chez Swann)* des monumentalen Lebenswerkes *A la recherche du temps perdu (Auf der Suche nach der verlorenen Zeit)* von Marcel Proust (1871–1922). Ein Jahr später, 1914, veröffentlichte der Ire James Joyce (1882–1941) seine *Dubliner*. Und 1915 folgte die weibliche Vertreterin dieser bahnbrechenden Literaten-Avantgarde Virginia Woolf (1882–1941) mit ihrem Erstling *The Voyage Out*.

Die Inferioritätsgefühle luden sich freilich erst recht an ihrem speziellen Dilemma auf. Das Problem ihrer Ehe lastete sie sich als Versagen an, überhaupt keine Hausfrau, vielmehr eine strapaziöse Partnerin, eine unbefriedigende Geliebte, eine unvollkommene Frau zu sein, die nichts von dem erfüllt, was ein Mann in der Ehe erwarten kann. »Virginia was sexually not enthusiastic«, notierte ihr Neffe und Biograph Quentin Bell. Das war vornehm zurückhaltend formuliert. »Ich finde wirklich«, schrieb sie einer Freundin, »daß man den Orgasmus übertreibt.« Tatsächlich graute ihr vor dem Sexualakt. Sie kannte ihre Abneigung und erklärte sich die körperliche Aversion einerseits mit ihrer viktorianischen Erziehung, andererseits mit jenen inzestuösen Erlebnissen, die sie als kleines Kind und als Jugendliche durch ihre sehr viel älteren Stiefbrüder George und Gerald erdulden mußte, ohne sich wehren zu können, und die sich traumatisch festgesetzt haben: *Ich muß mich meines Körpers geschämt oder Angst vor ihm gehabt haben.*

Die Angst ist geblieben. Die Angst des Kindes vor schamlosen Übergriffen, die Angst der Achtzehnjährigen vor sexuellen Attacken, die Angst der Frau vor männlichen Forderungen überhaupt. In der Ehe, die nach herkömmlicher Vorstellung die Frau zum Beischlaf verpflichtet, wuchs sich die Angst zu einem massiven Schuldkomplex aus.

Denn Leonard, der wilde exzentrische Cambridger Bursche mit den langen Grashüpferbeinen, war keineswegs der asketische Eremit, zu dem er sich im Zusammenleben mit ihr entwickelte. Er hatte auf Ceylon einige Affären, erotische Romanzen und durchaus seine Begierden. Er galt als leidenschaftlich veranlagt. Seine Vorstellung von Eheglück schloß vor der Heirat eine drollige Kinderschar, friedliche

Familienidylle, anregende häusliche Geselligkeit mit ein. Er wurde drastisch ernüchtert, gleich im ersten Jahr. Und wenn er enttäuscht war (und wie sollte er nicht), so hat er es in seiner beharrlichen, behutsamen Sorge um ihr labiles Gleichgewicht Virginia nie merken und sich auch nicht durch ihre lesbischen Neigungen demotivieren lassen. Obwohl sie beide, wie er in seinen Erinnerungen schrieb, gern Kinder haben wollten, begriff er bald, daß es bei der unberechenbaren Wirkung von Streß und Belastung für sie viel zu gefährlich wäre, ein Kind zu bekommen. Also übernahm er die Verantwortung und sorgte dafür, daß sie nicht schwanger wurde. Was er trotz aller Vorsicht nicht verhindern konnte, waren ihre in Abständen wiederkehrenden Zusammenbrüche. Kaum hatte sie zu Beginn des Jahres 1913 ihr Manuskript *The Voyage Out* abgeschlossen, wurde sie heimgesucht von Anfällen quälender Unruhe, Schlaflosigkeit, rasenden Kopfschmerzen. Schon bei Kleinigkeiten reagierte sie gereizt, wurde aggressiv, sogar gewalttätig. Sie verweigerte jedes Essen, beschimpfte Leonard, ekelte sich vor ihm, stieß ihn zurück, verschanzte sich. Und damit begann, so Leonard, »ein Alptraum, der monatelang auf uns lastete... Ich war überzeugt, daß sie jeden Augenblick in völlige Verzweiflung fallen konnte und versuchen würde, sich umzubringen«. Was sie dann trotz unablässiger Pflege (vier Krankenschwestern kümmerten sich neben Leonard abwechselnd um die schwierige Patientin) doch mit einer Überdosis Veronal versuchte. Sie konnte gerettet werden. Die Ärzte, von denen sich die Woolfs im Stich gelassen fühlten, diagnostizierten Neurasthenie oder schizophrene Psychose, und ihre medizinische Schlußfolgerung schien für diesen Extremfall vernünftig: Einweisung in eine Nervenklinik wegen Wahnsinn. Leonard indes lehnte das kategorisch ab und konnte nur mit Mühe verhindern, daß man Virginia, wie damals bei Suizidgefährdeten üblich, für geistesgestört erklärte und zum Schutz vor sich selbst in einer Heilanstalt verwahrte.

Nach dieser ersten Alptraum-Erfahrung, die sich in Schüben bis zu ihrem Tod 1941 wiederholte, organisierte und garantierte Leonard so pedantisch wie konsequent das Konzept, das Virginia für sich selbst schon früh begriffen hatte: Die Gegenwart muß mechanisch, gewohnheitsmäßig verlaufen, um das Gespenst unter Kontrolle zu halten. Bis ins Detail wurde der Tagesplan mit genauen Zeitangaben geregelt. Dabei mußte er das Kunststück fertigbringen, und er brachte es fertig, sie unablässig, Tag und Nacht, zu bewachen, ohne bei ihr das Gefühl aufkommen zu lassen, daß sie überwacht wurde. Dazu die lähmende Prozedur einer wenigstens minimalen Ernährung. Aus eigenem Antrieb hätte sie nichts zu sich genommen. Sie war besetzt von dem Tabu zu essen, einer ins Pathologische gesteigerten Abneigung gegen jede Nahrung. Jede Mahlzeit dauerte ein bis zwei Stunden, berichtete Leonard: »Ich mußte neben ihr sitzen, gab ihr einen Löffel oder eine Gabel und bat sie immer wieder ganz ruhig, etwas zu essen, wobei ich gleichzeitig ihre Hand oder ihren Arm berührte. Etwa alle fünf Minuten schob sie mechanisch einen Happen in den Mund... eine gräßliche Prozedur.« Man könne sich nur wundern, meinte Quentin Bell, daß Leonard dabei nicht selbst verrückt geworden ist.

Dennoch war sie ihm, die Schrecken der Heimsuchung und die gräßlichen Prozeduren einmal ausgeklammert, eine unvergleichlich anregende Partnerin, ungewöhnlich amüsant im Gespräch, wie er bekannte: »Denn sie hatte einen schnellen und intelligenten, geistreichen und humorvollen Kopf, war angemessen ernsthaft oder frivol, je nachdem, wie es die Gelegenheit oder das Thema erforderte.« Darüber hinaus markierte er jene besondere Nahtstelle, an der genau das beginnt, was er Virginias Genie nannte. Mitten in einer Unterhaltung mit mehreren Menschen oder während eines Dialogs zu zweit »konnte sie plötzlich abheben und irgendeine verrückte, faszinierende, ergötzliche, traumhafte, fast lyrische Beschreibung eines Ereignisses, eines Ortes oder einer Person geben. Die gewöhnlichen geistigen Abläufe waren unterbrochen, und statt ihrer strömten, fast ungesteuert, die Wasser der schöpferischen Kraft und Phantasie hervor und versetzten sie und ihre Zuhörer in eine andere Welt«.

Das unabdingbare Gerüst von Ruhe, Gleichmaß, minutiös befolgtem Stundenplan, das sie brauchte, um existieren und arbeiten zu können, war ihr selbst zuwider. Sie reiste leidenschaftlich gern, liebte das anregende Großstadtleben, phantastische Partys, Premieren, Geselligkeit, Gespräche, alte Freunde, neue Kontakte. Doch all das brachte viel zuviel Unruhe, Aufregung, Hektik mit sich, was sie jedesmal wieder aus der Bahn warf. Also mußte er auch dieses Kunststück zustande bringen, solche Abwechslungen einzuschränken oder abzusetzen, was sie nicht selten wie ein trotziges Kind beantwortete, in ihrem Tagebuch gekränkt kommentierte oder heftig ablehnte und wütend mit ihm haderte. In Richmond, einem beschaulichen Vorort an der Stadtperipherie, wohin sie der Ruhe und Abgeschiedenheit wegen gezogen waren, denn: »Virginia gehörte zu den Menschen, die sich verzehren, sich geistig verausgaben, sowohl passiv wie aktiv, und nicht nur auf einer Party, sondern in jeder Art von Gespräch oder gesellschaftlichem Verkehr«, in Richmond fühlte sie sich eingesperrt und ausgeschlossen. In London dagegen »könnte ich ausgehen und Musik hören oder mir ein Bild ansehen oder das British Museum erforschen oder mich unter Menschen wagen… Jetzt bin ich angebunden, gefangen, behindert«.

Alles in allem fügte sie sich seinem Reglement, wohl wissend, daß sie andernfalls in jene verheerenden Erregungszustände wegrutschte, die sie in die gespaltene Tiefe rissen; wohl wissend auch, daß sie ihn als geistiges Korrektiv und stabilisierende Gemütsstütze brauchte. Leonard bewährte sich in dieser schwierigen Beziehung als besserer Therapeut, besser als jeder der unzähligen Fachärzte, die sie im Lauf der Jahre konsultierten. Er blieb gelassen angesichts ihrer Hypersensibilität gegenüber jeder Kritik, die laut Leonard »ihre Seele quälte wie der Bohrer des Zahnarztes einen freiliegenden Nerv«, eine Schwäche, die sie selbst verachtete. Sie lebte in der ständigen Furcht: »Man wird über mich lachen, mit dem Finger auf mich zeigen.« Diese Furcht, die Leonard als »zuviel Ego in ihrem Kosmos« wertete, konnte nur er beschwichtigen: »Wir pflegten zu sagen, daß Virginia sich unentwegt seelische Dornen einträte – Qaulen, von denen sie sich nicht befreien konnte –, vor allem durch Kritik. Sie kam oft zu mir und sagte: ›Ich hab wieder einen Dorn‹, und dann redeten wir darüber, bis wir den Dorn heraus hatten.« Therapie. In diesem ständigen Zwiegespräch konnte sie immer wieder aufgefangen werden, konnte das lebendige Wesen entstehen, das zwei Menschen zu bilden imstande sind. Wir in der Welt, um dieser bedrohlichen Welt gewachsen zu sein (solange es geht).

Die Ironie dieser Fallgeschichte gehört, wenn auch vielleicht nur am Rande, zu einem kuriosen Kapitel der Psychoanalyse. Zu der Zeit, als die Woolfs noch mit Virginias Krankheit rangen, praktizierte Sigmund Freud in Wien längst als die anerkannte Kapazität in Sachen Seele, hatte sich auch bereits der Freud-Schüler und Analytiker Ernest Jones in London etabliert, hatten die Woolfs als erste Freuds frühe Schriften in ihrem Verlag herausgebracht, seine Erkenntnisse also zumindest gelesen. Und doch wurde eine psychoanalytische Therapie für Virginia offenbar nie in Erwägung gezogen, hätte auch wohl in diesem Fall wenig gefruchtet. Als die Woolfs dann 1938 Freud persönlich begegneten und ihn besuchten, nachdem er in London sein Exil bezogen hatte, da war der sieche Greis schon vom Tod gezeichnet. Ob er ihr hätte helfen können, die Frage muß offen bleiben.

In Leonards Gegenwart, in dieser ständigen Bestätigung, dieser beruhigenden Geborgenheit bildete sich eine Basis, auf der zwar ein Abhängigkeitsverhältnis entstand, aber auch diese einzigartige, in absolutem Vertrauen gründende Symbiose, eine tiefe Zuneigung auf Gegenseitigkeit, jenseits sexueller Lust. So begab es sich, daß sie ihm nach zehn Jahren Ehe am 17. April 1922 schrieb: »Ich liege da und denke an mein teures Biest, das mich Tag für Tag meines Lebens glücklicher macht, als ich es für möglich gehalten hätte. Gar kein Zweifel, ich bin schrecklich in Dich verliebt. Ich denke dauernd daran, was Du wohl tust, und muß rasch damit aufhören – es ruft in mir den Wunsch wach, Dich zu küssen.«

Unter solchen Voraussetzungen konnte sie ihre Meisterwerke schreiben, immer dem Gespenst abgerungen, immer ein geborgtes Glück. So erschienen neben vielen anderen kleineren Arbeiten 1922 *Jakobs Raum*, 1925 *Mrs. Dalloway*, 1927 *Die Fahrt zum Leuchtturm*, 1928 *Orlando*, 1929 *Ein Zimmer für sich allein*.

In diesen Jahren brechen 1923 in Berlin Helene Weigel und Bert Brecht auf, die Metropole Mahagonny zu erobern; wird 1925 in dem kleinen englischen Provinznest Grantham ein Mädchen namens Margaret geboren, die mittlerweile als EISERNE LADY in die britische Geschichte eingegangen ist; schließen 1929 in Paris Simone de Beauvoir und Jean-Paul Sartre ihren legendären Lebenspakt. Und eine Wallis Simpson beginnt 1931 ihre skandalöse Laufbahn als Geliebte des Prince of Wales und späteren Königs Edward. Solche allerhöchsten Affären im Rang der Romanze bei den Royals bewegten Virginia und Leonard Woolf wenig bis überhaupt nicht. Sie hatten sich neben ihrer täglichen Schreibarbeit noch ein Hobby zugelegt, zunächst (1917) als therapeutische Entspannungsübung gedacht, »um die Seele durch Spiel zu entlasten«: The Hogarth Press.

Damit sich Virginia von der verzehrenden Intensität ihrer dichterischen Denk- und Spracharbeit ablenken und erholen konnte, stellten die Woolfs eine kleine Handpresse in ihr Eßzimmer, auf der sie nachmittags Blatt für Blatt Manuskripte druckten, dabei zugleich als Setzer, Drucker, Binder, Verleger und Vertreiber fungierten. In wenigen Jahren avancierte dieses kuriose, spielerisch begonnene Unternehmen zu einem zwar kleinen, aber hochangesehenen Verlag, der sich mit Pioniertaten und Neuentdeckungen hervortat, der Katherine Mansfield, T. S. Eliot, Maxim Gorki und als erster in England Sigmund Freud herausbrachte. Vor allem aber nutzten sie bald die Chance, Virginias sehr experimentelle Werke selbst zu verlegen. Dadurch konnte sie, wie Leonard bemerkte, »dem Elend entgehen«, sich der Kritik fremder Lektoren und Verleger auszusetzen. So erschienen ab 1921 alle ihre Romane in der Hogarth Press. Und mit *Orlando* schaffte sie 1928 den Durchbruch zum schriftstellerischen Erfolg.

Bis dahin lebten sie die sehr ungewisse Existenz zweier Autoren, die sich noch nicht durchgesetzt hatten, sich also permanent in finanziellen Schwierigkeiten befanden. Bis dahin hätte Virginia Woolf nach der peniblen Buchführung und Bilanz ihres Verlegergatten »von den Einnahmen aus ihren Büchern schlicht nicht leben können«. Ihre jährlichen Einnahmen bewegten sich zwischen 100 und 200 Pfund. Bei sparsamster Haushaltsführung, so hatte Leonard errechnet, brauchten sie mindestens 600 bis 800 Pfund per annum, was sich in Krisenzeiten durch Kosten für Ärzte und Krankenschwestern beträchtlich erhöhte (um mehr als 500 Pfund pro Jahr). Er mußte also auf irgendeine Art rund 477 Pfund im Jahr verdienen, wenn sie über die Runden kommen wollten. In den ersten zehn, zwölf Jahren ihrer Ehe überfiel Virginia oft eine plötzliche Panik wegen der Finanzen, die er jedesmal wieder zu beschwichtigen verstand. Und trotz der angespannten ökonomischen Situation konnte sie dank seiner verstärkten Tätigkeit die ihr verhaßte Lohnarbeit, Rezensionen und Kritiken für Zeitschriften, 1920 einstellen. Mit großer Erleichterung vermerkte sie in ihrem Tagebuch, »daß ich mich im Alter von achtunddreißig Jahren befreit habe, scheint mir ein großes Glück zu sein – – und ist natürlich L. zu verdanken, ohne dessen Journalismus ich meinen nicht würde aufgeben können«. Leonard Woolf hatte einen Posten als Feuilletonredakteur bei der Wochenzeitung *Nation* angenommen, was ihm ein gesichertes Einkommen von jährlich 500 Pfund einbrachte und ihm erlaubte, den Löwenanteil der Arbeit zu Hause erledigen zu können.

Dürftig indes mußte das Ehepaar bei aller Sparsamkeit und Leonards buchhalterischen Rechenkünsten nie leben. Sie leisteten sich, noch ehe der Verlag florierte, zwei Häuser (in der Stadt und auf dem Land) mit einigem Dienstpersonal, Köchin, Stubenmädchen, Putzfrauen, Gärtner, dazu ausgedehnte Reisen und Geselligkeit, wenn das ihr Zustand erlaubte. Sie scheuten auch nicht die Kosten, und die müssen erheblich gewesen sein, die Virginia durch ihre recht rücksichtslose Korrigierarbeit auf den bereits fertigen

Druckfahnen zu verursachen pflegte. Kaum ein Verleger außer diesem einfühlsamen Ehemann dürfte es widerspruchslos hingenommen haben, daß die Autorin noch auf den Fahnen umfangreiche Abschnitte herausstrich und kaum eine Seite ohne erhebliche Umschreibungen oder Neuformulierungen zurückgab. Leonard indes duldete nicht nur diese kostentreibende Belastung, sondern hielt sie »ihrer professionellen, hingebungsvollen Arbeitshaltung« zugute, wohl wissend, daß nur seine beständig besänftigende Gegenwart ihr labiles Gemüt aus der Gefahr der gespaltenen Tiefe in die Wirklichkeit zurückholen konnte. Was dann doch immer wieder mißlang.

Trotz ihres zunehmenden Erfolges, trotz Anerkennung als eine der wichtigsten zeitgenössischen Autoren, trotz glänzender finanzieller Verdienste schienen nach Woolfs Erinnerungen »die Krisen der Erschöpfung und finsteren Verzweiflung, wenn sie ein Buch beendet hatte, immer tiefer und gefährlicher zu werden«. Es kam immer wieder vor, daß sie wochen-, gar monatelang den Attacken ausgesetzt blieb, wie sie es beispielsweise 1922 in ihrem Tagebuch festgehalten hat: »Zwei volle Monate ausradiert«, notierte sie am 8. August, »und verbracht habe ich sie mit peinigenden Kopfschmerzen, jagendem Puls, schmerzendem Rücken, Aufregungen, Herumzappeln, Wachliegen, Schlafmitteln, Sedativen, Digitalis, kleinem Ausgang, Rückkehr ins Bett – alle Schrecken aus dem dunklen Schrank der Krankheit...« Aber sie notierte zugleich, das Dunkle der Unterwelt habe nicht nur seine Qualen, sondern auch seine Faszination. Denn müde sein und im Bett liegen dürfen, sei sehr angenehm, »und für jemanden wie mich, der 365 Tage im Jahr kritzelt, ist es sehr heilsam zu nehmen, ohne auch nur den kleinen Finger zu rühren, um zu geben«.

Nie hat sie es gelernt, auch nur andeutungsweise mit den Schrecken aus dem dunklen Schrank umzugehen und etwa den Beklemmungen vor jeder Kritik zuvorzukommen. Nachdem 1936 das Manuskript *The Years (Die Jahre)* abgeschlossen war, fühlte sie sich ausgewrungen wie ein Scheuerlappen, zitterte sie in Panik vor den zu erwartenden Besprechungen: »Ich werde geschlagen, ich werde verlacht, ich werde dem Hohn und Spott preisgegeben werden.« Stets fürchtete sie totalen Verriß, »daß dies das langatmige Geschwätz eines gouvernantenhaft prüden bürgerlichen Gehirns ist und daß jetzt niemand mehr Mrs. W. ernst nehmen kann«. Wehrlos sah sie sich dem Dunkel der Unterwelt ausgeliefert, wie in einem Vakuum, wie auf einem hohen Sims zur Schau gestellt.

Als die Deutschen 1939 in Polen einfielen und damit den Weltkrieg entfesselten, als sie Paris besetzten, London bombardierten und die Briten eine deutsche Invasion befürchteten, als Churchill seine Landsleute beschwor, er habe nichts zu bieten als Blut und Mühsal und Tränen und Schweiß, da waren die Woolfs nüchtern und praktisch entschlossen, gemeinsam Selbstmord zu begehen, falls Hitler den Krieg gewänne und britischen Boden beträte. Sie hatten Benzin in der Garage gehortet und sich Morphium besorgt, also doppelt vorgesorgt für den Ernstfall. Sie wußten, was ihm, dem Juden und Sozialisten, bevorstünde: *Kapitulation wird bedeuten, daß alle Juden daran glauben müssen. Konzentrationslager.*

Dieser Ernstfall trat in England nicht ein. Aber als Virginia Woolf Ende Februar 1941 ihren Roman *Between the Acts (Zwischen den Akten)* beendete, fiel sie erneut in den ›Abgrund der Verzweiflung‹, wie sie es nannte. Tiefste Depressionen. Angst vor den ›Stimmen‹, die sie verfolgten. Und das Wissen, Leonards Leben zu ruinieren, wie sie in ihrem Abschiedsbrief schrieb. Der Angst, verrückt zu werden oder tatsächlich schon wahnsinnig zu sein, konnte sie sich am 28. März, an diesem kalten, klaren Freitagvormittag, nicht mehr erwehren.

Nachdem ihr Leichnam am Flußufer der nahen Ouse gefunden war, begrub Leonard Woolf die Asche seiner Frau im Garten zu Füßen zweier hoher Ulmen, denen sie wegen ihrer ineinander verflochtenen Zweige die Namen Leonard und Virginia gegeben hatten. Bei einem großen Sturm in der ersten Januarwoche 1943, schrieb Leonard später, wurde eine der Ulmen umgeweht. Bis zu seinem Tod 1969 lebte er in ihrem gemeinsamen Monks House, dessen Garten hinunter zum Fluß führte.

Die ineinander verflochtenen Zweige der zwei alten Ulmen erinnern an das symbolische Bild des sprichwörtlichen Paares im Mythos *Philemon und Baucis*. Die so versinnbildlichte Symbiose war im Fall des realen Paares Woolf keineswegs schicksalhaft geschenkt. Sie war den übermäßigen Belastungen zwischen Euphorie, Arbeitswut, Höhenflug und Absturz in die Schwärze der Verzweiflung abgetrotzt, war der nicht unbeträchtlichen konträren Gegensätzlichkeit ihrer Charaktere abgerungen, erarbeitet, wenn man so will.

Derart wuchs allmählich eine Art geschwisterlichen Einvernehmens, in dem Virginia, hypersensibel, gefährdet, führungsbedürftig, Leonard als fürsorglichen, strapazierfähigen Bruder akzeptieren konnte, dessen Anordnungen und Vorsichtsmaßnahmen sie sich fügte, so wie sie sich in der Jugend den leiblichen Brüdern gefügt hatte. War ihr Zusammensein auch nicht ohne Eros, so stand doch Sex weitgehend auf dem Index, war jedenfalls eine Quantité négligeable.

Was lernen wir daraus? Nichts. Wir sind schließlich keine Genies.

Not kann ungeheuer zusammenschweißen
Ruth Groß und Heiner Blum

Ohne ihn
wäre ich im Chaos gelandet

Es begann an einem Sonntag im September. Rotblond, braungold die Wälder an den Hängen rings um das Dorf, das sich klein, aber hübsch zwischen gebuckelten Bergen verbarg. Unter den Buchen oben auf der Höhe sind sie dahingewandert oder eher geschlendert auf schmalen Pfaden und haben geredet, zum erstenmal richtig miteinander geredet, stundenlang, mit Pausen zum Nachdenken, mit Ausblick ins Land. Rebhühner flogen vom Rübenacker empor. Rehe ästen auf der Lichtung. Ein wunderschöner Altweibersommersonntag.

Unerwartet war gleich nach dem Mittagsmahl an diesem Septembersonntag der Pfarrer des Dorfes auf dem Hof erschienen, um ihnen ins Gewissen zu reden. Sie beide, Ruth Groß, damals achtzehn Jahre alt, und Heiner Blum, neunzehn, so argumentierte der Geistliche streng, hausten nun schon länger als drei Jahre lang unter einem Dach zusammen, und das ginge nicht an, auf Pump und Borg des Schicksals zu leben, ohne Gottes Segen, wild wie die Heiden, verwerflich im Angesicht der Welt. Er sah die Säulen der Weltordnung wanken, der gute Gottesmann, er sah den christlichen Menschenplan in Unordnung geraten, ausgerechnet durch sie beide. Sein inbrünstiges Bemühen, wie er sie mit beschwörenden Worten ins Gebet nahm, wirkte derart, daß sie beide versucht waren, in Gelächter auszubrechen. Was wollte er von ihnen? Sie waren sich keiner Schuld bewußt.

Gewiß, seit dreieinhalb Jahren wohnte Ruth auf dem Blumschen Bauernhof. Aber lebten sie deshalb zusammen, wie ihnen der Pfarrer unterstellte? Nein, das taten sie mitnichten. In der Notzeit Anfang 1945 war Ruth Groß, das

Großstadtmädchen, gerade fünfzehnjährig, aus Frankfurt in das kleine, abgelegene Dorf im Hessischen geradelt. Eigentlich wollte sie nur hamstern. Als Älteste von drei Geschwistern mußte sie ihre überlastete Mutter Marianne unterstützen und zusehen, wo sie etwas Eßbares auftreiben konnte. Ein schwieriges Unterfangen. Total ausgebombt, hatten sie nichts zu tauschen. So mußte sich Ruth weitgehend aufs Betteln verlegen und Mitleid wecken und das im Massenpulk der vielen anderen mitleiderregenden Hungergestalten, die damals unterwegs waren auf Hamstertour bei den Bauern. Als aber Ruth mit ihrer Klapperchaise von einem Fahrrad auf dem versteckt hinter riesigen Nußbäumen für sich liegenden Hof der Blums anlangte, da hatte Lisbeth, die Bäuerin, Heiners Mutter, tatsächlich Mitleid mit dem abgemagerten, durchgefrorenen Mädchen. Sie solle sich erst einmal aufwärmen, solle erst einmal eine heiße Suppe essen, ein Stück Brot mit dick Sahnequark dazu, sagte Lisbeth, hochschwanger und schon stark behindert in ihrem Zustand; aber die Wirtschaft, den Haushalt, das Vieh im Stall mußte die werdende Mutter trotzdem versorgen.

Auch hier auf dem hessischen Hof ebenso wie bei der Familie in Frankfurt war der Vater noch nicht aus dem Krieg zurück (im Fall von Heiners Vater kam die Nachricht, daß der Bauer Blum gefallen sei, erst Mitte 1945; Ruths Vater dagegen kehrte 1950 aus russischer Kriegsgefangenschaft zurück).

Gestärkt durch die kräftige Kartoffelsuppe, packte Ruth gleich mit an, weil tatkräftige Hilfe hier wirklich nötig war. Zwar gab es auf dem Hof noch die umsichtige Großmutter Frieda, die allerdings schon zu gebrechlich war, um noch flink herumzuflitzen und überall gleichzeitig mit Hand anzulegen. Auch hatten sie einen Knecht auf dem Hof, stark an Körperkräften, recht beschränkten Geistes, tüchtig für die Schwerstarbeit, ein gutmütiger Kerl. Aber die Hauptlast der Organisation des bäuerlichen Betriebes blieb doch Lisbeth überlassen, die mehr und mehr, erst recht nach dem amtlich bestätigten Tod des Mannes, ihren Sohn Heiner mit in die Verantwortung einbezog. Er wuchs sehr frühzeitig in die Rolle des vernünftig abwägenden Erwachsenen, der weder Unfug noch Träume noch Gedanken an ganz andere Lebensentwürfe im Kopf zulassen durfte. Er war und blieb ein nüchtern pragmatischer Mensch. Gleichwohl stimmte es ihn froh, Ruth auf dem Hof zu wissen; gleich am ersten Tag, als sie bei ihnen auftauchte, traf ihn dieser Schub von optimistischer Daseinslust, von Witz und Temperament und von Heiterkeit, die sie verbreitet. Allerdings hat er sich das niemals anmerken lassen, nie ein Wort darüber verloren, was er empfand, sobald er sie nur sah. Ihr Element war und ist die Gegenwart, die für sie so trübe nie sein kann, um sie nicht mit ein paar lustigen Ulkworten zu glossieren zum Gaudi ihrer Umwelt.

Gleich am ersten Tag, als es viel zu spät geworden war, um über die unsicheren Straßen zurück in die Stadt zu radeln, blieb Ruth über Nacht. Als sie am nächsten Vormittag, mit fetten Fressalien versehen, aufbrach, gab Lisbeth ihr nicht nur die Zusicherung mit, sie dürfe bald wiederkommen, sondern auch die Bitte, sie möge es tun. Denn Lisbeth hatte sofort begriffen, welche Stütze ihr dieses selbständige Mädchen sein könnte. Was sich auch überzeugend zeigte, als Ruth zwölf Tage später wiederkam und Lisbeths Niederkunft bevorstand und Großmutter Frieda ausgerechnet zu dem Zeitpunkt auf dem Glatteis vor dem Haus ausgerutscht war und sich das Bein gebrochen hatte und in Gips verpackt nur mühsam etwas herumhumpeln konnte. Da lag Lisbeth in den Wehen (eine schwere Geburt, sie dauerte sechsunddreißig Stunden). Da wälzte sich Karl, Heiners jüngerer Bruder, zehn Jahre alt, ein schwerstbehindertes Kind, gutartig, aber unberechenbar, man mußte ihn immer beaufsichtigen, durfte ihn nie sich selbst überlassen, ein drolliger kleiner Idiot, jetzt verstört durch die Schreie der Mutter, wälzte er sich auf dem Küchenfußboden. Da brauchte die Großmutter Beistand, um vom Bett hochzukommen. Da mußte Heiner schleunigst ins nächste, vier Kilometer entfernte Dorf durch kniehohen Schnee, die Hebamme holen. Und da kam Ruth gerade recht, um wieder anzupacken. Rastlos, tatkräftig, unermüdlich sechsunddreißig Stunden lang, nur einmal ist sie zwischendurch am Küchentisch eingenickt. Lisbeth gebar zwei Mädchen. Die Mutter und die Zwillinge waren zunächst sehr geschwächt und pflegebedürftig, daß der Haushalt ohne Ruth aus dem Ruder geraten wäre. So kam es, daß sie auf dem Blumhof blieb. Zunächst sollten es nur ein paar Tage sein für den schlimmsten Übergang. Aber aus den Tagen wurden Wochen und schließlich dreieinhalb Jahre.

Die Arbeit nämlich riß nie ab. Auch die Not in den Städten lange nicht. Die Große Ruth, wie sie von nun an genannt wurde, konnte die Familie in Frankfurt regelmäßig in Naturalien, mit Feuerholz, sogar mit selbstgesponnener Wolle versorgen. Außerdem hatte sie hier auf dem Hof eine eigene Stube mit einem eigenen Bett, während die Mutter mit den Geschwistern zu Hause nur notdürftig in einem Kellerraum untergekommen war, ein feuchtes Verließ mit zwei Betten für vier Personen und einem Kanonenofen, der gegen die Kälte nicht anheizen konnte. Hier auf dem Bauernhof mußte Ruth weder frieren noch hungern, nicht durch Ruinen stromern, nicht täglich das Elend sehen. Sie konnte vielmehr ihren Beitrag leisten, ihren Geschwistern und Mutter Marianne die Nachkriegsmisere etwas zu erleichtern.

Und sie konnte aufatmen, aufleben in diesem Land mit seinen Nuß- und Birn- und Apfelbäumen, den Wäldern, den Wiesen, den Bächen voller Forellen. Der Wechsel der Jahreszeiten, wenn im Frühjahr die Hänge voller Veilchen stehen, auf den Feldern die Saaten sprießen, die Küken aus den Eiern schlüpfen, die Kirschen zu blühen beginnen; wenn im Sommer das Heu auf den Wiesen duftet, die Erdbeeren reifen, das Getreide geerntet wird, die Schwalben hoch über den Dächern kreisen, Leuchtkäfer durch die Nächte glühen; wenn im Herbst sich die Wälder verfärben, die Spinnweben tautropfenbesät im Morgenlicht flimmern, die Kartoffeln eingekellert werden, der Most in den Fässern gärt; wenn im Winter der Geruch von Bratäpfeln in der Küche liegt, die Wolle der Schafe gesponnen wird, das Holz im Kachelofen knarrt, Eisblumen die Fenster zieren, das Land im Schnee versinkt. Und die Feste, die das Jahr begleiten. Und die Tiere jeden Tag. Niemals, meint Ruth, hat sie in der Stadt so kreatürlich, so intensiv erlebt, was das Jahr auf dem Land zu bieten hat. Sie hat dieses Land in Besitz genommen. Sollte sie sich davon trennen, nach dreieinhalb Jahren freiwillig gehen?

Sie war hier heimisch geworden. Aber die Frage drängte sich auf an diesem Septembernachmittag 1948, nachdem der eifrige Pfarrer sie ins Gebet genommen und auch Lisbeth mit Vorwürfen nicht verschont hatte. Darüber waren sie ins Reden geraten, die Große Ruth und der sonst eher schweigsame Heiner Blum, der Bauernsohn, der Erbe des stattlichen Hofes hinter den hohen Walnußbäumen. Zum erstenmal redeten sie so miteinander über den Sinn der Existenz und was wohl der Mensch wert sei in dieser kaputten Welt und daß ihnen beiden Gott herzlich wenig, eigentlich gar nichts bedeute und erst recht nicht dessen Moral, darauf könnten sie pfeifen, darüber dächten sie nicht nach. Aber ob man vielleicht so eine Art Lebensplan entwerfen sollte und ob man das überhaupt müsse und wozu das wohl tauge, die Zukunft einzuzäunen, eine Vision zu erfinden, sich selbst in diesem Entwurf zu sehen, das fragten sie sich. Bis dahin war die Frage nie aufgeworfen, allenfalls einmal vage gestreift worden, was aus Ruths Zukunft werden sollte. In einem schwarzen Sack gibt es keine Visionen. Und bis dahin war die Zeit finster gewesen. Hungerzeit. Notzeit. Keine Aussicht auf einen Lehrberuf, eine Arbeitsstelle für junge Mädchen. Bis jetzt. Doch jetzt sollte sich alles ändern.

Mit der Währungsreform (Juni 1948) endeten die Naturalwirtschaft, der Tauschhandel, die Schwarzmarktgeschäfte. Von nun an regierte das Geld. Mit der Währungsreform taten sich aber auch Chancen auf für eine Lehre, eine Ausbildung, einen Beruf. Bisher, meinte jedenfalls Mutter Marianne in Frankfurt, habe ausgerechnet ihre tüchtige Tochter nichts gelernt. Hat sie wirklich nichts gelernt? Waren diese dreieinhalb Jahre etwa keine Lehrzeit gewesen, und zwar eine anstrengende, anregende, vielfältige Lehrzeit im Haus, im Garten, im Stall, auf dem Feld und mit den Kindern?

Erstaunlich schnell gewann das Großstadtmädchen unter Lisbeths Leitung jene Fähigkeiten, die ein derart vielseitiger Betrieb erfordert. Aber Ruth selbst, einfallsreich, phantasiebegabt und experimentierfreudig, führte allmählich so viele Neuerungen ein, verschönte den Alltag, brachte ungewohnte Gerichte auf den Tisch, daß bald die ganze Hofgemeinschaft an ihr hing und niemand ihre Gegenwart missen wollte. Vor allem aber war sie mit ihrem sprühenden Temperament das belebende Element im geregelten Ablauf der Tage.

Heiner betrachtete sie insgeheim, während sie zusammen an diesem späten Septembernachmittag durch den Buchenwald bummelten, und es war ihm, als habe er sie noch nie mit aufmerksamen Augen angesehen und noch nie gemerkt, was für ein schmuckes, gescheites Geschöpf da neben ihm herging. Und er stellte fest, daß sie ihm gefiel.

Dieser Pfarrer mit seiner lüsternen Unterstellung, die uns zu unserem ersten Spaziergang verführte, so sieht Ruth heute die Begegnung in der Rückschau, das sei wie ein Rendezvous mit dem Schicksal gewesen. Denn ohne diesen Anstoß hätte sie damals gewiß auf Drängen ihrer Mutter den Hof verlassen, um in der Stadt doch noch einen brauchbaren Beruf zu erlernen. Erst dieses gewissermaßen erzwungene Gespräch habe ihnen beiden die Augen füreinander geöffnet. Bis dahin hätte sie nie, nicht ein einziges Mal in den dreieinhalb Jahren auch nur im Traum daran gedacht, daß irgendwelche Gefühle zwischen ihnen aufgekommen wären. Nun erst stellten sie fest, schwätzend und lachend, Argumente erwägend, Argumente verwerfend, daß sie beide den Zustand nicht verändern, daß sie keine Trennung wollten. So kamen sie schließlich nach Stunden überein, das Naheliegende zu wählen und den Müttern zu eröffnen, daß sie in einem Jahr etwa zu heiraten vorhatten. Was der Zustimmung der Mütter bedurfte, da sie beide noch nicht mündig waren. Ein Jahr schien ihnen angemessen, um das eher unterschwellige Gefühl zu prüfen und abzuwarten, ob es sich wohl im Alltagstrott bewähre.

Nein, Liebe war es nicht, was sie zusammenführte. Noch nicht einmal rasende Verliebtheit, die einen japsen und seufzen und sich brennend verzehren läßt. Liebe sei etwas, das wachsen müsse, meint Ruth, wachsen in der Gewißheit, daß man zusammengehöre und gerade in den Gegensätzen gut zusammenpasse, wenn einer den anderen ergänze. Bei ihnen habe sich die Volksweisheit bestätigt: *Es sind nicht die schlechtesten Ehen, wenn ein Blitz mit einem Blitzableiter verheiratet ist.*

Und auf den Einwurf, ob nicht der Trott in mehr als vierzig Jahren parallelem Leben lähmend wirke, ergänzt Heiner Blum mit Bedacht: *Andere Leute lassen sich scheiden, wir haben viele verschiedene Ehen miteinander geführt.*

Was man gemäß der Klischeevorstellung vom Leben auf einem Bauernhof eigentlich nicht vermuten möchte. Da denkt man doch eher an den ewigen Gleichklang im Wechsel der ständig wiederkehrenden Jahres- und Tageszeiten mit ihren immer gleichen Anforderungen. Doch bei den Blums ergaben sich etappenweise nicht selten drastische Veränderungen, Abwechslungen im Lebensplan, Neuerungen im Betrieb, überwiegend von Ruth initiiert, von ihrer Neugier und Wißbegier und wachen Beobachtung auch politischer Ereignisse angeregt. Wo Heiner vorsichtig war, konnte sie ihre Kühnheit einbringen. Wo er sich abwägend verhielt, ging sie intuitiv, selbstsicher zu Werk. Er dachte und sprach mit Sorgfalt. Sie urteilte schnell, ließ sich jedoch durch Vernunft leicht überzeugen. Konfrontierte sie ihn mit Fakten, Informationen, neuen Plänen, so sortierte er sie, wägte ab, bezog die Gegenposition, kam zu einem Schluß, den sie akzeptierte oder abwandelte zu einer Alternative. Er schätzte ihre unermüdlichen Anstöße, ihre intellektuelle Regsamkeit und gestand sich unumwunden ein, daß er ohne diesen Quirl und Wirbelwind von Weib möglicherweise vertrottelt oder abgestumpft oder verkalkt wäre. Ihr Wagemut ergänzte seine Willensstärke. Sie war das Movens ihrer Beziehung, er die Beständigkeit und das Korrektiv, wenn sie unbesonnen über ein Ziel hinauszuschießen drohte. Etwas Entscheidendes war allerdings in dieser konträren

Konstellation stets gegeben: Nie haben sie einander ihre so verschiedenen Eigenschaften zum Vorwurf gemacht, die Vorzüge und Stärken des anderen nie negativ besetzt. Weder hat sie ihn als Bremse empfunden, noch er sie als Angriff oder Kritik an seiner Wesensart. So konnten sich beide, bereichert vom anderen, in ihrem individuellen Wesen weiterentwickeln, statt sich in Nörgeleien zu verheddern, wie das bei Gegensatzpaaren so oft geschieht, die in vermeintlicher Liebe entzweit schließlich vor einem Scherbenhaufen stehen.

Heiner: Jammern kann jeder, wenn die gemeinsame Sache mal nicht so läuft, wie man will. Wir lachen lieber über unsere Fehler und gelegentlichen Pannen.

Ruth: Je länger wir zusammenleben, um so lustiger hat sich unsere Liebe ausgewachsen. Man muß sich selbst nicht so wichtig nehmen, darauf kommt es an.

Eine gelungene Ehe?

Ruth: Ich kann mir keine bessere denken. Wir langweilen uns nie. Und dann besinnt sie sich, sagt, sie habe einmal eine sehr kluge Bemerkung gelesen, die ihr gut gefalle und wohl auch für sie beide gelte, eine Anmerkung von Albert Camus:

> *Einen Menschen lieben, heißt*
> *einwilligen, mit ihm alt zu werden.*

Langeweile bohrt sich gern in die Zweisamkeit, dem Holzwurm gleich im Gebälk, dasselbe von innen heraus zerfressend, bis der Mehlstaub rieselt. Zumindest gilt das für mobile Gemüter, die sich im eintönigen Gleichmaß nicht einrichten mögen oder darin zu ersticken drohen. Die Gelasseneren, die Phlegmatiker mögen sich eher damit abfinden, eine ruhige Kugel zu schieben. Auf die Frage, was sie unter einer guten Ehe verstehen, antworteten Frauen quer durch alle Schichten und Altersgruppen unter anderem:

– einander Heimat sein oder eine Aufgabe;
– sich zusammen in der Welt bewähren;
– miteinander Spaß haben, auch wenn die Tage triste sind;

– sich aufeinander verlassen können;
– wissen, wohin und zu wem man gehört.

Ruth und Heiner haben ihren ersten Gesprächsspaziergang an jenem Septembernachmittag zur Tradition werden lassen. Wann immer ein Problem zu klären war, katapultierten sie sich aus dem Alltag heraus, wanderten schwätzend fürbaß durch den Wald, über Wiesen, an Feldern entlang, bis sie den Knoten gelöst und die anstehende Frage beantwortet hatten. Und Probleme gab es genug. Sie begannen ihr Leben zu zweit in schwerer Zeit. Mit der rücksichtslosen Industrialisierung und dem dann wuchernden Wohlstand der jungen Republik gerieten Bauern, die sich nicht nach Gutsherrenart bereicherten, ins Abseits. Die Blums mußten flexibel, findig und wagemutig auf die Entwicklung reagieren, mußten sich neue Märkte erschließen, mußten sich immer wieder etwas Neues einfallen lassen und auch Einschränkungen in Kauf nehmen. Nicht wenige Bauern gaben im Lauf der Zeit auf. Die Blums nicht. Im Gegenteil. Sie erwarben nach und nach Acker- und Weidenland zum angestammten Grundbesitz hinzu, um den Ausverkauf des Bodens aufzuhalten, um den Aufkauf durch agrarische Großproduktionsunternehmen wenigstens in ihrer näheren Umgebung zu verhindern, um die Abmüdung der Erde zu stoppen, sei es auch nur dort, wo sie das konnten.
Die Große Ruth blieb hellwach, wurde immer aufmerksamer, engagierte sich, bewährte sich so kritisch wie unermüdlich als treibende Kraft der Mobilität, nicht nur auf dem eigenen Hof, auch bei den Nachbarn. Das erste, das auf ihr Betreiben hin im Haushalt Einzug hielt, waren ein Radio und das Abonnement einer überregionalen Zeitung, um sich über Zeitereignisse auf dem laufenden zu halten. Sie überredete Heiner, mit ihr zusammen Abendkurse in landwirtschaftlicher Betriebslehre, Staatsbürgerkunde, politischer Information zu belegen und auch regelmäßig zu besuchen. Nach zehn Jahren Ehe brachte sie ihn dazu, gemeinsam Sprachen zu lernen, Englisch, Französisch, Italienisch, weil sie dann nämlich auch manchmal aufbrechen und die

Welt entdecken, aber nicht wie die deutschen Dummschädel herumtrampeln und radebrechend durch die fremde Landschaft laufen wollten.

Die Frau hält einen ganz schön auf Trab, sagt Heiner und lacht und resümiert die diversen Etappen dieser ungemein lebendigen Ehe. Da habe sich ja in den letzten vierzig Jahren sowohl im Außenraum der Welt als auch im Innenraum ihres Bauernlebens ungeheuer viel getan und manches sensationell verändert, aber er, Heiner Blum, der hessische Bauernbub, er sei immer noch mit derselben quirligen Ruth verheiratet.

Die verschiedenen Etappen: Zunächst einmal gleich nach dem ersten Jahr begann die intensive Kinderphase. Drei Geburten in drei Jahren, 1950, 1951, 1952 und dazu die Schufterei der frühen schweren Jahre. Da haben sie manchmal am anderen Ende ihrer selbst gestanden, wenn der Tag zu Ende ging. Aber sie hatten auch diese Begeisterung, die sie anspornte, das Leben in Schwung zu halten.

Mitte der fünfziger Jahre starteten sie ihre Studierperiode. Neue Kenntnisse gewinnen, Horizont erweitern, Kurse belegen und lernen, den Betrieb modernisieren, die Welt begreifen und was sie im Inneren zusammenhält oder auseinandertreibt. Anstrengend, aber aufregend.

Anfang der sechziger Jahre konnten sie sich erstmals pro Jahr einen Urlaub und das erste Auto leisten. Damit fing ihre Entdeckerzeit an. Erkundungstouren in anderer Völker Regionen, verknüpft mit dazu gehörenden Sprachstudien (ohne deshalb gleich einen Voltaire oder Byron oder Petrarca übersetzen zu wollen, geschweige zu können, aber für stolpernde Plaudereien mit Einheimischen reichte es allemal). Bildungserlebnisse mit inbegriffen und Anregungen für das heimische Leben. Gleichzeitig mischte Ruth bei der Elternarbeit in der Schule mit. Diese Aktivität, wie alles, was die Blums anpackten, neben und nach ihrem vollgepackten Arbeitsalltag betrieben, führte nahtlos zur nächsten Stufe ihres politischen Engagements. Die 68er Bewegung hat auch die Blums motiviert, die versteinerten Zustände in der Bundesrepublik mit Skepsis zu betrachten, das Gewor

dene in Frage zu stellen und sich selbst bei dieser Bestands-
aufnahme nicht auszuschließen, sich selbst zu fragen, was
haben wir falsch gemacht? Das hieß auch: die eigene Arbeit
zu reflektieren, Versäumnisse einzukreisen, Mißstände auf-
zudecken, sich um die Erde zu sorgen, statt sie den Erben
ausgelaugt und verwüstet zu hinterlassen.

Zunächst eher zufällig und ohne zunächst an irgendeine
Wirtschaftsbilanz zu denken, hatte die junge Blum-Bäuerin
bereits Ende der sechziger Jahre vereinzelt Sommergäste,
Urlaubsleute mit Familie auf dem Hof zu Besuch. Aus diesen Anfängen entwickelte sich über einen längeren Zeit-
raum ein gut organisiertes Privatgewerbe nach dem Motto
›Urlaub auf dem Bauernhof‹. Das mündete allmählich in
eine totale Umkrempelung des ganzen Hofes. Die Blums
haben völlig umgesattelt auf chemiefreien, naturbelassenen
Anbau und natürliche Aufzucht der Tiere. Ein Bauernhof,
wie er im Bilderbuch steht. Nicht Monokultur, sondern das
Vielfachangebot der Selbstversorger. Nicht Spezialisierung,
sondern die ganze Palette alter Bauerei, wo Hühner im Hof
scharren, Kühe auf der Weide grasen, Schweine im Freilauf-
gehege grunzen, Pferde über die Koppel traben, wo auf den
Feldern und im Garten, an Baum und Strauch giftfrei nur
das gedeiht, was die Familie und ihre Gäste verbrauchen.
Trotzdem stimmt die Bilanz. Denn der Pensionsbetrieb
läuft während des ganzen Jahres. Die Kundschaft, überwiegend mit Kindern, kommt regelmäßig wieder, meist schon
seit mehreren Jahren.

Hier nämlich kann das Ferienvolk überall mitmischen,
wenn Lisbeth nach bewährter Bauernhausfrauenart Brot
backt, in riesigen Pötten Lattwerge aus Birnen einkocht,
frühmorgens schon zum Blaubeerenpflücken in verschwie-
gene Waldwinkel aufbricht; wenn Fuhren voll Äpfel zu
Most gekeltert, Berge von Weißkohl in Fässern zu Sauer-
kraut eingestampft, Nüsse von den Bäumen geschüttelt
werden; wenn eine Kuh kalbt, die Schafe sich scheren lassen, alljährlich das große Schlachtfest steigt. Beim Heuen,
Kornmähen, Kartoffelernten, überall sind die Urlauber dabei, tummeln sich Stadtkinder zwischen den Garben auf

den Feldern, dem Vieh auf der Weide, den Gänsen und Enten am Bachgestade. Immer viel Trubel, immer was los, nie Langeweile. Fairerweise sei erwähnt, daß Ruth und Heiner den bewußten Wandel nicht zuletzt durch Assistenz ihrer Nachkommen vollzogen haben. Die erstgeborene Tochter Barbara, Sohn Bertram und Tochter Bettine, alle drei haben in den späten sechziger bzw. frühen siebziger Jahren studiert, zu einer Zeit, als Rudi Dutschke in Berlin Schlagzeilen machte, Gretchen Klotz um sein Leben bangte, als in Frankfurt und Heidelberg die Studenten auch rebellisch die Barrikaden der Bourgeoisie, der Prüderei und Philisterei bedrängten, attackierten, zu zerbrechen suchten. Da kamen die Sprößlinge der Blums regelmäßig mit aufsässigen Gedanken, mit radikalen Ideen, Denkanstößen und Forderungen nach Hause, die Gesellschaft umzukrempeln. Bei ihren Eltern fanden sie Echo, Antwort, keinen Widerstand, geschweige Konfrontation, sondern fortwirkend Kurskorrektur eingefahrener Verhaltensbahnen. Nach etlichen beruflichen Bewährungsproben kamen Tochter Bettine, promovierte Pädagogin und Beschäftigungstherapeutin, sowie Sohn Bertram, Betriebswirt und Biologe, zu der Überzeugung, wie vorteilhaft es für alle Beteiligten wäre, sich samt ihren Kenntnissen am familiären Betrieb zu beteiligen. Tochter Barbara amtiert in Frankfurt als Rechtsanwältin, deponiert aber häufig ihre beiden Kinder auf dem Elternhof.

Angestiftet durch Barbara hat sich Ruth bereits Ende der siebziger Jahre für die Grünen interessiert, in ihren Reihen beteiligt, ihre kritischen Impulse aufgegriffen und auf dem Hof praktisch umgesetzt. So bahnte sich die bislang jüngste Etappe der ständigen Reformen an: Zu Beginn der achtziger Jahre schafften die Blums das Auto ab, verzichteten auf motorisierte Landwirtschaft, führten wieder jene Methoden ein, die dreißig Jahre zuvor selbstverständlich waren, etwa Gras, Klee, Getreide per Hand mit der Sense zu mähen. Und so spannt Heiner auch wieder zwei Gäule vor den Kutschwagen, wenn Urlaubsgäste am vier Kilometer entfernten Bahnhof abzuholen sind. Denn Blums Stammkundschaft hat sich (jedenfalls überwiegend) zur abgasfreien Fortbewegung überzeugen lassen.

Die oft wiederkehrende vielköpfige Gästeschar gewährt genügend Einblick in anderer Leute Lebensplan und Glücksmöglichkeit oder warum es mit dem Glück im Zweierpack so selten nach Wunschfahrplan klappt. Die Crux bei vielen ist nach Ruths Beobachtung die naheliegende Neigung mancher Leute, alles vom anderen zu erwarten, und zwar subito ohne Verzug, ohne Verzicht, erst recht ohne Geduld. Da werde aus jeder Mücke gleich ein Elefant gemacht, und dann zerreden sie alles bis in den letzten verletzten Seelenwinkel, oder sie rennen sofort auseinander, wenn sich ein Wölkchen am achten Himmel der Ehe zeigt. Um das Gegenteil und ihre eigene Einstellung zu skizzieren, zitiert Ruth den kleinen Prinzen von Antoine des Saint-Exupéry:

Du bist zeitlebens für das verantwortlich,
was du dir vertraut gemacht hast.

Ein schönes Wort, nicht wahr? fragt Ruth. Das sei für Menschen nicht weniger gültig als für die Erde, übrigens auch für unser eigenes Leben, mit dem man nicht Schindluder treiben dürfe, sondern sorgsam umgehen solle, empfiehlt Ruth und sieht, sonst so übermütig und aufgekratzt, auf einmal sehr nachdenklich aus. Wenn sie etwa an ihre alten Eltern denke, Mutter Marianne und Vater Franz, seit nunmehr sechzig Jahren verheiratet, wieviel Leid und welche harten Zeiten haben sie zusammen aushalten müssen, zuerst der Krieg, der Vater Soldat, die Familie ausgebombt, die lange Kriegsgefangenschaft, die Mühsal der Mutter, die Armut anfangs, bis sie spät, sehr spät erst einigermaßen aufatmen konnten, aber sich in Gold zu wälzen – das schafften sie nie, haben immer rechnen müssen mit jeder Mark, meint Ruth und zieht das Fazit ihrer Betrachtung: Not kann ungeheuer zusammenschweißen. Das habe sie gar nicht so selten bei den ganz alten Eheleuten gesehen: Wer derart harte Herausforderungen miteinander durchsteht, immer Arbeit, immer Pflichten, immer Sorgen, der komme so leicht nicht auf dumme Gedanken, der renne auch nicht beim ersten kleinen Gewitter auseinander. Solche Leute wie beispielsweise der komische Kauz von Pfarrer, dieser Schweinepriester, der ihnen damals 1948 Unsittliches unterstellte und sie damit eigentlich zusammenbrachte, der habe zweiundfünfzig Ehejahre mit seiner kugeligen Frau Martha ausgehalten, einer kreuzfidelen Person mit gehöriger Lästerzunge und unheilbarer Klatschsucht. Und Martha, die unter seinem bigotten Gehabe litt, pflegte zu sagen: Acht Kinder und ein Haufen Arbeit, das hält ganz gut zusammen. Den lieben Gott nicht zu vergessen. Aber Probleme, wenn man die aufkommen läßt, die könne man Gott nicht anlasten, die müsse man schon selbst ausmisten wie den Schweinestall.

Diese hochgerühmten Notgemeinschaften der alten harten Zeit können doch wohl kaum als Leitbild für die Gesicherten und Gesettelten von heute dienen? Wer möchte schon Krieg, Elend, Hungersnot, nackte Armut anzetteln, um in Nöten zusammengeschweißt zu überleben. Zumal die Gleichung gar nicht stimmt. Wie oft zerreißen Bindungen gerade durch Geldknappheit, Wohungsenge, Arbeitslosigkeit und die daraus resultierende Misere.

> Wo die Armut zum Fenster hereinsteigt,
> verschwindet die Liebe durch die Tür.

Richtig. Doch vom zeitgemäßen Motto für optimales Zusammenleben hält Ruth gleich gar nichts. Daß die Gepaarten dem Modell von ewig Friede, Freude, Eierkuchen frönen, daß sie den Beschwörungsparolen von Toleranz, Verständnis, Harmonie gleich einem Gebotskodex glauben, was mache das für einen Sinn, wohin führe solche irreale Zielvorstellung? Zu allem ja und amen sagen. Biedermeiers Hausidylle. Die eingetopfte Langeweile.

»Wenn die Gefühlsgemeinschaft nicht die einzige Basis fürs Zusammenleben ist, dann ist die Ehe auch nicht anfällig«, behauptet die Berliner Psychologieprofessorin und Beziehungsforscherin Eva Jaeggi, die eine der Hauptursachen häufig anzutreffender Krisen in der Tatsache sieht, daß Ehen heute überwiegend keine Interessengemeinschaften mehr seien, keine ökonomischen Wirtschaftsgemeinschaften, keine Arbeitsgemeinschaften, nur noch Emotionen als Basis, und das sei ein sehr schwankender Boden. Wohl wahr. Nur wird solche Diagnose manchem Menschen heute wenig nützen. Die Mehrheit der zivilisierten Menschheit lebt nicht mehr im familären Großbetrieb nach dem Selbstversorgerprinzip. Auch kann nicht jedes Paar einen gemeinsamen Schlachterladen (oder ähnliches) gründen, um durch mehr als nur Gefühle verbunden zu sein. Kooperation auf dem Hof, im Betrieb, in der Werkstatt, im Kontor läßt sich schwerlich von jedem Glücksritter-Gespann aus dem Hut zaubern, just to make marriage a success, wie amerikanische Ehe–Ideologen vorzugsweise formulieren: Die Lovestory zum Erfolg führen gleich einem profitablen Supermarkt. Dagegen sagt einem der gesunde Menschenverstand: Auch das schönste Geschäft kann in die Liquiditätskrise geraten und Pleite gehen.

Das brüchige Dings namens WIR hat Bewährungsproben auszuhalten, für die ihre Protagonisten oft nicht gerüstet sind oder bereits zu viel Eigensinn mitbringen. Je qualifizierter beispielsweise Frauen in ihrer Branche brillieren, um so weniger taugen sie noch für das patriarchale Paradigma, die Rolle der Steigbügelhalterin, die Pflicht der Privatesse, die den Haushalt als ihre Hypothek begreift und sein Wohl als ihr oberstes Muß. So gewiß dieses Muster noch immer gilt, so gewiß hat es nie die positiven Potentiale beider Seiten gefördert und stärkt heute vor allem den Ruin.

Aber nicht die zerbrechenden, die gelingenden Ehen interessieren im Gespräch mit Ruth. Wie schafft man oder frau das Geduldspiel, vierzig Jahre und länger immer dasselbe Gesicht vor der Nase zu haben, immer die gleichen Äußerungen, die man schon kennt, immer dieselben Witze, die man nicht mehr hören mag, und die Neigungen, die sich verhärten, die Gefühle, die doch abstumpfen mit der Zeit?

Wer so frage, habe nicht begriffen, sagt Ruth ungeduldig, habe nicht kapiert, warum sie Saint-Exupéry zitierte, das Wort von der Verantwortung für das Vertraute, auch das sich selbst gegebene Versprechen, miteinander zu altern als verschworenes Wir in der Welt. Und ebenso schnell fügt sie hinzu, man müsse verzichten können, Illusionen begraben, beispielsweise das vom honigsüßen Glück im Wolkenkuckucksheim.

Worauf hat Ruth verzichtet, was hat sie vermißt?

Ja… Und nun denkt sie doch nach. Gerade im Vergleich mit den beiden Töchtern, übrigens auch im Vergleich mit der jüngeren Schwester habe sie es manchmal schon bedauert, nur eine Volksschülerin zu sein. Sie hätte auch gern studiert. Durch Bildung, Wissen, Horizonterweiterung sich aus der Herkunft lösen, sich selbst in geistiger Herausforderung zur Person formen, die Verantwortung auch intellektuell vollziehen.

Aber das hat sie doch getan?

Ja, autodidaktisch und intensiv während der erwähnten Studierphase. Aber das hätte ja notwendigerweise unzulänglich bleiben müssen. Der Stachel sei geblieben. Sie gehöre ja einer Generation an, in der gerade die Frauen unerhörte Sprünge gewagt hätten so nach der Devise: Arbeiterkind wird Akademikerin. Da könne sie mit ihrer unzureichenden Bildung nicht mithalten. Deshalb wollte sie diesen Stachel auch gerade den Töchtern ersparen. Und deshalb hat sie gegen Heiners zunächst vertretenen Vorbehalt durchgesetzt, daß die Töchter und nicht nur der Sohn studieren können.

Ich sag ja, sagt Heiner, die Frau hält einen ganz schön in Trab. Und dann lachend seiner Großen Ruth zugewandt: Ohne sie hätte ich immer nur einen Fuß vor den anderen gesetzt.

Und Ruth: Ohne ihn wäre ich früher oder später aus dem Ruder gelaufen und im Chaos gelandet.

Russisch Roulette
Gala und Salvador Dali

> Sie ist mein Blut,
> mein Sauerstoff, meine Seele

Unter Kennern war sie bereits berühmt und auch berüchtigt. In Pariser Künstlerkreisen der zwanziger Jahre, in den Zirkeln der Surrealisten galt sie als Königin der Bewegung, die geheimnisvolle Russin Elena Diaranoff (so ihr amtlicher Name), die legendäre Gala, geliebt und verflucht, verehrt, begehrt und angefeindet. Galas Wirkung sei so bemerkenswert gewesen, wie die amerikanische Journalistin Margaret Case Harriman 1939 in THE NEW YORKER zu berichten wußte, daß es eine anerkannte Form der Kritik unter Surrealisten wurde, von dem Bild, Buch oder der Plastik eines Kollegen, wenn sie gut waren, zu sagen: ›Ach ja, damals hat er Gala geliebt.‹ Und das waren nicht wenige, die dem androgynen Reiz dieser zierlichen zerbrechlichen, katzenhaft geschmeidigen Slawin mit dem rätselhaften Flair einer Sphinx verfielen. Dazu gehörten der Maler Max Ernst und der Dichter Paul Eluard, ihr Ehemann, bis sie sich nach zwölf Jahren Ehe für den Oberhauptmann des Surrealismus', für Salvador Dali, entschied, um länger als ein halbes Jahrhundert sein exzentrisches Leben zu teilen.

Ein riskantes Abenteuer, eine Höllenfahrt durch Alptraumtäler an der Seite eines Besessenen, der sie vom ersten Augenblick an zu seiner Göttin erkor. Und bis zum Schluß, Dali starb 1989 nach neun Jahren langem Leiden vierundachtzigjährig, hat er nicht aufgehört, sie anzubeten und zu verkünden, ohne sie wäre er nicht Dali. Sie sei sein Blut, sein Sauerstoff, seine Seele. Was ist Liebe, hat er gefragt und auch gleich die Antwort gegeben: *Liebe ist Kraft, Macht, Verschlingen, Verdauen. Sie ist Glied und sie ist Zunge, sie ist Zahn, sie ist Kralle, sie ist Liebkosung. Sie ist Beherrschung und Unterwerfung, Gehorsam und Verweigerung.*

In der ganzen Geschichte der Liebesliteratur aller Zeiten, so hat er behauptet, werde man nirgends im Leben eines Paares einen solchen Grad von Maßlosigkeit und Gleichgewicht, Kraft und Zartheit, Anziehung und vulkanischer Leidenschaft finden. Sie beide, Gala und Dali, verkörperten für ihn auf wunderbarste Weise den Mythos der Liebe, die die Geschöpfe über sich hinaushebt, den Schwindel des Absurden auslöscht und den Stolz und den Wert des menschlichen Genies bezeugt. Sein Bekenntnis, das sich vielleicht so pathetisch wie bizarr anhört, mag doch in einem auch für einfacher geartete Gemüter gelten: *Wenn eine Liebe groß ist durch die Proben, die sie besteht, und durch die Hindernisse, die sie überwindet, dann ist die unsere unerschütterlich.*

Diese unerschütterliche Liebe begann bei Dali sofort bei der ersten Begegnung, bei Gala keineswegs. Sie fand diesen zweifellos sehr gut aussehenden jungen Spanier, wildäugig und dünn wie ein Skelett und herausfordernd eitel, mit seinem pomadisierten Haar, seiner Geckenhaftigkeit zunächst widerwärtig, rügte seine ›argentinische Tangoglätte‹, ekelte sich vor dem peinlich real wiedergegebenen Fäkal-Sujet auf seinem gerade in Arbeit befindlichen Kot-Gemälde und war irritiert von seinem irren Gelächter, ein hysterischer Lachkrampf, von dem er regelrecht geschüttelt wurde, sobald er sie ansprechen wollte. Und genau das wollte er unbedingt.

Sie verkörperte für ihn, den noch weitgehend unbekannten Provinzkünstler aus Katalonien, den kosmopolitischen Charme der Pariserin, den Luxus und die Eleganz der großen Welt. Mit Schrankkoffern voll Spitzenwäsche, Seidengewändern, Flitter und Tand war sie in das Fischerkaff an der Costa Brava gekommen, die vielumschwärmte Muse der Bohemiens, das verwöhnte Edelwesen im Zwielicht libertinärer Amoral. Sie stand im Mittelpunkt von Klatsch, Gerede und wilden Gerüchten. Skandale im ihre Person gab es en masse. Man sagte ihr nach, eine Schlange zu sein, eine Intrigantin, eine männerfressende Mänade. Tatsächlich war ihre erotische Ausstrahlung auf das männliche Geschlecht unvergleichlich. Desto gehässiger die Anfeindungen der dazu gehörenden oder beteiligten Frauen. Mit Paul Eluard, dem ersten Ehemann, dem feinnervig morbiden Poeten, inszenierte Gala lange eine dramatische Dreiecksliaison mit dem Maler Max Ernst. Zu dritt, so wurde ruchbar, benützten sie ein Doppelbett. Paul-Eugène Grindel, der sich als Dichter Paul Eluard nannte, verdiente mit Immobiliengeschäften genug Geld, um einen großzügigen Lebensstil finanzieren zu können. Seine Großmut und seine voyeuristischen Neigungen erstreckten sich auch auf Galas Passion mit Max Ernst und anderen, wechselnden Liebhabern. An den freizügig erotischen Spielereien des brillanten Paares störten sich die eingeweihten Freunde keineswegs (ausgenommen die je betroffenen Ehefrauen), wohl aber monierte man, daß diese Gala aus jeder Affäre ein Drama à la Dostojewski machen müsse.

Dieser Charakterzug indes, dieser Hang zum Absoluten, zur schicksalsträchtigen Dramaturgie prädestinierte die abenteuernde Russin für die Begegnung mit dem ungestümen, exzentrischen Spanier. Von einer intuitiven Erleuchtung ergriffen, so sah es Salvador Dali selbst, habe sie von ihm das Entscheidende erwartet. Und nur er habe ihr das bieten können: die Erfüllung ihres eigenen Mythos', während sie zugleich ebenso intuitiv den kreativen Wahnsinn des noch mit sich ringenden Künstlers begriff.

Sie war fast zehn Jahre älter als der damals Fünfundzwanzigjährige, war geübt im Umgang mit schwierigen schöpferischen Menschen, unter denen der Paranoiker Dali mit seinen exhibitionistischen Provokationen, seinen bizarren Charakterzügen, seinen hochgespannten Emotionen, Anfällen von Grausamkeit, Qual und sexuellen Ekstasen andere zweifellos übertraf. Hier offenbarte sich das Drama à la Dostojewski unverhüllt im Extrem, das einer Gala würdig war. Was andere Freuen vielleicht abgestoßen oder in die Flucht geschlagen hätte, jagte ihr keinen Schrecken ein. So habe sie seine alptraumhaften Bilder einfühlsam richtig als Chiffren aus dem Höhlenkönigreich seiner Kindheit, aus dem bösen Inferno seiner Jugend, aus der höllischen Qual seiner beginnenden Reife interpretiert und das Genie erkannt. So auch habe sie seinen hysterischen Lachzwang mit ihrem mediativen Einfühlungsvermögen verstanden, nichts Unerklärliches daran gefunden, sondern gewußt: »Mein schreckliches Lachen war ein Schrei der Verzweiflung und Wut, war Weltuntergang, Hölle und Entsetzen, war ein Aufschrei meines ganzen Wesens, die letzte Botschaft einer Intelligenz, die sich im Labyrinth des Nichts verlor.«

Mitten in diesem krampfhaften Gelächter, noch ehe zwischen ihnen etwas geschehen war, ergriff sie plötzlich seine Hand. Und bei dieser einfachen, spontanen Geste war ihm, als nehme sie ihn in der buchstäblichen Bedeutung des Wortes in die Hand, ihn, das geniale Kind am Abgrund von Angst und Schrecken; das verstörte Kind, das sich verloren fühlte in dieser Welt voller Dummheit und Ungeheuer. Mit dieser Geste habe sie ihn adoptiert, habe sie sich die Macht genommen, seine Beschützerin zu sein, seine göttliche Mutter, seine Königin, seine Schwesterseele. Er wiederum habe ihr die Kraft verliehen, in ihren Augen und von der Welt die Spiegelung ihres eigenen Mythos' zu erschaffen. Und wie im Mythos sagte sie nur einen schlichten Satz: »Mein Kleiner, wir werden uns nie mehr trennen.« Mit diesen wenigen Worten aber besiegelte sie in seinem Kosmos einen Pakt: den Pakt des daliesken Wunders.

Das war im gleichen Jahr, 1929, als auch zwei Studenten in Paris, Simone de Beauvoir und Jean-Paul Sartre, ebenso jung und ebenso unbekannt wie Dali, wenn auch ganz anders geartet, ganz ohne Pathos und surreale Seelensicht, durch den Bois de Boulogne bummelten und ihren Pakt schlossen, der gleichfalls länger als ein halbes Jahrhundert gültig blieb und dauerte trotz Wirren, Zerreißproben und heftigster Krisen. Auch ein Mythos verpflichtet, unauflöslich, bindungsstark.

Die russische Schwesterseele indes war damals noch verheiratet (die Ehe wurde 1932 geschieden) und Paul Eluard, sonst Voyeur und Libertin, in diesem Fall außerordentlich eifersüchtig. Kompromißlos dem Unbedingten ergeben, brach Gala alle Brücken hinter sich ab, verließ Eluard und die gemeinsame Tochter Cécile, verzichtete auf Luxus, Glamour, die große Welt in der französischen Metropole. Sie blieb bei Dali in dem gottverlassenen Fischernest Port Lligat, wo sie zusammen in einem Raum seiner steinernen Kate hausen mußten, wo sie widerspruchslos alle Entbehrungen auf sich nahm, die in krassem Gegensatz zu ihren bisherigen hochherrschaftlichen Lebensgewohnheiten standen.

Ehe sie 1917 Eluard heiratete, hatte sie versprochen: »Ich werde nie eine Hausfrau, ich werde eine echte Kokotte sein (strahlend, nach Parfum duftend und mit manikürten Händen). Ich werde eine Menge lesen, eine Menge. Ich werde alles tun, aber immer die Ausstrahlung einer Frau haben, die sich nicht anstrengt.« Nun, zwölf Jahre später, stellte sie sich vollkommen auf Dalis Bedürfnisse ein, erfüllte alle hausfraulichen Aufgaben, auch wenn sie niemals gut zu kochen lernte, was ihn nicht störte. Sie allein konnte seine verschlüsselten Manuskripte in entsetzlicher Handschrift entziffern, seine heillos verworrenen und lange Zeit äußerst dürftigen Finanzen ordnen, später als seine kongeniale Managerin horrende Preise für seine Werke erzielen. Sie allein habe ihm, rühmte er einmal, die Grundregeln des Lebens beigebracht, die Grundsätze der Wirklichkeit, der Freude, des Maßes:

wie man sich anzieht, immer einfach, nobel, korrekt;

wie man eine Treppe hinuntergeht, ohne sechsmal zu fallen;

wie man ißt, ohne Hühnerknochen an die Zimmerdecke zu werfen;

wie man Feinde erkennt und nicht dauernd sein Geld verliert.

Ihre chamäleonhafte Wandlungsfähigkeit und Vielseitigkeit inspirierten ihn, sein Talent, seine Phantasie und auch sein nie endendes Vergnügen, ihr immer neue Kosenamen zu geben, die einiges über ihre Eigenschaften verraten. So nannte er sie beispielsweise:

Eichörnchen – weil ihre Erscheinung und ihr Wesen viel Ähnlichkeit zeigte mit lebhaften kleinen Waldtieren.

Noisette Poilue – weil ihr zartes Gesicht mit den slawischen Wangenbögen von feinem Flaum bedeckt war wie eine Haselnuß.

Biene – weil sie alle wesentlichen Dinge für den betriebsamen Stock seines Gehirns und seines Komforts aufspüren, sammeln und zusammentragen konnte.

Lionelle – weil sie manchmal eruptiv wütend werden konnte und wie der lockenummähnte Löwe von Metro-Goldwyn-Mayer brüllte.

Fellglocke – weil sie beim Vorlesen, während er an der Staffelei arbeitete, mit der Süße einer Äolsharfe wie eine fellgefütterte Glocke murmelte.

Ihre ärgste Feuerprobe aber stand ihnen noch bevor, nachdem sie bereits ihren daliesken Wunderpakt besiegelt hatten. In seinen autobiographischen Schriften, die Reales mit Surrealem und Irrealem psychophantastisch mischen wie auf seinen Bildern, komponiert sich das Kaleidoskop eines Besessenen. Da fiebert einer mit allzu viel Blut in den Adern, mit Irrsinn im Geist, geschüttelt von massiven Ängsten und der Sucht, sich selbst auf die Höhe seiner maßlosen Selbsteinschätzung zu katapultieren. Bis jetzt, ehe ihn der coup de foudre in Gestalt dieser russisch-pariserischen Sphinx traf, hatte er einsamen Freuden gefrönt. »Ich masturbierte häufig«, schrieb er in seinen Aufzeichnungen, und zwar so, daß er oft zwischen der Lust an der Arbeit und der Lust an der Lust wechselte, daß er den Pinsel weglegte, um in dieselbe Hand das Glied zu nehmen, um so die eine Ekstase durch die andere zu steigern. Bis dahin habe er »noch nie geliebt im Sinne des Koitus«. Seine Zwänge damals seien wie sonst auch verräterisch in seinen Gemälden zum Ausdruck gebracht. Zum einen das Bild *Le grand masturbator*, das mundlose Monstrum in Gestalt einer Heuschrecke, deren Bauch von Ameisen zerfressen wird, sei ebenso Ausdruck seiner heterosexuellen Ängste wie das darauf folgende Bild *L'Accomodation du désir*, auf dem Löwenrachen sein Entsetzen angesichts des weiblichen Geschlechts darstellen, was, wie er meinte, zur Enthüllung seiner Impotenz führen müßte. Kurzum: Dali hatte Angst vor der Frau.

Nun aber, nachdem er seiner Schwesterseele begegnet war, trieb ihn seine Besessenheit in eine furiose Galamanie. Er konnte nicht von ihr lassen und fürchtete doch, von ihr verschlungen, von ihr auch derart vereinnahmt zu werden, daß seine Arbeit, seine Einsamkeit, seine Künstlerexistenz in splendit isolation gefährdet wären. Diese anspruchsvolle, verwöhnte, erfahrene, so viel reifere Frau wollte etwas von ihm, dem er nicht gewachsen war, dessen er sich nicht erwehren konnte.

Sie kletterten zusammen an zerklüfteten Felsen entlang hoch über dem Meer. Die widersprüchlichen Erregungen versetzten ihn in einen Racherausch, dem die heftigsten Begierden beigegeben waren, Eros im Taumel und Mordphantasie. Ein von Liebe und Angst und Wut hingerissenes Wesen. Er wußte nicht, was er tun sollte. Da habe er sie, dieses zarte, fragile, passive Geschöpf, bei den Haaren gepackt, ihr den Kopf in den Nacken gerissen und geschrien: »Sagen Sie mir, was ich tun muß. Sagen Sie es mir obszön in den schärfsten erotischen Worten.« Und da sei etwas Unerhörtes geschehen. Mit dem unerbittlichen Ausdruck einer Göttin und dem Pathos einer Pythia habe sie ihm befohlen: »Ich will, daß Sie mich töten.«

Und das war offenkundig ernst gemeint. Im Augenblick der Entscheidung spielte Gala Russisch Roulette. Sie setzte auf Alles oder Nichts. In dieser durch nichts zu überbietenden Auslieferung hat sie sich ihm wohl in der Tat als Schwesterseele im Absoluten offenbart. Er jedenfalls fühlte sich von ihr bis auf den Grund seiner Seele durchschaut, angenommen und auch von seinem Wahn befreit. Sie WAR die Liebe, der er sich weihen konnte. Der Pakt erhielt seine nun auch vitale Weihe. Fortan verbunden in alle Ewigkeit, so seine Worte: »Ich fühlte mich als Mann befreit von meinem Grauen und meiner Impotenz. Durch sie bin ich seither mit vertikalen tellurischen Kräften begabt, die es einem Mann gestatten, in eine Frau einzudringen.« Sagte er.

Andere sagten anderes. Sein Jugendfreund Frederico Garcia Lorca etwa, der im spanischen Bürgerkrieg 1936 ermordete Dichter, behauptete, Salvadors Haß auf weibliche Brüste und Genitalien, seine Furcht vor dem Koitus hätten ihm die Penetration unmöglich gemacht. Wieder andere behaupteten, der Koitus wäre, wenn überhaupt, nur einmal und dann nie wieder vollzogen worden. Doch was besagt das schon.

Wortmächtig und wortreich hat Dali, der Exzentriker, der Bild- und Sprachkünstler, mehrmals bis ins Detail überzeugend lustvoll beschrieben, wie er in Gala explodierte, mit ihr verschmolz. Sie wies ihm den Weg zu den geistigen Genüssen des Eros, wozu es ja nicht unbedingt der profanen Kopulation nach der ewig gleichen Spießerart Rein-Raus bedarf. Galas Körper wird seine Galaxis: »durchzuckt von Wellenblitzen, erschüttert von Ausbrüchen der Begierde, geschüttelt von Spannungen, Erektionen, Schaudern. Ich werde auf die Sterne eines entstehenden Universums getragen.«

Der Egomane war nicht müde, ihren Körper zu erkunden, das Geheimnis ihres Gesichts zu ergründen, das Nußbraun ihrer Augen, die Durchsichtigkeit ihrer Wangen. Und er wird nicht müde, sie zu malen als Madonna, als Leda Atomica mit dem Schwan, als Inspiration seiner aktiven Paranoia, so blasphemisch wie skandalträchtig, wenn etwa auf dem Monumentalgemälde *Das letzte Abendmahl* der Erlöser Christus eindeutig Galas Züge zeigt.

Anders als sein einziger großer Widerpart, den er mit Haßliebe verfolgte, anders als Pablo Picasso, der Frauenfresser, kannte der Katalane von der kühnen Küste in seinem Dalirium nur diese eine monogame Galamanie. Es sei ihm unmöglich, mit einer anderen Frau zu genießen. Man könne nicht seinen Schatten betrügen, ihn verlieren heiße die Seele verlieren. Noch vierzig Jahre nach dem dramatischen Paktabschluß, nach exzeptionellen Veränderungen, nach den Wechselfällen ärgster Armut und unermeßlicher Reichtümer bekannte er: *Unverändert bleibt allein meine Liebe zu Gala, die ich immer noch mehr liebe als meine Mutter, mehr als meinen Vater und mehr als das Geld.*

Russisch Roulette kennt keinen Kompromiß, kennt nur Tod oder Leben. Gala hat auf Alles oder Nichts gesetzt und alles gewonnen, was ihren Mythos zu erfüllen vermochte. Nicht Opfergang, nicht demütiger Selbstverzicht im Dienst des Genies wie in so vielen Künstlerehen. Erst in dieser

Herausforderung fand sie ihr Verlangen nach dem Extrem bestätigt und sich selbst aufgerufen, das Äußerste zu wagen, aktiv, schöpferisch, wegweisend. Sie war sein Medium und the message, die Botschaft seiner Innenwelt, die sie ihm bewußtmachte, dem Absurden entgrub und sein Chaos in eine fehlerlose Geometrie zwang. So seine Worte: »Gala hat mich exorziert.« Weil sie seinen Wahnsinn auf sich nahm, habe sie ihn vom Wahnsinn befreit.

Wichtig, ja notwendig für diese Therapie waren ihm ihre Gespräche, ihre Überredungsgabe, durch die sie ihn zur Selbstanalyse befähigt und seine Metamorphose ermöglicht habe. In einer skeptischen Welt konnte er dank ihrer Intuition ein Glaubender sein und das Irrationale für sich erobern, in seinem Werk aktivieren. Er konnte seine Kosmogonie entwerfen, stets der Tatsache eingedenk, daß sie zusammen, the great masturbator und seine zähe Managerin, in der Welt unbesiegbar seien, unschlagbar im Haifischteich der Kunsthändler, des Showbusiness, der Geldmagnaten, unbeeindruckt auch von jeder Kritik an ihren gemeinsamen Clownerien, ihren grotesken Darbietungen und exaltierten Szenarien. Daß André Breton, der Surrealisten-Papst, aus Salvadors Namen ein Anagram erfand, ihn *avida Dollars* = dollargierig nannte, um seine Vorliebe für das Gold zu brandmarken, was kümmerte das einen Dali, der in solcher Kritik nur Neid erkannte und den neuen Namen wie einen Talisman, ein gewinnbringendes Markenzeichen trug. Das unschlagbare Gespann bewährte sich als Wir in der Welt vor allem, als sie aufbrachen, die Neue Welt zu erobern. Denn Amerika applaudierte jedem Spleen, der ihnen einfiel. Und sie erwiesen sich als würdig, auf dieser sensationsgesättigten Bühne Amerika zu reüssieren. Selbstverliebt und exhibitionistisch trainiert haben sie in den Staaten auf der Klaviatur der Reichen alle Weisen durchgespielt, übertrieben, clownesk, phantastisch, um eben diese Reichen übers Ohr zu hauen und auszunehmen. Sie haben es grandios verstanden, die Marke Dali in die Schlagzeilen, auf die Titelseiten, in die Klatschspalten zu bringen. Hofnarren des Kapitals, die sich ihre Freiheit kaufen, wohl wissend, daß die gekaufte die einzige Freiheit ist, die einer unabdingbar braucht, um die singuläre Freiheit des Subjekts für sich zu behalten.

Nach den ersten Jahren bitterster Armut, als sie in der kargen Fischerkate (von vier mal vier Metern Fläche) hausen mußten und oft nicht wußten, wovon sie das Notwendigste bezahlen sollten, als Gala, ohne je zu klagen, sparsam den Haushalt führte, kärgliche Mahlzeiten zubereitete, sich ihre Kleider selbst schneiderte, mit einem Karton unter dem Arm erniedrigende Bittgänge unternahm, um seine Bilder zu verkaufen, und dabei gewinnbringende Fähigkeiten als Finanzexpertin und Verkaufstalent erwarb, nach diesen Erfahrungen konnte Dali schließlich in den späten dreißiger Jahren (und danach erst recht) seiner Galamanie aus dem Vollen frönen und sie angemessen überschwenglich verwöhnen, dabei indes nie nachlassend, sie als Muse, Mentor, Modell zu preisen:

ihre Fürsorglichkeit kenne wie die einer Mutter keine Grenze;

ihre Impulse beflügelten seine Inspiration;

ihre Ergebenheit halte seine Paranoia in der Balance;

ihr Realitätssinn bewahre ihn vor dem Ruin;

ihre Schwermut besänftige das Monstrum in ihm;

ihr Spieltrieb unterstütze seine Verrücktheiten;

ihre Stärke ertrage seine Depressionen, seine rauschhaften Arbeitsanfälle, sogar die Ekstase der Abstinenz, den ganzen Dali, den sie erst hervorgebracht habe.

Als sie sich fünfundzwanzig Jahre nach der standesamtlichen Trauung zum zweitenmal 1958 (kirchlich) trauen ließen, bekannte er: *In einer Zeit, in der es geradezu eine Manie ist, sich scheiden zu lassen, und ein Skandal zu heiraten, wie Gott es haben will, liebe ich Gala weiter, wie sie es verdient.*

In seinem Dalirium, in dem er auch das Absurde zu transzendieren angetreten war, konnte der monogame Monomane offenkundig sogar Galas freibeuterische Eskapaden unterbringen. Bis ins hohe Alter soll sie sich Liebhaber jeder Spielart gekapert und selbst mit minderjährigen Jünglingen ›die Nähmaschine gemacht‹ haben, wie Dali verächtlich den

Geschlechtsakt genannt hat. Die Amour-fou-Story der beiden Passionierten glitt ab in die Groteske, was freilich den realen Marktwert des Surrealisten nur steigerte. Gala erhielt ein Schloß, das katalanische Kastell Pubol bei Verona. Man beglückwünschte den Meister, dieses bevorzugte Wesen Gala gefunden zu haben. Man bedauerte den Meister, zum ›König der Hahnreie‹ gekrönt worden zu sein. Man delektierte sich süffisant an den Ausschweifungen, die er inszenierte, die sie genoß. Man bezichtigte sie, die Überschwemmung des Kunstmarktes mit gefälschten Dali-Bildern aus Geldgier unterstützt zu haben. Man unterstellte ihm, seine geliebte Madonna bestialisch verprügelt zu haben, als Gala 1981 mit gebrochenen Rippen in ein Pariser Krankenhaus eingeliefert wurde; und als sie 1982 einen Oberschenkelbruch erlitt, hieß es, er habe sie die Treppe hinuntergestoßen.

Szenen einer Ehe, wie sie Künstlern nicht anders als Müllers von nebenan widerfahren können? »Wir haben nicht die normalen Eheprobleme miteinander«, hat Gala kurz vor ihrem Tod bekannt: *Wir leben in totaler Freiheit voneinander*.

Niemand hat *normale Eheprobleme*, jeder hat seine eigenen und wähnt sich vom Mißgeschick verfolgt wie keiner sonst oder, im umgekehrten günstigen Fall, vom Glück geküßt und auserkoren, wie es sonst nirgends einem Sterblichen widerfährt. Wobei dann gern auf eine bestechende Gleichung verwiesen wird nach der Dichter-Devise, wie sie Novalis ausgesprochen hat:

> *Glück ist Talent für das Schicksal.*

Talent meint auch jene Intuition, die Gala bewiesen hat; das Gespür, im jungen unbekannten Dali gerade keinem Dreidutzendmenschen zu begegnen und mit ihm kein Dreidutzenddasein zu erwarten. Talent meint aber ebenso, zum nicht berechenbaren Abenteuer bereit zu sein.

Wo sich das eingespielte Gespann, das eingeschworene Paar, das Wir in der Welt bewährt und diese Welt womöglich fulminant durch Effizienz verblüfft, sei es im Panoptikum einer daliesken Künstlerexistenz, sei es im Laboratorium einer experimentellen Liaision oder wo auch immer, das Schicksal scheint tatsächlich manchmal zwei Lebensläufe zum Gelingen zu verspinnen. Nicht nur bei jenen legendären Gestalten, die längst im Orkus weilen, auch heute noch. Es kommt dann nur noch darauf an, die Fäden auch weiterhin zusammenzuhalten. Das Geflecht bis zum Ende zu verfolgen, ist Chronisten freilich nur bei bereits verstorbenen Protagonisten erlaubt. Denn bei noch lebenden Musterpaaren, selbst wenn sie ihr doppeltes Netzwerk schon zwanzig Jahre lang erfolgreich gemeinsam stricken, laufen Chronisten ja doch Gefahr, daß die vorgestellte Erfolgsstory ausgerechnet nach diesen zwanzig Jahren aus den Annalen der Beglückten fällt und in die Binsen geht. Das wäre dann nicht nur Gepaarten-, auch Chronistenpech.

Talent für das Schicksal zeigten auch zwei (heute noch sehr munter Lebende), die ihr gemeinsames Strickmuster, dem Gala-Dali-Gespann nicht unähnlich, in der profitablen Kombination fanden: Er malt, sie managt. Und das seit dreizehn Jahren derart erfolgreich, daß nicht nur die Kunstmarktszene das saftige Florieren der Lebens- und Kunstfirma namens Helnwein staunend verfolgt. Ein exzellent durchorganisierter Hochleistungsbetrieb, als seien zwei konträre Typen ausschließlich füreinander geschaffen und zielstrebig, ohne es zu wissen, aufeinander zugestrebt: Renate und Gottfried Helnwein, unschlagbar in der Ergänzung, ein Kraftwerk vereinter Zielsetzung.

Wie findet und wie ergibt sich eine solche Connection?

Ehe Frau Renate, die attraktive Person mit langer rotblonder Mähne und offensivem Charme, die Vermarktung der Malereien des Gemahls dynamisch anpackte, pumpte das Heilbronner Kleinbürgerkind sich voll mit Wut, Trotz, ohnmächtigem Protest und fiel früh auf durch ihren unbändigen Drang nach Freiheit aus der Herkunft heraus. Als Jüngste von vier Kindern hatte sie ein Zimmer mit drei Schwestern teilen müssen, hatte sie die Scheinheiligkeit der vorgetäuscht heilen Familie im Muff der fünfziger Jahre bald durchschaut, verachtet und mit massiver Aufsässigkeit beantwortet. Verweigerung der traditionellen Rituale. Mit sechzehn Jahren haute sie ab. Gelegenheitsjobs, Gammler-existenz, dann eine Lehre als Einzelhandelskauffrau, da-nach vier Jahre Krankenschwester in einer psychiatrischen Anstalt. Einblick genug, um nicht nur familär, auch gesell-schaftlich zur Rebellin heranzureifen. Sie hatte die Schnauze endgültig voll. Nach einem Asien-Trip erfuhr sie 1977 zufällig von Gottfried Helnweins Arbeiten. Sie kannte ihn nicht. Doch ohne Zaudern brach die Dreiundzwanzig-jährige alle Brücken hinter sich ab, rauschte los nach Wien und rief ihn an.

Zu diesem Zeitpunkt hatte sich Gottfried Helnwein als Pop-Artist in der Kunstszene unter Kennern bereits einen Namen gemacht, als Schocker vom Dienst für Aufsehen ge-sorgt, vielbeachtet durch seine Titelblätter für einschlägige Illustrierte und Magazine. Besonderes Kennzeichen: Pro-test gegen die bourgeoise Welt der Heuchelei und Lüge. Die Wohlstandsbürger demaskieren. Der Fettsacksociety den Spiegel vorhalten. Die Langweiler entlarven.

Auch Gottfried, 1948 als Sohn eines Postbeamten in Wiens 10. Bezirk geboren, hatte sich in der stickigen Atmo-sphäre unter lauter geduckten Kleinbürgerleuten mit Wut vollgesogen, allerdings bald seine Fährte gefunden zur Wie-ner Akademie der Bildenden Künste und seinen Stil: »äu-ßerste Emotion und kälteste Sachlichkeit, psychisches Kal-kül und technische Perfektion«, so der Kunstkritiker Peter Sager. Mit den Honoratioren, dem Akademiebetrieb kam er nicht klar. Akademische Weihen, den Ruf als Professor schlug er aus und machte Furore mit Porträts aktueller Idole in teils karikierender, teils grotesker Verfremdung, erst recht mit Selbstporträts in märtyrerhafter Manier. Der Künstler mit verbundenem Schädel und aufgerissenem Maul. Der Künstler als Schmerzensmann. Provokationen, um »dieses monströse Ding von Welt etwas aus dem Gefüge zu bringen«, wie Helnwein seine Absicht umreißt: »Ich provoziere, weil ich mich provoziert fühle. Meine Provoka-tion ist eine Reaktion, ein Sichwehren. Als Künstler kann ich nicht autark sein. Ich muß reflektieren, was in der Welt geschieht – und Stellung nehmen.«

Zu diesem Zeitpunkt traf der Provokateur, gerade neunundzwanzigjährig, die junge Rebellin aus Protest, die zunächst nichts weiter wollte als raus aus dem miefigen, piefigen Heilbronn und auf den Putz hauen und sehen, was läuft. Ihr Engagement freilich hatte noch keine Kontur, auch noch nicht die Mittel gefunden. Bis sie auf diesen Wiener Schlawiner stieß.

Zwei Lebensläufe trafen sich im Schnittpunkt des gleichen Potentials aus Wut, Widerstand, Aufsässigkeit gegen die verlogene Scheinwelt der Spießer, gegen die autoritäre Erziehung, gegen den Selbstmordkurs der Wettrüster, der globalen Ausbeuter und Plünderer dieses Planeten.

Als Renate ihn anrief, geriet sie prompt in eine exzessive Schaffensphase, die Gottfried gerade ergriffen hatte. Er engagierte sie sofort als zupackende Allround-Mitarbeiterin. Teamwork bis zu sechzehn Stunden ununterbrochen, verbunden in gemeinsamer Leidenschaft, in gemeinsamem Freiheitsdrang, Ausdruckswillen und der klar umrissenen Absicht, am Protest zu profitieren. Renate: »Es gab da extreme Momente, und die haben uns von Anfang an verbunden. – Wir haben wahnsinnig viel gearbeitet, und dann hab ich mein erstes Kind bekommen.« Sehr bald war ein Quartett komplett, die vier Kinder Cyril, Mercedes, Ali und Wolfgang Amadeus der beiden Hochleistungsexperten Helnwein, er mit dem schwarzen Kopfband eines Kamikaze, sie mit der Löwenmähne.

Neben ihrer florierenden Factory mit Malsaal, Fotostudio und Labor, Schreinerwerkstatt, Büro und Kommunikationszentrum haben sie in der Eifel eine Burg auf buckligem Felsen als Feriendomizil gemietet und ihren Zweitwohnsitz nach Tampa, Florida verlegt, wo die Kinder die Schule besuchen. Das alles erfordert Top-Organisation, die Renate souverän dirigiert und gewährleistet. Sie hat den Überblick, hält alle Fäden zusammen, schirmt den kreativen Pop-Schocker ab, schließt die Verträge, jongliert mit Terminen, den Aufträgen, den Kunden, kümmert sich um die Realisation der multimedialen Ideen, Skizzen, Entwürfe und darum, daß die Kasse immer kräftig klingelt. Geteilte Aufgaben, gemeinsame Absicht: aufklären, aufrütteln, beunruhigen, bewegen, provozieren, als gelte es, die verrottete Welt aus den Angeln zu heben und einzurenken im Gleichgewicht.

Ein unschlagbares Gespann. Nichts soll Routine werden, alles soll in Unruhe bleiben. Trotz, Zorn, Aufbegehren wollen sie beide lebendig erhalten. Renate: »Ich will noch etwas Neues lernen und experimentieren können, wenn ich achtzig bin.« Auf diesem Weg wird sich der Mann mit dem Kamikaze-Profil ihr schwerlich verweigern. Talent für das Schicksal. Gala und Dali lassen grüßen.

So gewiß es keine *normalen Eheprobleme* gibt und keine allgemein gültigen Gesetze zum Glück, so gewiß kann das eingängige Novalis-Wort nicht als Maxime allen gelten. Talent für das Schicksal? Schön und gut. Aber angenommen, das Schicksal spielt nicht mit. Der Zufall spielt statt dessen Blinde Kuh. Und eine Renate oder Steffi oder Magdalena trifft partout nicht den passenden Schocker, der sich mit seinen Triptichons und Collagen oder sonstigen Kamikaze-Ideen ergänzend in ihre Bedarfsstruktur fügt, so daß sie sich dem Schicksal schlankweg in die Arme schmeißen kann. Auf der Landkarte des Lebens läuft einem das Drama à la Dostojewski nicht jeden Tag über den Weg, meistens überhaupt nicht.

Langeweile als Signatur dieser Zeit muß nicht exakt skizziert werden, auch nicht jene alles überstäubende, einschläfernde Schablonenhaftigkeit, unter derem Druckdeckel keine Dramen dampfen und das Schicksal verdämmert. Was nützt einem das tollste Talent, wenn sich mit einem dieser zur Auswahl stehenden, archetypisch plumpen Gebrauchsmenschen auf Teufel komm raus kein Russisch Roulette inszenieren läßt, noch nicht einmal ein nettes, funkelndes Abenteuer? Daß sie, Geldjäger und grobe Genußburschen, Börsenjobber und beliebige Gewerbler, der Phantasie ermangeln und damit der Begabung zur amour fou, hatte schon Henri Beyle angeprangert, der pfiffige Philosoph der

Liebe, besser bekannt unter seinem Pseudonym Stendhal:
»Ihr Geist ist stets auf das Einträgliche und Positive gerichtet.« Und ihre klassisch bürgerlichen Eigenschaften wie die
Furcht, sich lächerlich zu machen, das Verlangen nach gesellschaftlichem Aufstieg, Konkurrenzgerangel, Streber-
ehrgeiz seien die Nemesis der Liebe.

Daß trotzdem jeder Topf seinen Deckel findet? Na ja,
man kennt sie, die praktischen Arrangements, die dem
Mann unverändert jene Bestätigung sichern, die er seitens
einer sich anpassenden und nicht sich profilierenden Frau
anachronistischerweise noch immer braucht. Man kennt
ihn, den netten Jungmediziner, der alle Kraft und Zeit in
den Aufstieg steckt, Chefarzt wird mit profitträchtiger Pri-
vatpraxis, während sich die Ärztin daheim (mit gleicher
Ausbildung und gleicher Qualifikation mindestens) der
hübschen Häuslichkeit und dem einen Alibi-Kind zuliebe
mit gelegentlichen Praxisvertretungen begnügt und ansonsten bescheidet. Oder den umtriebigen Politiker mit der
Schattengemahlin fürs Damenprogramm nicht anders als
den gestandenen Unternehmer, der sich eine knackige
Minna von Bornholm holt, um was Appetitliches zum Vor-
zeigen zu haben und hinfort seine Minna zu monopolisie-
ren. Auch nicht zu beneiden, aber womöglich stabil.

Umfragen und Untersuchungen selbst der jüngsten Zeit
bescheinigen der hierarchischen Ehe trotz gesellschaftlichem Wandel zwar durchaus haltbar, doch so immobil
wie einschläfernd zu sein. Die kongeniale Liebe haben
Männer in der Dominanz-Ehe nach den Beobachtungen
des Soziologen Walter Hollstein abgeschrieben (und die
dazu gehörenden Frauen auch), obwohl doch bekannt sein
dürfte, daß aufgeweckte Weibsgeschöpfe mehr Pep in die
Gemeinsamkeit bringen. Denn, so Hollstein: »Sie gewähren dem Mann mehr Autonomie in seinem persönlichen
Leben, weil sie selbst ein ausgefülltes Leben haben, sie sind
interessantere Gesprächspartnerinnen...« Aber sie sind
auch strapaziöser. Praktisch denkende Männer, die auf
Nummer sicher setzen, auf Ordnung, Bequemlichkeit und
ihre Herr-im-Haus-bin-ich-Position bevorzugen auch

heute noch die geistig anspruchslose Ja-und-Amen-Sagerin, die keine Schwierigkeiten macht. Doch für das zweifelhafte Glück, mit einem solchen Wesen verheiratet zu sein, das hatte schon Stendhal (*Über die Liebe*) bemerkt, zahlen sie mit tödlicher Langeweile. Auch wenn statistisch gesehen die hierarchische Ehe besser hält, ist das noch kein Beweis für ihr Gelingen. Denn sie entspricht wohl kaum dem achten Himmel, den aufgeweckte Weibsgeschöpfe als gelungenes Experiment erachten. Für Exzentriker, Abenteurer, mobile Gemüter ist die institutionalisierte Langeweile nichts. Gala und Dali bedanken sich.

Recht con amore
Bettine Brentano und Achim von Arnim

Als sollten wir zusammen
in alle Welt gehen

Von kleiner, zarter, höchst symmetrischer Gestalt, mit blassem, klarem Teint, weniger blendend schönen als interessanten Zügen, mit unergründlichen dunklen Augen und einem Reichtum schwarzer Locken... abgeneigt modischem Flitter, trug sie fast immer ein schwarzseidenes, malerisch in offenen Falten herabfließendes Gewand, wobei nichts die Schlankheit ihrer feinen Taille bezeichnete als eine dicke weiße oder schwarze Kordel. Wer diesem eigentümlichen Wesen jemals nahe getreten war, konnte es im Leben nicht mehr vergessen. Ihr reicher Geist, ihre sprudelnde Regsamkeit voll poetischer Glut und Phantasie, verbunden mit ungesuchter Anmut und grenzenloser Herzensgüte, machten ihren Umgang unwiderstehlich. – So und ähnlich wird sie von ihren Zeitgenossen gesehen, beschrieben, gescholten, die mutwillige Muse der Romantik, schalkhaft, kapriziös, unzähmbar, ein schillerndes Geschöpf, eine quecksilbrige Person: Bettine Brentano. Ein Genie der Weiblichkeit erkennen die einen in ihr, während andere sie strikt ablehnen als eine egozentrische Ignorantin, die ihre Kind- und Mädchenart etwas peinlich forciere. Ungebärdig, ungestüm war sie auf jeden Fall. Wenn ihr wer krumm kam und sie schulmeistern wollte, bot sie ihm paroli und schrieb schnurstracks: *Halt's Maul, geliebter Bruder.*

Eines der wunderbarsten Frauenzimmer, wie Humboldt befand, hat sich früh schon und sehr gezielt den traditionellen weiblichen Lebenserwartungen entzogen, hat das Afterideal der hierarchischen Ehe spöttisch abgelehnt (das noch lange nach ihr die Patriarchen im Stil eines Bismarck, eines Freud unverdrossen pflegten), hat ihr aufsässig couragiertes Konzept nach eigenem Entwurf durchgesetzt und sich in zwanzig Jahren familärer Gemeinsamkeit vom *Mottenfraß der Häuslichkeit* nie zermürben lassen, hat gehalten, was sie als junges Mädchen dem genialisch gefährdeten, sehr geliebten Bruder Clemens drohend versprach: *Das gelob ich vor Dir, daß ich nicht mich will zügeln lassen, ich will auf das Etwas vertrauen, was so jubelt in mir, denn am Ende ists nichts anders als das Gefühl der Eigenmacht.*

Elisabeth Catharina Ludovica Magdalena, so ihr Taufname, genannt Bettine, geboren am 4. April 1785 in Frankfurt am Main, hat selbst im eigenen großbürgerlichen Elternhaus miterleben müssen, was Frauen in der konventionellen Patriarchenwelt, wenn sie denn heirateten oder häufiger verheiratet wurden, zu ihrer Zeit und auch später bis vor rund hundert Jahren noch zu leiden hatten. Ihr Vater, der Kaufmann Peter Anton Brentano, war einer von jenen Egorittern, die ihre Frauen zu Tode vögeln. Er hat in drei Ehen zwanzig Kinder gezeugt. Die Frauen, mit achtzehn oder maximal vierundzwanzig vermählt, starben nach zahlreichen Geburten in noch jungen Jahren, wenn sie nicht wie Peters dritte Frau Fridericke durch den Tod des Gemahls 1797 rechtzeitig erlöst wurden. Seine zweite Frau, Bettines bildschöne Mutter Maximiliane von La Roche (1756–1793), für die sich in jungen Jahren Johann Wolfgang Goethe entflammt hatte, starb nach zwölf Geburten mit siebenunddreißig Jahren, als Tochter Bettine gerade acht Jahre alt war.

Es war einmal ein Kind, das hatte viele Geschwister..., berichtet Bettine später dem Bruder Clemens, berichtet von der Großfamilie im hohen verwinkelten Kaufmannshaus, wo die ›Republik Brentano‹ auch nach dem Tod der Mütter und des Vaters zusammenhält und doch nie etwas wie bürgerliche Familiengeborgenheit erfahren hat. Da werden Kinder zu Verwandten abgeschoben, kurzerhand ins Klosterinternat verbannt wie Bettine mit ihren Schwestern Gunda, Lulu und Meline. Nach vier Jahren kommt sie, zwölfjährig, zu ihrer berühmten Großmutter Sophie von La Roche, einer erfolgreichen Schriftstellerin, die mit den Geistesgrößen ihrer Zeit und auch kleineren Berühmtheiten freundschaftlich Umgang pflegt. Hier bei der Großmutter sieht sie sich, was sie im Kloster nie durfte, in einem Spiegel und staunt über die mit den feurigen Augen, glühenden Wangen, dem fein gekräuselten schwarzen Haar – »ich kenne sie nicht, aber mein Herz schlägt ihr entgegen; ein solches Gesicht hab ich schon im Traum geliebt, in diesem Blick liegt etwas, was mich zu Tränen rührt, diesem Wesen muß ich nachgehen, ich muß ihr Treue und Glauben zusagen...«

Auch andere Herzen schlagen diesem Irrwisch entgegen, dieser so apart aus der Art geschlagenen Kindsperson, die vorzugsweise in Baumwipfeln thront, über Dächer turnt und sich naiv irgendeinem Gast auf den Schoß und an den Hals wirft. Selbst Bruder Clemens muß gestehen: »Bettine wird mir so heftig, so begehrlich, daß ich sie ängstlich von mir weisen muß.« Doch ihre Originalität bezaubert. Das macht, wie Schleiermacher, der Theologe, später ihr väterlicher Freund, bemerkt und zugleich warnt: »Dich hat Gott bei guter Laune recht con amore geschaffen, verleugne dich nicht, damit du allenfalls sein Werk nicht verpfuschst.«

Die Familie sorgt sich, was aus dieser schalkhaft geschwätzigen, viel zu gescheiten Schwester werden soll, daß sie womöglich eigene Länder entdecken wolle, wo keine weibliche Glückseligkeit zu entdecken sei. Sie aber spottet, ob sie wohl von Stange zu Stange hüpfen solle wie ein Hühnchen, damit sie auf die Stange zu sitzen komme neben den Hahn. Dazu hat Gott sie con amore nicht geschaffen, nur dem Gockel hinterherzugackern.

Zusammen mit ihrer Freundin, der etwas älteren Dichterin Karoline von Günderode, träumt sie den Traum von der Freiheit und beklagt sie ihr Geschick, nie in ein Verhältnis zu kommen, »worinnen ich meiner Kraft gemäß wirken kann«, überwältigt von diesem rastlosen Begehren nach Wirken. Der Freundin Karoline gesteht sie auch, was charakteristisch für sie ist und bleiben wird, sobald sie liebt: – *komm vor mein Fenster und pfeif um Mitternacht, und ich geh ohne Vorbereitung mit Dir um die Welt.*

Nicht anders als Virginia Woolf, die später Geborene,

hat auch Bettine früh und nachhaltig ihre Erfahrungen mit dem Tod gemacht; dem Tod der Mutter, mehrerer Geschwister, des Vaters, als sie zwölf ist, und dann dem Selbstmord ihrer so bewunderten Freundin Karoline von Günderode, mit der sie sich einig wußte in der Verachtung des Philistertums, der Bigotterie, der Frankfurter Bürger und deren Schacher, wo sie sich nie heimisch, nie zugehörig fühlte, wo sie das heimatlose Kind geblieben war, das meinte: »ich komme anders woher.« Der Tod der Freundin hat sie wohl mehr noch als die früheren Verluste erschüttert, hat dem heimatlosen Kind seine Einsamkeit, sein Fremdsein bewußtgemacht, hat sie an den Rand der Schwermut gebracht.

Aber anders als Virginia Woolf ist sie nicht bereit, dem Tod Macht über das Leben zuzuschreiben, dem Tod Macht über sich selbst einzuräumen. Der Schmerz habe sie übermannt, gesteht sie, nächtelang habe sie geweint, aber dann habe sie gedacht: *wenn das Schicksal mir nicht schmeicheln will, so wollen wir Ball mit ihm spielen*...

Sie ist siebzehn, als sie zum erstenmal jenem Mann begegnet, von dem nach seinem Tod behauptet wird, er sei der schönste Mann seines Jahrhunderts gewesen. Ludwig Joachim von Arnim, der märkische Junker, Dichter und Edelmann, gerade einundzwanzig, hochgewachsen, blond, ganz anders als die Brentanos eher spröde und zurückhaltend, hat zunächst Mathematik, Chemie, Physik studiert, hat als Student an der Göttinger Universität Clemens Brentano als Freund gewonnen, war mit ihm auf gemeinsamer Kavaliersreise auch nach Frankfurt gekommen. Bettines erster Eindruck: »Der Arnim sieht doch königlich aus!« Seine »wunderschöne Jugendnähe elektrisierte mich«. Zugleich verspottet sie sein schlampiges Aussehen in weitem Überrock, die Naht am Ärmel aufgetrennt, die Mütze mit halb abgerissenem Futter, während doch neben ihm Bruder Clemens so fein und elegant mit rotem Mützchen über tausend schwarzen Locken dahergekommen sei, was indes sie, seine barbarische Schwester, als recht geckenhaft empfinde.

Achim von Arnim, der etwas schlampige, doch auffallend schöne Preußensproß, geboren am 26. Januar 1781, früh verwaist, war zusammen mit einem älteren Bruder bei seiner resoluten, verwitweten Großmutter Caroline von Labes aufgewachsen, einer kühlen, wohl recht lieblosen Dame, die indes das Erbe der Brüder, Gut Zernikow, gut zu verwalten und um den Besitz Bärwalde mit Schloß Wiepersdorf (südöstlich von Berlin) zu erweitern wußte. In ihrem Testament freilich (sie starb 1810) verfügte die alte Dame, daß erst Ludwig Joachims rechtmäßige Kinder in den Besitz des Erbes gelangen sollten.

Während seiner Studienzeit wandelte sich der Naturforscher unter dem Einfluß des Freundes Brentano und anderer Romantiker, vor allem unter Einfluß Goethes, zum Dichter, der vom Altmeister und Geheimen Rath in Weimar zunächst geschätzt wird, vor allem wegen der gemeinsam mit Brentano herausgegebenen Sammlung alter Lieder und Balladen *Des Knaben Wunderhorn*. Der spröde Märker, nüchtern erzogen, lieblos aufgewachsen, war fasziniert von der so ganz anderen, impulsiven brentanoschen Art, deren Temperament, Kontaktfreude, Weltoffenheit. Und Freund Clemens gibt sich alle Mühe, Bettine und Achim miteinander zu verkuppeln. Er schwärmte von der Schwester, der Rabenschwarzen mit den Locken der Nacht, nennt sie die Zwillingsgleiche, sein Liebstes und Teuerstes: »lieber Arnim, wir sind solcher Engel nicht wert!« Aber die beiden, die so dringlich zusammengebracht werden sollen, lassen sich Zeit. Der ersten Begegnung folgen andere. Sie beginnen einen regen Briefwechsel; was ihnen erlaubt, über Jahre ihre Gefühle auszuloten, ihre Ansichten darzulegen, eines der anderen Entwicklung anteilnehmend zu begleiten.

Unruhige Jahre kennzeichnen den Beginn des 19. Jahrhunderts. Napoleons Schatten über Europa. Preußens Niedergang. Nationales Erwachen und nationale Enttäuschung. Die Rabenschwarze mit den Locken der Nacht wechselt in diesen Jahren häufig ihren Aufenthalt, schließt bemerkenswerte Freundschaften, schließt sich bedeutenden Menschen an, entdeckt und begegnet Goethe, der einst ihre Mutter umworben hatte, und den sie nun anhimmelt, mit schwärmerischen, werbenden Briefen und Besuchen aufdringlich verfolgt, mit Paketgaben überschwemmt. Mutwillig, neckisch spielt sie den Kobold, das Kind, was nicht allen Zeitgenossen gefällt. Caroline Schlegel-Schelling, Respektsperson der Jenaer Romantik, mokiert sich, daß Mamsell Bettine aussehe wie eine kleine Berliner Jüdin und sich auf den Kopf stelle, um witzig zu sein, nicht ohne Geist, tout au contraire, ein wunderliches kleines Wesen, innerlich verständig, aber äußerlich ganz töricht. Sie leide an dem brentanoschen Familienübel: einer zur Natur gewordenen Verschrobenheit. Unter dem Tisch sei sie öfter zu finden als darauf, auf einem Stuhl indes niemals. Drollig sei, daß sie weder jung noch alt, weder hübsch noch häßlich, weder wie ein Männlein noch wie ein Fräulein aussehe. – Das war bissig bemerkt. Andere urteilen anders, etwa Wilhelm von Humboldt, den sie »in das größte Erstaunen versetzt. Solche Lebhaftigkeit, solche Gedanken- und Körpersprünge (denn sie sitzt bald auf der Erde, bald auf dem Ofen), so viel Geist und so viel Narrheit ist unerhört.« Mancher Jüngling verliebt sich heftig in das wunderliche kleine Wesen, mancher wirbt um sie, beispielsweise Ludwig Tieck, der früh Berühmte. Vergebens. Sie weicht aus. Ihr Gefühl ist vom Genius besetzt. Sei steigert sich in diese Beziehung zu Goethe, den damals achtundfünfzigjährigen Ehemann und Vater. Sie schreibt: *Die Leidenschaft ist ja der einzige Schlüssel zur Welt, durch die lernt der Geist alles kennen und fühlen, wie soll er denn sonst in sie hineinkommen?... Was ich durch diese Liebe nicht lerne, das werde ich nie begreifen.*

Goethe reagiert verhalten, später schroff abweisend. Aber in ihren Briefen an Arnim preist sie das Doppelglück ihrer Zuneigung zu diesen beiden Männern: »Gott will es so, daß ihr beide das Maß haltet in meiner Liebe.« Und doch kann sie nicht verschweigen, wie überflüssig sie sich vorkomme, daß Mangel an Tun ihren oft gescholtenen Mutwillen verursache, daß sie allein sei inmitten des Trubels. Die Welt, wie sie ist, paßt ihr nicht: »Ich fühle, es liegt größere Freiheit darin, mit dem Unterdrückten die Ketten zu tragen, als mit dem Unterdrücker sein Los zu teilen.«

Bewegte Jahre, in denen auch Arnim ständig unterwegs ist zwischen Göttingen, Frankfurt, Heidelberg, Berlin und seinen Gütern in der Uckermark. Nach Preußens Niederlage von Jena und Auerstedt flüchtet er mit dem königlichen Hof nach Königsberg, gründet eine *Zeitung für Einsiedler*, publiziert einen Novellenband *Der Wintergarten* und ist nacheinander in einige heftige Herzgeschichten verwickelt, an denen er Bettine postalisch Anteil nehmen läßt. Bettines Biographin Ingeborg Drewitz weiß zu berichten, daß ihm überall die Mädchenherzen zuflogen: »Ach im Arm ihn, Achim Arnim! ging das Ballgeflüster.« Beim Ballgeflüster bleibt es nicht. Doch der Kontakt zwischen ihm und Bettine bricht nicht ab. »Es ist mir zuweilen so, als sollten wir zusammen in alle Welt gehen«, gesteht er ihr: »Aber wo liegt alle Welt?«

Für den Romantiker, den preußischen Patrioten zumal, liegt die Welt nicht in der Gegenwart, eher in der Vergangenheit, den Volksliedern, alten Sagen, den mündlich überlieferten Märchen, denen die Freunde Grimm auf der Spur sind. Arnim schreibt den Roman *Armut, Reichtum, Schuld und Buße der Gräfin Dolores*, plant ein dramatisches Spiel *Halle und Jerusalem* (nach Andreas Gryphius), Reales und Irreales miteinander vermählend. Arnim war »ganz unliterarisch, so unliterarisch wie es ein Volkslied oder Großmütterchens Märchen sind«, urteilt der Literaturwissenschaftler Joseph Nadler: »Er war einer der größten deutschen Stegreifkünstler.« Doch er war auch der märkische Junker, zu pflichtbewußter Lebenshaltung angehalten, verwurzelt in der Tradition überkommener Werte: Patriotismus, protestantische Religiosität, Unantastbarkeit der Ehe, die er allerdings kaum so heilig nimmt, um nicht witzeln zu können: *Gott macht die Liebe und der Teufel die Heiraten*.

Der aristokratische Gutsherr und die reichsstädtische Patriziertochter – wie sollten sie über die gewachsene und sich bewährende Freundschaft hinaus zusammenfinden? Die Rabenschwarze mit den Locken der Nacht ist nicht die duldsam sanftmütige Solveig, die auf einen ewig umherschwirrenden Peer Gynt wartet. Sie schwirrt selbst umher, bezirzt mit ihrem Übermut den jüngeren Ludwig Grimm, tändelt mit Tieck, läßt sich von etlichen Studenten umschwärmen, darunter Max Prokop von Freyberg, der ernsthaft an Heirat denkt. Und sie weiß mit ihrem Charme sogar einen derart verschlossenen Sonderling wie Ludwig van Beethoven zu bannen, der sie tiefbewegt teuerste Bettine, liebstes Mädchen, liebster Engel nennt, ihr eilig nachschickt, »was ich komponiert habe, seit ich Abschied von Dir genommen habe, liebes, liebstes Herz«, und der nun nicht weiß, was werden soll, »seit mein Herz ein solcher Rebell geworden ist.«

Bettine hat, wieder einmal ihrer Zeit voraus, hellsichtig sein Genie erkannt, hat die beiden überlebensgroßen Geister ihres Jahrhunderts zusammenbringen wollen. »An diesem geht die ganze Welt auf und nieder«, bekennt sie dem Dichterfürsten nach Weimar. Doch Goethe mag den Genius Beethoven nicht erkennen, wehrt die neuen Zeichen der Zerrissenheit einer sich wandelnden, aufgewühlten Zeit ab, hält nur das Klassische für das Gesunde und alles Romantische für krank. Verschanzt in seinem Dichterdomizil am Frauenplan arbeitet der Sechzigjährige an seinem monumentalen Lebensbericht *Dichtung und Wahrheit*. Dafür nun kann er Bettines Assistenz gut gebrauchen. In Frankfurt nämlich hatte sie die Freundschaft der alten Frau Rath gesucht und auf das Innigste gefunden. Tagelang hatte das »artig gut Mädchen« zu Füßen von Elisabeth Goethe, Frau Aja genannt, gesessen und deren Erzählungen von ihrem Hätschelhans, dem Götterliebling und nun so berühmten Dichter gelauscht. Jetzt soll sie das alles für den alternden Geheimrat notieren. Sie tut es, druckseitenlang. Nicht wenig davon wird in die späten *Bekenntnisse* übernommen.

Zur gleichen Zeit gesteht sie dem heftig um sie freienden Freund Freyberg, daß Arnim »mir der Edelste, der Herrlichste« ist, so wie sie zwei Jahre zuvor bereits ihrem Bruder mitgeteilt hatte: *Arnim ist doch der Mensch, der alles Recht auf mich hat, und wenn ich auch nicht mit ihm geheuratet bin, so gehören wir nicht minder zusammen...*

Sie haben sich lange Zeit gelassen, ihre zunächst eher geschwisterliche Freundschaft über Jahre gepflegt, ihre Zuneigung ausgelotet und in jeder Begegnung, in ihrem intensiven Briefwechsel sich gegenseitig beeinflußt, abgestimmt, verstehend einander genähert. Die exzentrische Reichsstädterin und der traditionsbewußte Edelmann bestätigten einander in ihren Meinungen über Literatur und Musik, Freiheitskampf und Frömmigkeit, nicht zuletzt in ihrer gemeinsamen Verehrung für Goethe. Was dennoch offen blieb an Gegensätzen, und das war nicht wenig, verbarg sich zunächst hinter der Hochstimmung seiner dringlicher werdenden Werbung und ihrer Antwort. Recht umständlich liest sich, was ihn nun, da er ihr gegenüber kein poetischer Haubenstock sein will, ernsthaft bewegt: »ich wüßte niemand auf der Welt, von der ich so gern ein Ebenbild besessen hätte, und auch keine, mit der ich auch ohne diese Verdoppelung so gern mich erfreut, gestritten, gewacht und geschlafen hätte als Dich…, die mir seit Jahren näher liegt als irgend ein Mensch.«

Ohne Pomp und Hosianna, ohne die sonst wohl unterrichtete Welt vorher einzuweihen, 1810, »am vierten Dezember war kalt und schauerlich Wetter, es wechselte ab im Schneien, Regnen und Eisen, da hielt ich Verlobung mit Arnim um halb neun abends in einem Hof, wo hohe Bäume stunden, von denen der Wind den Regen auf uns herabschüttelte, es kam von ungefähr«, schreibt die Braut an Goethe. Der Ring, den Achim ihr an den Finger steckt, zeigt zwei ineinander verschlungene Hände:

> Daß ich die Hand nun nimmer lasse los,
> Das macht des Steines Sinnbild Dir bekannt…

Ebenso unzeremoniell und unkonventionell, »beide abgesagte Feinde aller Gratulationen und Hochzeitsspäße«, wie der Bräutigam hinterher bekennt, halten sie am 11. März 1811 ihre heimliche Hochzeit. Niemand war informiert worden. Denn die Brüder Grimm hatten angedroht, zur lange schon fälligen Vermählung als Klapperstörche verkleidet zu erscheinen. Solchem Schabernack wird mit Schabernack zuvorgekommen. Recht con amore, auch ziemlich aufgeregt, lassen sie sich durch Pastor Schmidt in dessen Wohnung trauen, und die Frau Pastor setzt der Rabenschwarzen einen alten Brautkranz aus grüner Seide auf die Locken der Nacht. Wie eine Fürstin aus alter Zeit erscheint sie ihrem freiherrlichen Ehemann. Nun heißt sie Freifrau von Arnim, was merkwürdig zu diesem aufsässigen Quecksilber paßt. Ein paar Tage noch geht das Versteckspiel weiter. Gemäß ihrer Bitte: »Komm alle Abende Deines Lebens so gern zu mir wie diese Winterabende«, schleicht sich der Junggemahl, der mit Schwager Clemens noch junggesellig in der Berliner Mauerstraße wohnt, abends zum Monbijouplatz 1, wo Bettine bei ihren Verwandten Savigny logiert, um dort die Nacht mit ihr in ihrer blumengeschmückten Stube zu verbringen. Erst einige Tage später geben sie ihr Geheimnis preis und ziehen dann in ein Gartenhäuschen hinter dem Vossischen Palais am Wilhelmsplatz. »Ich wohne hier im Paradies. Die Nachtigallen schmettern in den Kastanienbäumen«, verrät die Jungvermählte zwei Monate später Goethe, »gegen Abend bearbeiten wir ein kleines Gärtchen hinter unserm Häuslein, das mitten in einem großen Garten steht; und nun! Philemon und Baucis konnten nicht ruhiger leben.«

Ein ruhiges Leben nur für kurze Zeit und auch nur vordergründig. Diese Ehe wird kein Paradies. Zwar hinterläßt er ihr nach der Hochzeit, auch später noch manche launige Botschaft: »Wem ein Hase vors Bett kommt, dem bedeutets Glück, so ist mir heute geschehen und ich sende ihn Dir, meinem Glücke.« Doch noch in Berlin gründet er mit anderen Gegnern der Hardenbergschen liberalen Politik eine christlich-deutsche Tischgesellschaft, in der bezeichnenderweise jeder lederne Philister wie Frauen, Franzosen und Juden ausgeschlossen sein sollen. Ein intolerantes Trutz-Treu-Männer-Bündnis.

Wie kann sich Bettine daneben behaupten, die früh schon ihrer Zeit voraus gegen den vorherrschenden Antisemitismus für die Juden eingetreten war, demokratischen Idealen anhing, die als junges Mädchen bereits gehofft hatte, sich vor dem Mottenfraß der Häuslichkeit zu bewahren, weil man doch in einer glücklichen Häuslichkeit sonntags immer die Dachziegel vom Nachbarn zählt, während sie au contraire ihre Freiheit behalten will »dazu, daß ich das ausrichte und vollende, was eine innere Stimme mir aufgibt zu tun«. Und genau das wird sie tun, allen Widerständen zum Trotz.

Den zehn Jahren ihrer zögernden Annäherung folgen zwanzig Jahre Ehe, überschattet von Krieg, Not, wirtschaftlichem Elend. Für Bettine bedeutet diese Ehe vorrangig, wie ihre Biographin Ingeborg Drewitz nüchtern bemerkt: »Schwangerschaften, Geburten, Kinderkrankheiten, Umzüge, Geldsorgen – keine Mühsal des Frauenlebens blieben ihr erspart.« Die keineswegs immer jubelnd begrüßten Geburten:

> 1812: Freimund
> 1813: Siegmund
> 1815: Friedmund
> 1817: Kühnemund
> 1818: Maximiliane
> 1821: Armgard
> 1827: Gisela

Die Namen der Söhne verraten des Vaters Gesinnung, mit der die Mutter gewiß übereinstimmte:

1. in einem freien Land keinen Eroberer fürchten;
2. vom Sieg über Napoleon zeugen;
3. im Jahr der großen Friedensschlüsse geboren;
4. zur Zeit der Reaktion kühn genug sein, nicht zu resignieren.

Als Bettine ihre Kinder gebar, wurde in der Nähe auch ein anderer Junker, Otto von Bismarck, geboren (1815). Seine Kindheit indes verlief anders als die der Arnim-Nachkommen. Denn Bettine folgt weder jenen Vorstellungen, wie *eine richtige Frau* ihrer Zeit zu sein habe, fügsam, hausweiblich bescheiden, dem Manne untertan; noch kümmert sie sich um die ehernen Grundsätze standesgemäßer Erziehung nach den Regeln von Zucht, Gehorsam, Pflichterfüllung. Im Gegenteil. Sie verwirklicht, was spätere Generationen als *antiautoritär* charakterisieren werden. Eine unbeschwerte Kindheit dünkt ihr die beste Kraftquelle für das Leben. Sie schulmeistert und predigt nicht, sie gibt das bessere Beispiel, statt zu verbieten. Sie läßt gewähren und das Kind, soweit irgend möglich, tun, was es will: *Besser, einen Streich mit ihm zu machen, als ihm zu verbieten.* Nach dem Zeugnis ihrer Tochter Maxe läßt sie die Kinder, sobald sie flügge geworden, frei fliegen. Es habe wohl selten eine Mutter gegeben, die ihren Kindern so große Freiheit ließ und deren Willen doch auch noch für die bereits Erwachsenen so unbedingte Autorität gewesen sei. Bettines Kredo: *ich kann nicht zwingen, ich kann mit Gewalt keinen Gehorsam verlangen, ich kann den Kindern wohl vorstellen, was ich heilsam, großartig, richtig finde. Aber ich muß ihre Freiheit respektieren...*

Vater Arnim, der streng aufgewachsene, vertritt entschieden einen anderen Standpunkt. Er wirft den freizügig erzogenen Rangen Nachlässigkeit, Unordnung, Unreinlichkeit vor. Aber Bettine setzt sich durch. Und Achim mischt sich weitgehend nicht ein, läßt die Mutter schalten und überläßt ihr die Mühsal mit den ungebrochen ausgelassenen Kindern, dem gesamten Haushalt und oft wenig hilfreichen Hauspersonal.

Freunde, wie etwa die Grimms, die das weltgewandte Mädchen, das lebenslustige Wirbelwindweibchen seit langem kannten, geben ihrer Verwunderung Ausdruck, daß Bettine die Haushaltung selbst führe, daß sie alles Schwere, wie zum Beispiel gutes Kochen, leicht erlernt, wenn auch keine Lust zu diesem Wesen habe; dabei werde sie von allen Seiten ihrer Dienstboten betrogen und bestohlen. Die Köchin frißt die besten Brocken vom gekochten Huhn vor dem Servieren heimlich selbst. Das Stubenmädchen gießt dem badenden Kind kochendes Wasser über den Leib in den Zuber. Der Knecht läßt die Gartenpforte offen, so daß die Gänse sämtlichen Salat ausrupfen und die Schweine im Gurkenbeet eine Mahlzeit halten. Der Hauslehrer schießt auf der Jagd versehentlich einen der Söhne an und nimmt ihn dann zum Trost mit auf eine Pintentour durch die dörflichen Beizen. Bettine hat ihre Not mit dem Personal; die

Leute seien eigensinnig, faul, gefräßig, diebisch, gemein p.p. und daher geeignet, einem das Hauswesen zu verleiden. Zwar gibt es genügend Hilfskräfte für die Schmutzarbeit und Plackerei, doch ebensoviel Dienstbotenärger, Querelen, Schlamperei. Auch möchte sie die Wanzen gern loswerden, die Mäuse in der Speisekammer, die Würmer in den Gedärmen. Und doch: Die Freifrau lernt tapfer, sich zu behaupten. Das exzentrische Mädchen von einst bewährt sich als umsichtig sorgende, sparsame Familienfrau, webt den Stoff für die Kleider der Kinder selbst, legt Fleisch in Essig ein, lagert Vorräte für den Winter, verhökert die Produkte vom Gut in der Stadt, notiert gewissenhaft in ihrem Wirtschaftsbuch Ausgaben für Bedienstetenlohn und Lehrergehalt, für Torf, Holz, Medizin, Ausgaben für Tischler, Schuhmacher, Schneider. »Ich gehe täglich nach dem Herde, nehme das überflüssige Holz zurück... Ich trage nur Schwarz, auch keine Mützen, nur um die Wäsche nicht zu vermehren, trage jetzt einen 6 Jahr' alten Winterhut... gehe nicht ins Konzert und Oper, obschon Musik mein einziger Lebensgenuß ist.« Auf das Knappste habe sie die Wirtschaft eingerichtet, trotz ihrer Neigung zur genialen Unordnung. Aber diese ewige Not des Sparens auf dem Hals zu haben drücke sie derart, daß sie sich mit Leichtigkeit vom Leben losmachen könne, gesteht sie einmal und ein anderesmal, daß sie den besten Anlagen in sich untreu geworden sei. »Ach, wie sind meine Ansprüche an das Leben gesunken... daß ich mich zum Schelm oder Lump mache.« Und trotz allem bleibt sie dabei, was schon die Neunzehnjährige sich geschworen hatte: *kühn mich über den Jammer hinauszuschwingen.*

Die Geschichte dieser Ehe fällt aus allen Rastern ihrer Zeit. Ein strapaziöser Prozeß, belastet von den Wirren des Krieges und der wirtschaftlichen Misere, vor allem auch von den Spannungen dieser so gegensätzlichen Charaktere, ihrer unterschiedlichen Interessen und Ansprüche. Er verbraucht seine Kräfte im Kampf um die Rentabilität seiner Güter, die er den Söhnen sichern will. Sie versucht tapfer, dem Mottenfraß der Häuslichkeit zu trotzen. Er schuftet überwiegend auf dem Land in Wiepersdorf. Sie verbringt die meiste Zeit mit den Kindern in Berlin. Er schätzt die Einsamkeit, sie die Geselligkeit, die Anregungen der Hauptstadt, die Kontakte. Sie hatte ihr Herz an den romantischen Dichter gehängt und bekam einen Krautjunker zum Ehegespons, der zwar seine literarischen Arbeiten nicht aufgibt, von ihr aber doch immer wieder beschworen wird, seine Begabung nicht den Kleinlichkeiten des Gutsbetriebes aufzuopfern. Denn das ist ihr Kummer, »daß Du aus einem freien, mutigen Staats- und Freudenpferd einen schlechten Ackergaul aus Dir machst«. Die häufigen Trennungen der beiden bieten dem Berliner Gesellschaftsklatsch viel Zündstoff. Und doch haben gerade diese Trennungen ihre Sehnsucht lebendig erhalten, so wie Bettine es einmal mit einem Wort umreißt: *er habe sein Liebstes und sehne sich dennoch danach...*

In ihren Briefen, die zahlreich zwischen Wiepersdorf und Berlin hin- und hergehen, und Bettine ist eine begnadete Briefschreiberin, kommt bis zum Schluß trotz aller vorgetragenen Sorgen, Klagen, drängenden Bitten, auch Vorwürfen, Schroffheiten und Launen in zwanzig Jahren diese Sehnsucht immer zärtlich zum Ausdruck:

– ach ich wollt ich hing an Deinem Hals und dürft nur Dich ansehen bis in den Tod...
– daß mich die Sehnsucht nach Dir foltert; daß ich gern meinen Arm um Deinen Hals schlingen und mich auf Deinen Schoß setzen möchte...
– ich hätte Dir noch so vieles zu sagen, wie ich Dich lieb habe...
– nur eine Viertelstunde in Deinen Armen, und es wird mir alles leichter vorkommen...
– wenn Du mein Mann nicht wärest, wie sehr würde ich mich sehnen, eine Liebschaft mit Dir anzufangen...
– diese Sehnsucht einer gutmütigen Hausfrau hab ich: Ich möchte Dir ein Himmelbett einrichten...
– ich küsse Dich von Herzen und mit der Sehnsucht, bei Dir zu sein. (So schließt Bettine noch ihren letzten Brief, drei Tage vor seinem plötzlichen Tod am 21. Januar 1831. Fünf Tage später wäre er fünfzig Jahre alt geworden.)

Ihr Traumbild von ihm als einem Mann, der aus der Dämmerung einer nicht geahndeten Welt hervortritt, das reichbeschwerte Füllhorn auf der kräftigen Schulter, deckt sich nicht unbedingt mit der Wirklichkeit. Daß sie wohl auch nicht das Ideal sei, das ihm den Alltag erleichtert und wie eine tüchtige Gutsherrin vom Leibe hält, vergißt sie in keinem Moment. Sie habe ihm wohl viel Last, viel Angst um die Zukunft zur Morgengabe mitgebracht, bemerkt sie in einer ihrer Bitten um Entschuldigung. Und er gesteht ihr: »Ich hab Dir für tausend Liebe ein armes, sorgenvolles Dasein gegeben, und das kränkt und quält mich bitterer als alles andere, was über mich ergehen mag.« Bei aller Gegensätzlichkeit zeigen die Ehebriefe aus zwanzig Jahren gerade auch, wie trotz Mottenfraß und Mühsal das Begehren nach einander quicklebendig bleiben kann, verstärkt wahrscheinlich durch die häufigen Trennungen. Immer wieder verraten kleine Bemerkungen die Lust nach ihm, »Du lieber, seidener Leib«, die Lust auf sein Unter-die-Decke-Schlüpfen mit ihr. Die langfristigen Trennungen, oft beklagt, haben ihnen beiden aber auch die Freiheit gegeben, die ihnen notwendig war, beiden gleichermaßen. Ingeborg Drewitz: »Arnim, der ekstatische, rhythmusgetriebene, fast atemlose Dichter, brauchte die Zurückgezogenheit; Bettine, nicht eigentlich erfinderisch, sondern eine sehr weibliche, im Aufnehmen schöpferische Begabung, brauchte Begegnungen, Menschen, Gespräche, das Dabei-Sein, um sich zu entdecken.« Der Briefwechsel bestätigt, wie innig diese Beziehung gerade im Ausbalancieren der konträren Positionen dem Alltagstrott standgehalten hat. Nahezu beschwörend klingt es in ihrem letzten, anrührend herzlichen Brief, der Achim kurz vor seinem Tod erreicht: *Ich wollte doch nur, daß Du erst hier wärst, so wollte ich Dich gewiß nicht so bald fortlassen...*

Zu dieser Zeit wird Bettine von Verwandten und Bekannten als noch immer so zierlich und anmutig wie in ihrer Jugend geschildert, noch schlanker sei sie geworden trotz der Geburten und im Geist nicht minder behende. Rahel Varnhagen, die vielleicht brillanteste dieser bemerkenswerten Frauen-Generation, deren Salon zum Mittelpunkt der geistigen Elite Berlins wurde und eine der wenigen weiblichen Ausnahmen, mit denen die Freifrau von Arnim innig Freundschaft schloß, Rahel über Bettine: eine reizende Erscheinung, ein eigentümliches, anmutiges Menschenkind, eine geistreiche Frau.

Wilhelm Grimm: Sie gehört zu den Geistreichsten, die mir mein Lebtag begegnet sind... Noch hat ihr Geist nichts von seiner Lebhaftigkeit verloren.

Leopold von Ranke: Diese Frau hat den Instinkt einer Pythia; eine so strömende Beredsamkeit in bewegten oder geistigen Augenblicken ist mir noch nicht vorgekommen.

Jakob Burckhardt: So wunderbar interessant wie selten ein weiblicher Kopf, schöne, echte, kastanienbraune Locken, die braunsten, wundersamsten Augen...

Hans Christian Andersen: Eine Stunde Unterhaltung mit Bettina, in welcher sie das Wort führte, war so reich, so interessant, daß ich bei dieser Beredsamkeit, diesem Feuerwerk von Ideen, fast verstummte.

Charlotte von Kalb: An Schalkheit, Laune, angeborenem Reichtum und Leichtsinn tut es ihr keiner gleich. Bettine ist weder zu kritisieren noch zu korrigieren.

Karl August Varnhagen: Sie ist in dieser Zeit der eigentliche Held, die einzige wahrhaft freie und starke Stimme.

Die Aussagen gelten einer mittlerweile fast fünfzigjährigen siebenfachen Mutter. Und selbst Übelmeinende, die ihren Schalk und Leichtsinn kritisieren, selbst mißliebige Zeitgenossen müssen der Freifrau bescheinigen, von unverminderter Wachheit und jugendlicher Begeisterungsfähigkeit zu sein. Nein, der Alltagstrott hat sie nicht zermürben, die Resignation nicht ergreifen können, der Tod ihre Seelenstärke nicht zerstört. Und sie hat zu oft Abschied nehmen müssen, zu viel Tod in kurzer Zeit erlebt.

1831: Arnim
1832: Goethe
1833: Rahel
1834: Schleiermacher
1835: Sohn Kühnemund

Die Witwe von Arnim, ihre jüngste Tochter ist beim Tod des Vaters gerade vier Jahre alt, beweist in der dritten Lebensphase, was schon das Mädchen geschworen hatte: mit dem Schicksal Ball zu spielen. Jetzt gelingt ihr, was sie in jungen Jahren vermißte: in ein Verhältnis zu kommen, worinnen ich meiner Kraft gemäß wirken kann. Ihr vitaler Realismus und ausgeprägter Gerechtigkeitssinn bestimmen ihr soziales Engagement – während der Cholera-Epidemie 1831 in Berlin, für die Göttinger Sieben, zu denen Wilhelm und Jakob Grimm gehören, für politisch Verfolgte, für Arme und Randgruppen, Kranke und Juden. Couragiert entzieht sie sich den Normen ihrer Zeit, nach denen eine Witwe zurückgezogen und unscheinbar, unsichtbar zu werden habe. Sie will wirken. Und sie wirkt, attackiert jeden, der etwas tun könnte für mehr Toleranz, mehr Demokratie, bis hinauf zum König, Bismarcks erstem Herrn. Als Anwalt der Armen und Unglücklichen, der Unterdrückten und Verfolgten charakterisiert Tochter Maxe die Mutter, die den Idealstaat erträumt habe. »Während wir die Köpfe hängen ließen, blickte die Mutter rosig in die Zukunft und war Feuer und Flamme für die Revolution [von 1848] als einem gewaltigen Fortschritt in der Entwicklung.« Gleichzeitig beginnt Bettines Aufstieg als Schriftstellerin. Sie publiziert Briefe, Briefwechsel, Gespräche, authentisch und erfunden, am erfolgreichsten, auch umstritten *Goethes Briefwechsel mit einem Kinde*, ein skandalträchtiger Bestseller. Für diese Wahrheit und Deutung genannte Publikation mag gelten, was Goethes Mutter, Frau Rath, schon zu Bettines Jugendbriefen geäußert hat: »Die Beschreibung... hat mir recht viel Plaisir gemacht: Wenns nur auch wahr ist, denn in solchen Stücken kann man Dir nicht wenig trauen... Wenn Du, mit Ehren zu melden, ins Erfinden gerätst, dann hält Dich kein Gebiß und kein Zaun! Ei, mich wunderts, daß Du noch ein Ende finden kannst und nicht in einem Stück fortschwätzt, bloß um selbst zu erfahren, was alles noch in Deinem Kopf steckt. Manchmal mein ich aber doch, es müßt wahr sein, weil Du alles so natürlich vorbringen kannst.« Genauso will die Witwe von Arnim im Alter wieder werden: aufsässig, mutwillig, souverän und stark und frei. Denn: *es ist viel Arbeit in der Welt, mir zum wenigsten deucht nichts am rechten Platz*.

Bis zu ihrem Tod 1859 nimmt sie sich die Freiheit, den Machthabern der Welt, voran ihrem König Friedrich Wilhelm IV., die Meinung zu sagen, immer an der Seite derjenigen, die protestieren und aufbegehren gegen Willkür, Tyrannei, Reaktion. So wird sie für viele sehr viel Jüngere die »kühne Vorrednerin« für das revolutionäre junge Deutschland.

Zum Risiko aufgerufen
Philemon und Baucis

… daß Liebe heimkommen kann

Fremd war das Land, steinig der Pfad, der sich in öder Berg-
wildnis verlor, von Sturzbächen überflutet, von entwurzel-
ten Bäumen versperrt. Mit Sturmböen und Hagelschauern
brach die Nacht herein. Finsternis baute sich drohend auf.
Ins Furchtbare war die Natur verkehrt, zum Zittern und
Verzweifeln.

Von beschaulicher Idylle auf der Bank im kleinen Garten,
von pfeifeschmauchender Zufriedenheit im Abendsonnen-
schein weiß die Geschichte nichts, die der Prüfungen ge-
denkt und erzählt von den Schicksalsschlägen jenes Paares,
das heute vorzugsweise herhalten muß als Schreckbild alt-
gewordener Bravheit zu zweit, als Karikatur langwährender
Ehe: Philemon und Baucis.

Auch Bettine Brentano, gerade vermählt zur Freifrau von
Arnim geadelt, hat die beiden mit gelindem Spott in den
Zeugenstand gerufen, als sie Goethe in einem Brief ihre
Heirat und ihren (zunächst noch) beschaulichen Alltag mit
Achim anzeigte. Daß es dann in den zwanzig Jahren Ehe
keineswegs beschaulich herging, konnte sie anfangs nicht
wissen. Goethe selbst ließ, wie bekannt, das legendär wak-
kere Paar im letzten Akt seiner *Faust*-Tragödie auftreten,
keineswegs idyllisch verklärt. Vielmehr geraten sie in arge
Bedrängnis und werden schließlich ermordet, hingeworfen
von profitgierigem Ingenieursdenken, Opfer faustischer
Gigantomanie. Solche dichterische Varation hat freilich am
gängigen Genrebild nichts geändert, das die beiden bis
heute als trottelige Alte darstellt, abgestumpft und schick-
salsergeben im lang nebeneinander ertragenen Einerlei. Am
Klischee wird überzeichnet angeprangert, was enge Verbin-
dungen für andere, vor allem für mobile Gemüter so unerträglich macht, die verkörperte Monotonie.

Sie kennt seine Pleiten und er ihre Gewöhnlichkeit. Sie haben sich im Trott eingerichtet, im Banalen abgefunden, jeden Ich-Anspruch begraben. Kein Anstoß von außen mehr. Stumpfsinn alle Tage und nächstens beider Gebisse im gemeinsamen Glas. So oder ähnlich senil, philiströs verspießert wird das Greisenpaar gern verkannt und als abgrenzendes Beispiel benutzt, so nicht werden zu wollen.

Mit Philemon und Baucis allerdings, wie sie die Legende als Urgestalten überliefert, hat die Karikatur nichts zu tun. Anders als das hämische Vorurteil, das die beiden zum Musterexemplar bäurischer Bescheidung und dumpfer Biedermannstreue abgestempelt hat, Inbegriff der Langenweile und Leere zu zweit, ganz anders berichtet die phrygische Chronik vom außerordentlichen Abenteuer und Aufbruch ins Ungewisse einer nicht zu fassenden Mission. Gewiß, Baucis, die heiter Geschäftige, und Philemon, ein nachdenklich bedächtiger Bauer, sie waren zusammen alt geworden, arm waren sie auch, redlich und ohne Arg. Doch beschränkt in ihrem engumgrenzten Bereich, darauf bedacht, zu bewahren und sich ihres Wenigen durch ängstliche Abwehr zu versichern, abgeschottet gegen außen, abgestumpft nach innen, das waren sie nicht. Auch lebten sie keineswegs in einer heilen Idylle, in der noch jeder Dummbart gut sein kann und liebenswert bleiben. Hartherzig war ihre Nachbarschaft, mißtrauisch und bösartig verschlossen den Fremden gegenüber, die Einlaß begehrten und Gastrecht verlangten. Als Wanderer verkleidete Götter, wie die Sage sagt, ob nun Zeus und Hermes, ob Jupiter oder das Fremde schlechthin, zwei Unbekannte kamen anonym zu den Menschen an jener phrygischen Küste, um sie auf die Probe zu stellen. Die heimgesuchte Gemeinde aber blieb abweisend, verschlossen, hart. Nur sie, Philemon und Baucis, hatten sich im langen Zusammensein füreinander aufgetan, waren aneinander reich geworden und so auch aufgeschlossen für das Unerwartete, offen für das, was beide meinte und was das Leben war in seiner immer wieder gegebenen Fülle, Überraschung und Herausforderung.

Herausfordernd traten die Fremden auf, ließen sich bewirten, ließen sich nicht befragen, dankten auch nicht, verlangten vielmehr von den beiden Alten, ihre Hütte zu verlassen, das Vertraute aufzugeben und sich auf den Weg zu machen ins Unbekannte. Als sie der Anruf traf, den sie nicht verstanden, der sie wegführte vom Gewohnten, der Geborgenheit entriß und aussetzte in der Nacht des Grauens, hinausschickte ins Tal der Tränen, allein ließ im Feindlich-Fremden ohne Aussicht, da zögerten und klagten sie nicht. Sie ermutigten und stützten einander, überstanden gemeinsam alle Schrecknisse – in der Gewißheit, einer vom anderen gehalten zu sein und darin ihren Besitz, ihre Hoffnung und Antwort des furchtbar Unerklärlichen zu wissen.

So fanden sie sich schließlich, mörderisch müde nach beschwerlichster Wanderung, als die Finsternis unerträglich langsam dann doch wich, zerschlagen zwar, doch unverbrüchlich einander zugetan, in einem Tempel wieder, zu Hütern des Heiligsten bestellt. Und sie wunderten sich nicht. Was auch besagen mag, daß sich in der konkreten Infrastruktur der Liebe jede Tour de force ereignen kann, daß aber solcher Liebe noch jede Hütte zum Tempel wird und jeder Schrecken zum Auferstehungsfest.

Auf diesem Goldgrund endet das Hohelied von Philemon und Baucis mit dem Wunsch der beiden, ihre Biographie im selben Augenblick zu beschließen, in derselben Stunde zusammen zu sterben.

Die Sage sagt, der Wunsch wurde zum Teil erfüllt. Im selben Augenblick zwar, doch nicht in dem des Todes, wuchsen zwei Bäume dem Himmel entgegen: eine Linde und eine Eiche, wo vordem Baucis war und Philemon. Und es heißt weiter, sie neigten ihre Zweige zueinander, verschränkten zärtlich ihre Äste, um miteinander ohne Unterlaß zu flüstern, zu schwätzen, zu lachen.

Da fragt sich dann nur noch, warum die Überlieferung vornehmlich die Horrorvorstellung der Behaglichkeit bewahrt und in meckernder Verachtung von den beiden als beschränkten Spießern spricht. Die Antwort darauf mögen Wunsch und Neid und Ungeduld ausdiskutieren.

Der Mythos hält den Widerspruch lebendig, der sich an

die ebenso langandauernde wie gelungene Zweisamkeit knüpft. Daß nämlich einerseits im Wir Heimat gefunden werden möge, daß Liebe heimkommen kann und daß andererseits dieses Wir in seiner Zufriedenheit nicht versumpft, sondern mobil bleibt, zum Risiko aufgerufen, zum Aufbruch bereit, das Unerwartete zu wagen. Schicksalsschläge und Zerreißproben inbegriffen. In jedem Fall ein kreativer Entwicklungsprozeß, der sich nie auf einen gemeinsamen Nenner bringen läßt. Was eine Helene Weigel an der Seite eines Bertolt Brecht oder eine Monika Kramer in ihrer Neigung zu Pater Theodor hinzunehmen und auszuhalten imstande waren, ertrüge eine Margaret Thatcher wahrscheinlich nicht einen Tag, hielte wohl auch die sehr viel jüngere Protagonistin Elisabeth Badinter für unzumutbar, unerträglich, während wiederum andere gerade die Tyrannei der Monogamie nicht ertragen. Dennoch können höchst konträre Grundmuster des Zusammenlebens Bedürfnisse zum Ausdruck bringen und Bedürfnisse befriedigen, die anders nicht zu verwirklichen wären, so wie etwa eine Gala adäquat zur Sprungfeder des Lebens für den Exzentriker Salvador Dali wurde oder Wallis Simpson für den Herzog von Windsor.

Im Wechselspiel der Dominanz einer aktiven Ehe, wie sie beispielsweise Ruth Groß und Heiner Blum üben, das hessische Bauernpaar, bei denen sich die Kompetenzen stets in der Balance halten, sehen nicht wenige zeitgenössische Experten das gelungene Exempel eines Gleichgewichts der Macht. Ehen nach Art einer Geschäftspartnerschaft. Oder zärtliche Komplizen als Alternative zum jahrhundertelang tradierten gängigen Modell für Millionen: Die Familie als Kleinstaat mit dem Mann als Herrscher, der Frau als Exekutive und den Kindern als abhängige Untertanen (Masse), für die zu sorgen ist. Von Bismarck, der dieses Muster exemplarisch vorexerzierte, möchte manche(r) wohl heute sagen, was die Briten bissigerweise von ihrem großen Erzähler Charles Dickens gesagt haben: Er heiratete eine Null, nullifizierte sie während der vielen Ehejahre noch mehr und nahm ihr dann übel, daß sie das Nichts war, das er aus ihr gemacht hatte.

Solche Einschätzung unterschlägt allerdings die Tatsache,

daß zum Prozeß der Nullifizierung, der Aushöhlung einer Person, immer zwei gehören. Auch dürften nicht wenige bis heute unverdrossen auf genau dieses Bismarckige Muster schwören, sich daran halten und cum grano salis zufrieden sein.

Zweifel sind erlaubt und wurden zu allen Zeiten laut. Lange vor Bismarck hat Bettine Brentano mit ihrem unbedingten Willen zur Selbständigkeit die Konventionen ihrer Gegenwart gesprengt und selbstbewußt behauptet, sie wisse, wessen sie bedürfe: »Ich bedarf, daß ich meine Freiheit behalte.« Diesen Anspruch hat sie, Freifrau von Arnim geworden, in ihr Arrangement eingebracht und trotz strapaziösem Pflichtalltag der Familienfrau nicht verkümmern lassen.

Die Nachfolgerinnen einer Bettine von Arnim heute kennen und proben den Balanceakt im Widerspruch, wie ihn der Mythos von Philemon und Baucis überliefert. Zwei verbündet gegen die Welt, um sich als Wir gewappnet in eben dieser Welt zu bewähren, ohne sich selbst aufzugeben und zu verlieren. Das lebendige Wir, das im Bild der beiden einander umarmenden Bäume ihren Ausdruck fand. Ein Wunschbild, das etwa Virginia und Leonard Woolf so bezauberte oder überzeugte, daß sie zwei ähnlich verschwisterten Bäumen im Garten hinter dem Monk House ihre Namen gaben. Virginia und Leonard in unaufhörlichem Gespräch.

Lieben, meinte Theodor W. Adorno, der Philosoph, heiße fähig sein, die Unmittelbarkeit sich nicht verkümmern zu lassen, der allgegenwärtigen Gewalt nicht zu gehorchen, nicht nachzugeben der Ökonomie. Und in solcher Treue entfalte sich hartnäckige Gegenwehr, die wach zu bleiben hat: *Nur der liebt, wer die Kraft hat, an der Liebe festzuhalten.*

Dieser Überzeugung, mehr noch dieser Absicht gaben Gretchen und Rudi Dutschke gleich zum Auftakt mit ihrem Hochzeitsmotto Ausdruck. Das hehre Wort vom Gelöbnis in Ewigkeit weist die Perspektive auf, die episodisch nicht zu entwerfen ist, die der Hoffnung folgt: Wo Liebe in dieser

Härte-Welt eine bessere ergeben und sich bewähren soll, gibt sie durch sich die Kraft dazu, die dann – nicht wie so leicht unbedacht zu vertrödeln und zu verschleudern ist, sondern – zu halten und zu mehren, von beiden zu beweisen; und solches in keiner graugänsischen Verglückung, auch im friedlichen Schonraum nicht, vielmehr in bewußtem Widerstand gegen die Welt, die das gerade nicht will. Gretchen und Rudi Dutschke haben solche alltägliche Infamie schmerzhaft mörderisch erfahren und dennoch nie die Hoffnung verraten.

Das Bessere zu wollen und damit im kleinsten Kreis des Miteinander zu beginnen als in einem Ort des Übergangs, dem Ort einer anderen Probe als Welt-Tüchtigkeit und Gewinn-Bewußtsein, solchem Willen wurde stets unterstellt, mit Arbeit verbunden zu sein. Also es fällt einem das gute Ergebnis der gelungenen Ehe nicht in den Schoß. Man muß schon einiges dafür tun. Die Weisen haben es immer gewußt und der übrigen plumpen Gebrauchsmenschheit verraten. Daß nämlich Liebe auf lange Weile sich nur ertragen läßt, wenn die Türen zur Welt draußen offen sind, damit einer des anderen Welt sein kann, einer des anderen Ich erkundet, anerkennt, ergänzt. Subjekt werden, das sich im anderen wiederfindet, Heimat findet, geborgen in Zweisamkeit. Der einmal so begonnene Weg ist anekdotisch nicht mehr voranzubringen, gar auf Widerruf abzubrechen. Er läuft auf Bewährung hinaus.

Bewährung der Liebes-Imago, wie Ernst Bloch, der Philosoph, (in:*Geist der Utopie*) das zeitlose Traumbild nannte: »Sich zu bewähren, das heißt, sein Belichtetes zu entwickeln.« Solcher Prozeß setze um zwei Menschen den Entwicklungsraum Haus mit seinen vielen Karrieren über das Philistertum hinaus, mit dem Partner als ständigem Gast, mit dem Bund einzigartiger Vertrautheit auf dem Grund besonderer Verschiedenheit. Für den Philosophen ist dieses Wesen voll Spannung, aber nicht dramatisch, vielmehr episch angelegt, voller Überraschungen, überraschend vor allem das Abenteuer erotischer Weisheit. Gelebte Liebe, Freundschaft der Liebe, die auch für Bloch eben Ehe heißt: *Sie eröffnet und besteht die Feuerprobe der Wahrheit im Leben des Gatten, der standhaften Befreundung des Geschlechts im Leben des Alltags.*

Da haben wir es wieder, daß zwei das Eine wollen. Entweder die Dauerbeziehung lebt im Wir, oder sie ist Bluff. Entweder die Ehe ist Wir, oder sie ist die Hölle. Und dieses Wir bedingt ebenso konsequent: Entweder die Dauerbeziehung ist für die Dauer, oder sie ist Tourneetheater. Daß der einmal gewählte Weg zum Ziel führt, der einmal gewählte Gefährte sein und bleiben wird, was er anfangs zu sein versprach, daß Wahl und Berechnung aller glücksmöglichen Faktoren, jede noch so sorgfältige Kalkulation sämtlicher Bedingungen sich auf Dauer als gültig erweisen werden – dafür gibt es keine Garantie. Jede Wahl ist eine Wette auf das nicht zu berechnende Risiko. Alle anfangs noch so stimmigen Ergänzungen können sich gleichermaßen vertiefen zum unerwarteten Gleichklang wie verkehren zum unvorhersehbaren Gegensatz, weil Entwicklung des einen oder anderen – und wie dann erst das Miteinander – im voraus unberechenbar bleibt. Jede Wahl beruht auf Willkür, die rational nicht zu bestimmen ist, geschweige vorher zu planen.

Die einzige Garantie liegt im Irrationalen der doppelten Energie von Wollen und Hoffen, sie sich verschwistern in der bewußten Entscheidung, unberechnet und unberechenbar angenommen kraft des Absurden, das Treue heißt. Ein schwieriges Unterfangen, das noch dazu so entzückend altmodisch klingt, aber das ist es nicht.

Wenn Friedrich Dürrenmatt, der Schriftsteller, auf der Höhe seines Alters und seiner Erfahrung behauptet, die Ehe sei immer ein Kunstwerk, so ist eben auch das gemeint für beide Beteiligte gleichermaßen: Anstrengung, Arbeit, kreativer Prozeß. Vorausgesetzt, die beiden wollen dorthin gelangen, wo sie im achten Himmel sind.

Die Frau in der Gesellschaft

Monika Beckerle
Depression:
Leben mit dem
Gesicht
zur Wand
Erfahrungen
von Frauen
Band 4726

Ingeborg Bruns
Als Vater aus dem
Krieg heimkehrte
Töchter erinnern sich
Band 10300
in Vorbereitung

Sylvia Conradt /
Kirsten
Heckmann-Janz
»...du heiratest
ja doch!«
80 Jahre
Schulgeschichte
von Frauen
Band 3761

Ann Cornelisen
Frauen im Schatten
Leben in einem
süditalienischen Dorf
Band 3401

Gaby Franger
Wir haben es uns
anders vorgestellt
Türkische Frauen
in der Bundesrepublik
Band 3753

Maria Frisé
Auskünfte über
das Leben zu zweit
Band 3758

Marliese Fuhrmann
Zeit der Brennessel
Geschichte einer
Kindheit
Band 3777

Hexenringe
Dialog mit dem Vater
Band 3790

Imme de Haen
»Aber die Jüngste war
die Allerschönste«
Schwesternerfahrungen
und weibliche Rolle
Band 3744

Helga Häsing
Mutter hat
einen Freund
Alleinerziehende
Frauen berichten
Band 3742

Katharina Höcker
Durststrecken
Zwischen
Abhängigkeit
und Alkohol
Frauen und Alkohol
Band 4717

Fischer Taschenbuch Verlag

fi 404 / 7a